Prófétálj és Gyógyítsd a Betegeket!

Hogyan növekedjünk a prófétálásban, az ismeret beszédében,
a gyógyításban és az erőevangelizációban?

Matthew Helland
Dr. A.D. Beacham Jr. előszavával

A mű eredeti címe:
Prophesy and Heal the Stick
© 2017 by Matthew Helland

ISBN: 978-615-80872-1-6
Kiadja a West-Graph Kft.
Felelős vezető a kft. ügyvezető igazgatója.
Nyomda: West-Graph Kft.

Ajánlások

„A könyv olvasása során az olvasó inspirációt és információt nyer majd, és hiszem, hogy valóságosan részévé is lesz, amiről az író beszél. Ez a könyv a valódi életről szól, áthatva bibliai tudással, és az író mesterien kapcsolja mindezt a minket körülvevő kultúrához. Mindenkinek el kell olvasnia, aki korunkban meg akarja élni a Szellem teljességét." – Dr. A. D. Beacham, Jr., az I.P.H.C. püspöke http://www.iphc.org

„Mindig hittem a prófétálás ajándékában, de soha nem próbáltam azt beépíteni az életembe. Régen azzal vicceltem, hogy „nonpróféta" szolgálatom van. Ez azonban megváltozott, miután egyszer eltöltöttem néhány órát Matthew Helland-del. Ő megtanította, hogy miként aktiváljam a prófétai ajándékot az életemben. Az üzenete egyszerű, a módszerei pedig innovatívak. Ha valaki kíváncsi rá, hogyan aktiválja a prófétálás erejét az életében, az olvassa el ezt a könyvet!" – Daniel King evangélista, Tulsa, OK, www.kingministries.com

„Kevés embert ismerek, akik annyira szorgalmasak és bátrak, mint Matthew Helland. Majdnem két évtizede csodálom Matthew törekvéseit, melyekkel a status quo kereszténység ellen küzd folyamatosan. Egy olyan időszakban, ahol a megszokott keretek közé visszavonulni egyszerűbb, sőt elvárt, Matthew folyamatosan ki akarja terjeszteni a határokat oda, ahol a szellemi tűz található. Könyvének lapjain szívünket felkavaró teológiát találunk majd, valamint bölcsességet és gyakorlati tanácsokat, melyek hasznunkra lesznek. A könyv egyéni tanulmányozásra is alkalmas, valamint olyan csoportoknak is, akik vágynak arra, hogy az Isten erejét felszabadítsák az őket körülvevő közösségben." – David McLendon pásztor, New Covenant Church, Statesboro, Georgia, USA

„Egészen különleges volt végignézni azt, hogy az emberek milyen gyorsan motivációt nyertek arra, hogy kilépjenek és másokat bátorítsanak Isten üzenetével, mialatt Matt a Prófétaiskola nevű szemináriumot tartotta a gyülekezetünkben. Nagyon ajánlom ezt a könyvet mindenkinek! Olyan embertől származik, akinek a szíve éhes Istenre, és megéli mindazt, amiről ír. Inspirálni és motiválni fog mindenkit, hogy kilépjen az Isten dolgaiban." – Pieter-Jan van der Wolf pásztor, City Light Church, Alkmaar, Hollandia http://www.citilightalkmaar.nl

„Miközben Matt Helland a Prófétaiskola nevű szemináriumot tartotta a gyülekezetünkben, megszabadultam minden félelmemtől és kellemetlen érzésemtől, melyek a prófétálással kapcsolatos korábbi tapasztalataimban gyökereztek. Amit Matt mond, az hű marad ahhoz, amit Jézus mondott, és amit tesz, az hű marad a szeretethez. Azt mondja, hogy a prófécia Jézusról és a szeretetről szól. A Prófétaiskola összességében a következő változást eredményezte a gyülekezetemben: többet akarunk Jézusból és az Ő szeretetéből!" – Henno Smith, a Hart van Osdorp pásztora, Amszterdam, Hollandia http://www.hartvanosdorp.nl

„Nagyon tetszett Matt és csapata szolgálata. Az volt a benyomásom, hogy jól képzett és felfegyverkezett kommandósok behatolnak az ellenség területére, ahonnan foglyokat szabadítanak ki. Radikális szolgálatuk mindenkit felrázott, és arra ösztönzött, hogy többet akarjon Isten jelenlétéből. Az emberek szomjasakká váltak Istenre, és az lett a vágyuk, hogy az Isten királysága építésében részt vegyenek. A prófétai szolgálat vigasztalt, bátorított, és új hitet ébresztett az emberek életében. Matt és csapata nem csak szavakkal képviselték Isten királyságának üzenetét, hanem erővel és hatalommal is. Ez változást hozott a gyülekezetünkbe, és arra ösztönözte az embereket, hogy Jézus üzenetét megújult szeretettel, erővel és lelkesedéssel osszák meg."
– Vincze Gábor, az Élő Ige gyülekezet pásztora, Budapest, Magyarország. http://www.eloige.hu

„Kevés teológiát végzett ember ismert arról, hogy olyan témákról ír, mint a prófétálás és a szabadulás. Matthew Helland elég bátor volt, hogy a prófétálásról és a gyógyító szolgálatról írjon egy olyan könyvet, amely biblikus és egyben a kornak megfelelő is. A könyve bibliai, gyakorlati, és a személyes életéből vett példákat is tartalmaz. Azok az emberek, akik tartanak a prófétai szolgálattól, vagy akik korábban megégették magukat állítólagos prófétai szolgálattal, azok hasznos információkat, tanítást és vezetést találnak majd ebben a könyvben. Én csak ajánlani tudom."
– Thomson Matthew, Dmin, EdD, professzor és korábbi dékán az Oral Roberts Egyetem Teológia és Szolgálat szakán.

„Ez a könyv nem azért íródott, hogy egy polcon tároljuk, hanem azért, hogy buzgó tanítványokat képezzen Krisztus számára. Istenért élni gyakorlati dolog, és el is kell várnunk, hogy az Szentírásban megígért jelek kísérnek majd minket, híveket. Ezek az eredmények nagyon is elérhetőek a mai hívők számára. Ez a könyv egy biblikus és hatékony eszköz tanítvány és tanítványozó számára egyaránt. Ideje, hogy az Egyház felkeljen. Gyakoroljuk a könyv által tanított bibliai alapelveket, és változtassuk meg a körülöttünk lévő világot, ahogyan a korai tanítványok is tették."
– Anthony Holmes pásztor, Church of Living Water, IPHC, Fresno, Kalifornia, USA www.colw.net

„A 'Prófétálj és Gyógyítsd a Betegeket!' egy friss és fontos üzenet az Isten Királysága és az Egyház számára. Matt Helland körültekintően, tudatosan és kenettel bátorítja a keresztényeket a prófétai szolgálat megértésében és Krisztus gyógyító erejét illetően. Ezt a könyvet minden hívőnek el kellene olvasnia."
– Randell O. Drake püspök, New Horizons Ministries, IPHC, www.nhmiphc.com

Köszönetnyilvánítás

Köszönetet a szüleimnek, Dean-nek és Penny-nek, ahogy a testvéreimnek is, Aaron-nak és Michelle-nek. Köszönöm, hogy csodálatos gyermekkorom volt, és a mai napig is mindannyian az áldozatvállaó szeretet és hit példaképei vagytok. Olyan prédikátor akartam lenni, mint az apukám és a bátyám, és megtiszteltetés az ő nyomdokaikban haladni.

Köszönettel tartozom az International Pentecostal Holiness Church gyülekezeteinek és vezetőinek. Köszönöm Bob Cave-nek, hogy elküldött Európába, és azt mondta „kövesd a Szent Szellemet, akármit is mond neked." Megtiszteltetés számunkra, hogy az IPHC család tagjai lehetünk.

Köszönöm Bruce Fosternek, hogy mentorált engem a prófétai szolgálatban. Köszönöm, hogy azt mondta „Ugyanaz a Szent Szellem van benned is, mint bennem. Csak csináld!"

Köszönet John Wimbernek, amiért azt tanította: „mindenki kiveheti a részét", és mind csinálhatjuk „az izgi dolgokat".

Köszönet Oral Robertsnek, aki engedelmeskedett Isten azon parancsának, hogy „Tanítsd meg a diákjaidnak, hogy hallják az én hangomat, hogy menjenek oda, ahol csak alig pislákol az én fényem, ahol alig hallják a hangomat, és ahol a gyógyító erőmet nem ismerik, menjenek akár a világ legvégső határáig. Az ő munkájuk túltesz majd a tiéden, ami kedves lesz nekem." Büszke vagyok rá, hogy az Oral Roberts Egyetem végzőse lehetek, és hogy ennek a missziónak a megvalósításán fáradozhatok.

Köszönet Rene és Riske de Cock-nak, és a teljes New Life West gyülekezeti családnak. Nagy örömünkre szolgál Isten szeretetét veletek együtt tenni megfoghatóvá Amszterdamban.

Köszönöm, Femke, hogy az életem szerelme vagy.

Köszönöm Judah, Hannah, Levi és Benjámin, hogy a gyermekeim vagytok. Szeretlek titeket, és az Apukátoknak lenni a legnagyobb örömöm az életben.

Köszönöm továbbá Csige Joelnek, Szabó Zoltánnak és Szabó Anettnek, Bedő Dorkának, Kormány Gergelynek, Bodó Hannának, Fodor Brigittának, Harka Dánielnek és Harka Sárának, Dobozi Szandinak, Keresztes Dórának, Nagy Andrea Évának, és Révész Krisztinának, hogy segítettek a könyv magyarra fordításában.

A feleségemnek, Femkének ajánlom ezt a könyvet.
Te vagy az életem legnagyobb ajándéka.
Minden jó dolog az életemben tőled és Istentől származik.
Köszönöm, hogy az vagy, aki.

Tartalomjegyzék

Előszó
Dr. A.D. Beacham Jr,
a Nemzetközi Pünkösdi Szentség Egyház Püspökétől

Több mint tíz éve örömmel – és időnként ámulattal – figyelem Matthew Helland szolgálatát. És ebbe beletartozik a családja is: a felesége, gyermekei, a Brazíliában szolgáló fivére, és a szülei is.

Örömmel figyeltem Matt és Femke szolgálatát, ahogy odafordultak a muszlim szomszédaik és barátaik felé. Tisztelettel és kegyelemmel tették ezt, anélkül, hogy az evangéliumot megmásították volna. Hallottam a keresztény és muszlim gyerekek nevetését, és láttam azt is, ahogy tanáraikra odafigyelve sajátították el az istenfélő élet szabályait a nagyszerű bibliai tanítások által.

Az évek alatt én is személyesen részesülhettem a Matt-től kapott bátorításokban és prófétai üzenetekben. Mint soha ezelőtt, olyan korban élünk, amikor az azonnali üzenetküldés és a videókapcsolat könnyűvé teszi a kommunikációt. Amikor Matt-től kapok üzenetet, tudom, hogy egy olyan embertől jön, aki időt töltött Istennel, aki őszintén szeret engem, és a legjobbat akarja nekem, és aki kereste Isten útmutatását az üzenete időzítését és tartalmát illetően.

Ez az az ajándék, amit Matt jól elmagyaráz ebben a könyvben, mely részben önéletrajzi, részben pedig tanító jellegű. Jó lecke ez arra nézve, hogyan fedezzük fel a Szent Szellem ajándékait, és hogyan szánjunk időt azok fejlesztésére, hogy aztán alázatosan örvendezhessünk az ajándékok hatékonysága felett, miközben Istennek adunk minden dicsőséget.

Sok könyvet olvastam a prófétai szolgálatról, melyek közül sokra Matt is utalást tesz. De ez a könyv más. Ezt a könyvet egy olyan frontvonalról írták, ahol a nyugati kultúrában élő emberek – azon belül is a nyugat-európai emberek – kétségbeesett szükségeiért harcolnak.

Matt egy olyan generáció felnevelésére szentelte az életét, akik odaszánták magukat annak az Egynek, aki maga „az út, az igazság és az élet." Ők nyitottak az Ő Szellemének teljességére. Ők megértik, hogy ez az Egy a Megváltó. Megértik, hogy ez az Egy a Szeretet. Tudják, hogy ez az Egy az Igazság. És tudják, hogy ez az Egy keresi a módját, hogy kijelentse magát mindazoknak, akik szomjasak a mai modern szellemi sivatagban.

Ami igazán különlegessé tesz ezt a könyvet, az Matt Helland hajlandósága arra, hogy „valódi" legyen. Beszél a félelmeiről, az ismeret hiányáról (és hogy miként kezeljük azt), és a szellemi ajándékok használata közbeni bukásairól. Az egész könyvet áthatja az örömteli alázat. Mégis, az alázatával nem fedi el azt a bátorságot, amire szükség van az emberek eléréséhez. A könyv olvasása során az olvasó inspirációt és információt nyer, és hiszem, hogy valóságosan részévé is lesz, amiről az író beszél.

Ez a könyv olyan valakiről szól, aki örömmel követi az Egyetlent. És szól a valódi életről is, áthatva bibliai tudással úgy, hogy az író mesterien kapcsolja mindezt a minket körülvevő kultúrához. Mindenkinek el kell olvasnia, aki korunkban meg akarja élni a Szellem teljességét.

Bevezetés

Nem úgy írom ezt a könyvet, mint aki már minden ismeret birtokában van, hanem mint egy olyan ember, aki szintén a hegyet mássza, és segíteni akar a többi hegymászónak magasabbra jutni. Úgy találtam, hogy a hegymászáshoz hasonlóan a prófétai valamint gyógyító szolgálatban is másokkal való közösségben a legjobb tanulni. Ezért beszélek örömmel a sikereimről és kudarcaimról egyaránt; hiszem, hogy ezek bátorítanak majd téged, hogy növekedj az Isten hangjának meghallásában, és hogy mozdulhass az Ő erejében.

Szenvedélyem a prófétálás, mert szenvedély van bennem az iránt, hogy szeressem Jézust és az embereket. Kisgyerek koromban Jézus meggyógyított engem az agyi bénulásomból, egy olyan betegségből, melynek köszönhetően az orvosok szerint valószínűleg soha nem lettem volna képes járni vagy beszélni. Mivel az Ő Szelleme által meggyógyultam, most megtiszteltetés számomra, hogy az Ő nevében beszélhetek, és megtaníthatom másoknak, hogy hogyan hallják az Ő hangját, és hogyan használják az Ő erejét.

A Biblia tele van olyan igékkel, melyek prófétálásra buzdítanak minket, és arra, hogy Isten nevében szóljunk. Péter apostol azt mondta, hogy ha valaki beszél, az Isten szavait mondja (1 Péter 4:11). Pünkösd napján azt is mondta, hogy az utolsó időben Isten kiönti majd a Szent Szellemét, és mindenki prófétálni fog (Apcsel. 2:17-18). Jézus azt mondta, hogy ha vezetők elé állítanak minket, nem kell aggódnunk a felől, hogy mit mondjunk, mert abban a pillanatban a Szent Szellem megmondja majd nekünk, hogy mit mondjunk (Lukács 12:11-12). Azt mondta, hogy amikor szólunk, a szavaink az Ő szavai lesznek (10:16). Pál apostol külön kihangsúlyozta, hogy „Minden erőtökkel azon igyekezzetek, hogy ez az isteni szeretet éljen és működjön bennetek! Teljes szívvel kívánjátok a Szent Szellem ajándékait, leginkább a prófétálás ajándékát!” (1 Kor. 14:1). És ez csak néhány igevers azok közül, amelyek a prófétálásra bátorítanak, és a Szent Szellem többi ajándékaiban való működésre buzdítanak minket.

Sajnos manapság a prófétálás nincs mindig jelen a helyi gyülekezetekben, részben azért, mert hiányoznak az egészséges példák, akik be tudnák mutatni és el tudnák magyarázni a Szent Szellem ajándékainak helyes használatát. Viszonylag kevés ember van, aki hajlandó másokat tanítani és aktiválni a prófétai szolgálatban. Sok ember szeretne működni ebben, de nem tudják hogyan, és félelmek vannak bennük a rossz tanítások miatt.

Hollandiában az emberek nagyon szeretnek forró italokat inni vékony műanyag pohárból. Mindezt pohártartó segítségével teszik, amely lehetővé teszi számukra, hogy ne égessék meg a kezüket. Tekints úgy erre a könyvre, mintha egy pohártartó lenne, amivel úgy növekedhetsz a prófétálás tüzében és a gyógyítás szolgálatában, hogy közben nem kell megégetned magadat. Amikor a prófétálásról tanítok, arra törekszem, hogy biztonságos közeget hozzak létre, amiben az emberek kiléphetnek hitben, és tudhatják, hogy szükség esetén szeretetteljesen fogják őket bátorítani vagy korrigálni. Ez a könyv olyan irányelveket tartalmaz, melyek segítenek a hívőknek növekedni a prófétálásban, és egyúttal biztonságot is teremtenek számukra és mások számára egyaránt.

Mindemellett pedig azok az emberek, akik növekednek a prófétai ajándékban, gyakran a Szent Szellem egyéb ajándékaiban is elkezdenek fejlődni. Én személyesen megtapasztaltam az ismeret beszédét, a bölcsesség beszédét, gyógyítást, nyelveken szólást, nyelvek magyarázatát, szellemek megítélését és csodatévő erőket is az életem egyes pillanataiban. (lásd 1 Kor. 12:7-11).

Bár minden szellemi ajándéknak szentelhetnénk egy fejezetet (vagy akár egy könyvet), én úgy döntöttem, hogy a prófétálásra, az ismeret beszédére és a gyógyulásra koncentrálok. Ezek azok az ajándékok, amelyekre leginkább hangsúlyt fektetek, amikor Prófétaiskolát tartok (az 1. szinten).

Láttam gyülekezeteket megváltozni, miután végigcsinálták a Prófétaiskolát. Én nem egy karosszékben ülő teológusként írom ezt a könyvet, hanem olyan emberként, aki gyakorolja mindazt, amit tanít. Abban a kiváltságban volt részem, hogy a világ sok városában taníthattam ezt az anyagot, melynek során csodálatos eredményeket tapasztaltam. Ez a könyv tele van bibliai példákkal és modern kori történetekkel, hogy inspiráljon és felkészítsen a prófétálásra, valamint a betegek gyógyítására.

A prófétai és gyógyítói szolgálattal kapcsolatos felfogásom az, hogy „Amire én képes vagyok, azt te még jobban el tudod végezni." Így gondolkozom, mert Jézus is ezt tette. A János 14:12-ben megdöbbentő szavakat olvashatunk, amikor Jézus azt mondta, „Igazán mondom nektek, aki hisz énbennem, az is megteszi majd mindazt, amit én tettem. Sőt, még nagyobb dolgokat fog véghezvinni!" Állj meg egy pillanatra, hogy ezt átgondold: Jézus maga azt mondta, hogy ugyanazokat tesszük majd, mint ő – sőt, még nagyobb dolgokat. Ő itt hagyta nekünk az Ő Szent Szellemét, aki mindehhez felruház minket erővel.

Nagyon szeretem látni, ahogy mások a Szent Szellem ajándékaiban növekednek, ha ezt biblikus és életet adó módon teszik. Hiszem, hogy ez a könyv ismeretet adhat, inspirálhat, képezhet, aktiválhat és mobilizálhat téged, hogy megtedd ugyanazokat, amiket Jézus tett – sőt, még nagyobbakat. A Szent Szellem ajándékai nem csak „különleges" egyének számára elérhetőek, hanem Isten minden gyermekének. Azok, akiket kiképeztem, megtanulták meghallani Isten hangját, megtanulták továbbadni az Ő szavait, és sok gyógyulást láttak. Aztán pedig ők maguk is megtanították másoknak, hogy hogyan prófétáljanak, és hogyan gyógyítsák a betegeket.

Egy budapesti prófétai konferencia vége felé egy fiatalember megragadta a mikrofont, és így szólt, „Isten azt mondja, hogy szeretlek, szeretlek, szeretlek."

Nem legyintettem azzal, hogy ez egy túl egyszerű üzenet. Ehelyett arra gondoltam, „Igen! Ő megragadta a prófétálás lényegét." Az üzenete Isten szenvedélyes, szerető atyai szívét mutatta meg, aki vágyik rá, hogy a gyermekei ismerjék őt az Ő valójában. Ő szeret hozzánk beszélni és rajtunk keresztül szólni.

Jézus követésének normális velejárója, hogy halljuk Isten hangját (János 10:3-4). A könyvben megosztott bibliai alapelvek segítenek majd abban, hogy vágyakozz növekedni a prófétálásban és a gyógyító szolgálatban. Növekedni tudsz benne, ha rendszeresen, szeretetteljesen és alázatosan gyakorlod az általam felsorolt alapelveket. Ugyanakkor a prófétai szolgálat nem alapelvekről szól, vagy különféle lépésekről, hanem az Istennel való meghitt kapcsolatod fejlesztéséről. Amikor úgy élünk, hogy kapcsolatban vagyunk Jézussal, a prófétálás és a Szellem többi ajándéka normálissá és természetessé válik. Először az Ő jelenlétét keressük, aztán pedig megkapjuk az Ő ajándékait.

Az a reménységem, hogy örömmel olvasod majd ezt a könyvet, de még ennél is nagyobb vágyam, hogy megtanulj prófétálni és betegeket gyógyítani! Tanuld meg látni, hogy Isten hogyan képes megváltoztatni a te életedet, és a körülötted lévőkét, amikor alázatosan, de bátran szólod az Ő szavait, és kilépsz a Szent Szellem erejében.

1. fejezet
Egy új prófétai generáció felnevelése

„Imádkozz, hogy felnőjjön egy új generációnyi vezető – apostoli minta szerint való próféták. Vezetők, akik újra összehozzák Isten embereit egy radikálisan hűséges közösségbe." - Richard Foster imádsága

(Prófétálás fiatal vezetőknek Magyarországon, Budapesten)

1978-ban Richard Foster Portland partjain sétálgatott Oregonban, amikor egy valóságos beszélgetése volt Istennel.[1] A beszélgetés alatt észrevett egy nagy sziklát a víz közepén, amit hullámok vertek. Úgy állt ott, mint egy legyőzhetetlen bástya.

Aztán látott egy ősöreg fát, amibe a villám korábban belecsapott. A fa belseje halott volt, és csak néhány része tűnt élőnek kívülről. Ahogy nézte, Isten azt mondta neki, hogy a gyülekezet sok helyen úgy néz ki, mint ez az öreg fa: belül halott, és az életnek csak apró maradványai láthatók a periférián.

Aztán újra megfordult, és nézte, ahogy az erős sziklának nekicsapódnak a hullámok, és hallotta, ahogy Isten azt mondja, „Ilyen sziklának hívtam el a gyülekezetemet."

Foster így ír erről: „Utasításokat kaptam Istentől, és úgy hiszem, ezen utasítások voltak az Istennel való találkozás fő okai. Isten azt mondta, hogy imádkozzunk egy új generációnyi vezető felnövekedéséért, akik apostoli minta szerint való próféták lesznek. Vezetők, akik újra összehozzák Isten embereit egy radikálisan hűséges közösségbe."[2]

Majd így folytatja a leírását ezekről a prófétákról:

Hogyan néznek ki ezek a próféták? Minden társadalmi osztályból és csoportból jönnek. Néhányuk képzett; mások írástudatlanok vagy alacsony iskolázottságúak. Néhányan jól szervezett gyülekezetekből és egyházakból valók; mások ezeken a szervezeteken kívül állnak. Vannak nők, férfiak, gyerekek.

Olyan emberek, akik teljes szívükkel szeretik Jézust. Mindannyiuk életében egyértelmű Isten elhívása, és hogy Isten keze van a szolgálatukon. Nem számít nekik, hogy ki van elől, ki van a figyelem középpontjában, vagy hogy kire emlékeznek majd a történelemkönyvekben…
A legtöbb esetben jelentéktelenek, irrelevánsak még a vallási világban is. Nem azért, mert nincs befolyásuk; hanem mert a befolyásukat sokan nem tartják fontosnak… Normál emberi lépték szerint ők kisemberek, de Isten királyságában ők az igazi nagyok. Ők a szellemi örökösei Debórának és Illésnek, Ámósnak és Jeremiásnak, Pálnak és Fülöp lányainak.
A vezetésük alatt és a Szent Szellem ereje által Isten emberei újra összegyűjtetnek. (Nem szervezetileg, hanem természetes módon.) Napjainkban rengeteg gyermek, nő és férfi életében láthatjuk, ahogy bekapcsolódnak egy másik fajta valóságba és erőbe.[3]

Fosternek ez a találkozása 1978-ban volt. Én 1979-ben születtem. Ahogy olvasom a szavait, látom a saját vágyamat, hogy próféta lehessek apostoli mintára, aki összehozza Isten embereit egy radikálisan hűséges közösségbe. Szenvedélyes vagyok az elveszettek iránt, a tanítványok képzéséért, új próféták felneveléséért, és olyan életet megváltoztató közösségekért, ahol normális dolog ismerni és hallani Istent.

Az I. Sámuel 3-ban olvashatunk egy történetet, hogy Isten felnevel egy fiatal fiút, akit Sámuelnek hívnak, hogy próféta lehessen belőle. Éli főpap és fiainak gyenge szellemi vezetése miatt ritka volt Izraelben, hogy az emberek hallják Isten hangját, vagy hogy látomásaik legyenek.

„Az ifjú Sámuel pedig az Úr szolgája volt Éli felügyelete alatt.
Abban az időben ritkaság volt az Úr igéje, nem volt gyakran látomás.”
(1Sámuel 3:1)

Isten sohasem akarta, hogy az emberei ritkán hallják a hangját, és ritkán legyenek látomásaik Tőle. Épp ellenkezőleg: Isten úgy teremtett minket, hogy képesek legyünk hallani a hangját, hisz Ő beszél hozzánk. A probléma az, hogy nem túl gyakran hallgatunk, vagy hitetlenek vagyunk, vagy gyenge a szellemi vezetés az életünkben. Sokak számára Isten hangját hallani vagy látomást kapni irreális vagy lehetetlen dolog. Híján vannak a megértésnek, és azoknak az eszközöknek, amelyekkel dinamikus kapcsolatot alakíthatnak ki Istennel.

A Biblia azt tanítja, hogy amikor az emberek nem értik Istent, Ő új prófétákat nevel fel. Az I. Sámuelben olvashatunk arról, hogy Isten nem csak egy prófétát, hanem próféták csoportját nevelte fel. „De amikor meglátták a próféták csoportját, akik révületben voltak, Sámuel pedig ott állt mellettük, akkor Isten lelke szállt Saul követeire, és ők is révületbe estek.” (I.Sámuel 19:20.)

Személyesen tapasztalatom, hogy Isten szándéka még mindig az, hogy ne csak egy egyéni prófétát neveljen fel, hanem egy prófétai közösséget, akik rendszeresen prófétálnak és aktiválnak másokat abban, hogy hogyan hallják és ismerjék fel Isten nekik- és másoknak szóló hangját.

Az I. Sámuel 10: 10-11-ben ezt olvashatjuk: *„Mert amikor odaérkeztek a halomhoz, egy csapat próféta jött szembe velük. Akkor megszállta az Isten lelke, és*

prófétai révületbe került közöttük. Amikor azok, akik már előbb is ismerték, meg-
látták, hogy Saul a prófétákkal együtt révületben van, így beszéltek egymás közt:
Mi történt Kísnek a fiával? Hát már Saul is a próféták között van?"

Nem az az Isten akarata, hogy csak egy vagy két kiválasztott ember legyen képes prófétálni, hanem hogy mindenki prófétálhasson. *„Mert egyenként **mind-**nyájan* *prófétálhattok, hogy mindenki tanuljon, és mindenki bátorítást kapjon."* *(1Korinthus 14:31)*

Az Apostolok Cselekedetében ezt olvashatjuk: *„Az utolsó napokban, így szól* *az Isten, kitöltök Lelkemből **minden** halandóra, és prófétálnak fiaitok és leánya-itok, ifjaitok látomásokat látnak, véneitek pedig álmokat álmodnak; még szolgá-imra és szolgálóleányaimra is kitöltök azokban a napokban Lelkemből, és ők is* *prófétálnak."* (Cselekedetek 2:17-18, kiemelés tőlem)

Itt látjuk, hogy az ígéret minden ember számára szól – férfiak, nők, fiata-lok, idősek, szegények, gazdagok stb. – mindenkinek, akire Isten kiárasztja az Ő Szent Szellemét. Az új szövetség, amit Isten kötött az emberekkel: az, hogy **mindenki** ismerhesse Istent. (lásd. Jeremiás 31:33-34)

12 éves voltam, amikor elkezdtem prófétálni egy házi csoportban. Édesapám, aki szintén pásztor volt, ugyan jó szándékkal, de leállított, mert úgy gondolta, hogy túl fiatal vagyok a prófétáláshoz. Annak ellenére, hogy olyan gyülekezetben nőttünk fel, ahol hittünk a Szent Szellem ajándékaiban és a prófétálásban, ez a dolog még mindig rejtelmesnek és veszélyesnek tűnt. Ezt a hozzáállást az ismeret és a gyakorlat hiánya, valamint a prófétai szolgálatban átélt pozitív tapasztalatok hiánya okozta.

Az 1 Korintus 14:1-ben Pál azt mondja: *„Törekedjetek a szeretetre, buzgón* *kérjétek a lelki ajándékokat, de leginkább azt, hogy prófétáljatok."* Nekünk buz-gón kell vágyakoznunk a szellemi ajándékokra, legfőképpen pedig, hogy prófé-táljunk. A Biblia arra bátorít minket, hogy a megfelelő módon prófétáljunk. (1 Korinthus 14:40)

2010-ben, amikor a Szent Szellem ajándékai rendszeresen elkezdtek működni az életemben, kétkedések között találtam magam. Isten akarata volt, hogy pró-fétáljak? Amit éreztem, az csak a gonosznak egy trükkje volt, vagy csak a saját büszkeséggel teli vágyakozásom? Azután olvastam Pál szavait, hogy buzgón tö-rekedjünk a szellemi ajándékokra, és ezt írtam bele a naplómba: „ISTENEM, PRÓFÉTÁLNI AKAROK! BETEGEKET AKAROK GYÓGYÍTANI!"

Következő reggel a Facebookon beszélgettem valakivel, amikor azt éreztem, hogy meg kell kérdeznem: „Érzel fájdalmat a jobb lábadban?"

Így válaszolt: „Honnan tudtad?"

Elővettem a telefonomat és felhívtam őt. Minden fájdalma eltűnt, ahogyan imádkoztam érte.

Isten azt akarja, hogy vágyakozzunk a Szellem ajándékaira, főleg pedig arra, hogy prófétáljunk. Azonban van néhány félelmetes akadály, ami megakadályoz-hat abban, hogy növekedjünk a prófétai szolgálatban.

Akadályok a prófétai szolgálatban való növekedésben
1. akadály - Nem biblikus világnézet

Az egyik ok, amiért sok hívő nem tapasztal erőteljes kapcsolatot Istennel, az az, hogy a világnézetük inkább 18. századi felvilágosodás eszméin alapszik, mintsem az Igén. A négy nagy eszme abból az időből az ateizmus (vagy deizmus), racionalizmus, materializmus és az individualizmus.[4]

Az ateizmus vagy a deizmus szerint Isten nem létezik, vagy ha létezik is, Őt nem érdekli a mi mindennapi életünk. Ehelyett inkább olyan Teremtő, aki mint egy órakészítő, mozgásba állítja a dolgokat, de egyébként nem foglalkozik a teremtményeivel.

A racionalizmus azt állítja, ha nem tudsz valamit racionálisan megmagyarázni, akkor ne is higgy benne. A racionalizmus kizárja az összes bibliai és modernkori csodákat (szűz fogantatás, a feltámadt Megváltó, isteni gyógyulások stb.) Az emberek, akik ehhez a tisztán racionalista szemlélethez adják a nevüket, azt feltételezik, hogy egy zárt világrendszerben élünk, amelyben a természetfeletti nem létezik és nem is létezhet.

A materializmus az mondja, hogy az létezik, amit az 5 érzékszerveddel képes vagy tapasztalni. Sok temetésen vettem részt Hollandiában, ahol egyáltalán nem említették a halál utáni életet, hisz a materializmus azt jelenti, hogy ha egy személy meghalt, akkor mindennek vége.

Az individualizmus annak az eszméje, hogy a legfontosabb, hogy higgy magadban, túl minden személyen vagy eszmén. A túlzott individualizmus nem csak büszkeséget, hanem mohóságot, önzőséget, mindenféle törést szül, amit a mai világunkban tapasztalhatunk.

A nyugati kultúra sokkal inkább ragaszkodik a felvilágosodáshoz, minthogy tanítsanak a Bibliából, beleértve sok keresztényt is, akik tudtukon kívül átvették ezeket az eszméket. Az ő hitük lényege nem a Bibliából, hanem a kultúrából származik.

A Biblia egy olyan személyes Istent mutat be, aki egy mindennapos kapcsolatra vágyakozik velünk, bensőségesen ismer minden részletet az életünkről, beleértve a hajszálaink számát is a fejünkön (lásd Lukács 12:7). Azt tanítja, hogy az öt érzékszervünk használata fontos, de sokkal több dolog létezik annál, amit az öt fizikai érzékszervünkkel megtapasztalhatunk vagy megérthetünk (lásd Efézus 3:20). Azt tanítja, hogy a lényünknek van egy szellemi dimenziója, és a szellemünkkel ismerhetjük meg Istent személyesen, és hogy a szellemi érzékszerveinket ugyanúgy megtanulhatjuk használni, ahogyan a fizikai érzékszerveinket. Azt is elmagyarázza, hogy bár fontos a helyes, egészséges kép magunkról, a létezésünk célja mégis az, hogy közösségben éljünk Istennel és egymással. Egyik ember sem egy magányos sziget, és miden ember a tökéletes, feltétel nélküli szeretetre vágyik, amit csak Jézus Krisztus ismerete által találhatunk meg. Jézust ismerve felébred az életünk természetfeletti része, ami az Istennel élt életünket egyszerre teszi természetessé és természetfelettivé.

2. akadály - Az ószövetségi és újszövetségi próféciák közötti különbség félreértése

A félreértés másik forrása, hogy az emberek összekeverik az ószövetségi próféciát az újszövetségi próféciával. Az Ószövetségben a próféták általában ítéletet hirdettek ki, és ha hibáztak, akkor meg is kövezhették őket (lásd 5Mózes 18:20-22). Az Újszövetségben a próféták elsősorban építenek, bátorítanak, vigasztalnak. Most már nem lóg a halálbüntetés veszélye annak a feje felett, aki nem prófétál pontosan. Azonban minden prófétai szót meg kell vizsgálni, hogy mi van Istentől és mi nem. (lásd 1 Korinthus 14:29; 1 Thesszalonika 5:19-22).

Az ószövetségi és az újszövetségi próféciák közötti különbség meg nem értése egy általános akadálya annak, hogy növekedni tudjunk a prófétai szolgálatban. Ki fog prófétálni, ha fél a hibázás lehetőségétől, vagy attól, hogy hamis prófétaként megkövezik? Hogyan tud valaki fejlődni a szolgálatban, ha nincs megbízható mintája az újszövetségi prófétálásra? Ezzel a könyvvel egy megbízható és biblikus struktúrát igyekszem felállítani, hogy fejlődni tudjunk a prófétai szolgálatban.

Amikor az emberek ószövetségi mintát használnak a prófétálásra, prédikálásra vagy evangélizálásra, annak romboló hatása lehet. Hihetetlenül fontos megérteni a kegyelmet és a Jézus Krisztusról szóló Evangéliumot azoknak, akik Isten igéjét szólják. Az Evangélium célja nem a külső, látható viselkedés megváltoztatása, hanem az, hogy az Isten szeretete és kegyelme átformálja a szívedet. A prófétálásnak sosem szabad rombolnia egy egyént vagy egy gyülekezetet. Úgy kell szolgáljon, hogy az építse a Gyülekezetet. (lásd 1 Korinthus 14:4)

Természetesen lehetnek alkalmak, amikor Isten arra használ valakit, hogy figyelmeztessen, helyreállítson egy egyént vagy a gyülekezetet. Azonban ezeknek az üzeneteknek tartalmazniuk kell reményt és szeretetet. A Jelenések 2. és 3. részében Jézus helyreigazítja a hét kis-ázsiai gyülekezetet. Ezek a szavak azonban bátorítással és a jutalom ígéretével vannak egybeszőve, amit Isten tartogat számukra, ha engedelmeskednek Neki. A prófétai szolgálatnak sosem lenne szabad kárhoztatást vagy halált közvetítenie egy egyén számára, hanem reményt, életet kell hoznia, akkor is, ha helyreállítást is tartalmaz az üzenet.

Mint szülők, mi magunk is rendszeresen helyreigazítjuk gyermekeinket, de ezt mindig szeretetben tesszük. Senki másnak nem lenne szabad helyreigazítani a gyermekeinket, csak nekem és a feleségemnek, mert senki más nem szereti őket úgy, mint mi. Kijavítani más emberek gyermekeit nem mindig jó vagy hatékony, mert mi nem ismerjük őket kellőképpen. Kapcsolat nélkül fegyelmezni lázadáshoz vezethet. Ezért jó, ha az alapvető prófétai szolgálatot (építés, bátorítás, vigasztalás) hangsúlyozzuk mindenki számára, aki növekedni akar ebben a létfontosságú szolgálatban.

3. akadály – A prófétálás lényegének félreértése

A prófétálás nem csak a jövő előre való kijelentése, hanem annak kijelentése is, hogy Isten mit gondol egy emberről vagy egy helyzetről. A prediktív prófécia előre jelzi a jövőt. Azt a próféciát, ami kinyilatkoztatja Isten szívének gondolatait, szándékait, akaratát egy helyzetre, személyre, helyre vonatkozóan, egyszerűen csak Isteni kinyilatkoztatásnak nevezzük.[5] Ez nagyon hasonló lehet a prédikáláshoz. Sőt, az első protestáns kézikönyv a prédikálásról, amit William Perkins 1592-ben írt, „A prófétálás művészete" címet kapta. [6]

A prófétálás Isten szívének közlése szavainkon és tetteinken keresztül. Isten beszél a jelenről, a múltról és a jövőről. A prófétai szolgálatnak különböző szintjei vannak, és bár nem minden hívő prófétál, minden hívő képes megtanulni meghallani Isten hangját és kimondani az Ő szavait. Minden hívő képes rá, és kell is, hogy bátorítson, építsen és vigasztaljon másokat Isten szavával (lásd I. Korintus 14:3). A prófétálás szorosan kapcsolódik ahhoz, hogy Isten szívét megismerjük és összekapcsolódjunk vele. Akkor minden igaz prófétai szó igazodik az Ő írott szavához, a Szentíráshoz.

Az a képesség, hogy megtapasztaljuk Isten hangját és erejét, igazán megváltoztatja az életünket. Minden más lesz, amikor az ima többé nem vallási kötelezettség, hanem kétirányú kommunikáció Istennel. Ő mindig többféleképpen beszél. Csodálatos megtanulni, hogy miként tudunk kapcsolatban lenni vele minden nap.

(A prófétálásnak Isten atyai szívéhez való kapcsolódásról kell szólnia.)

A prófétálás az Igében az Isten ismeretéről szól. A Példabeszédek 29:18 azt mondja, hogy Isten emberei elvesznek, mert híján vannak a kinyilatkoztatásnak vagy a prófétai látásnak. Egy holland változat így fordítja a példabeszédek 29:18-at: *„Isten emberei elpusztulnak a prófétálás hiánya miatt"* (Hollandia, NBV) Nyilvánvaló, hogy Isten emberei nem azért vesznek el, mert nem tudják megjövendölni a jövőt – azért vesznek el, mert tudnak ugyan Istenről, de nem ismerik Őt személyesen. Ahogyan a Hóseás 4:6 mondja, *„Elpusztul népem, mert nem ismeri Istent..."* (HUNB)

A prófétálás a legtágabb értelemben egyszerűen ennyi: hallani, látni, érezni és ismerni Istent, és időnként elmondani másoknak, hogy mit hallottunk vagy láttunk Tőle. (lásd: Jelenések 19:10). A prófétálás normális része az egészséges imaéletünk fejlődésének. Mi beszélünk Istenhez, és Ő beszél hozzánk. Minden hívő számára természetesnek kellene lennie, hogy halljuk Isten hangját, és továbbadjuk az Ő szavát.

4. Akadály - Félelem a Szent Szellem ajándékaitól és a hamis tanítástól

„Melyik apa az közületek, aki fiának kígyót ad, amikor az halat kér tőle, vagy amikor tojást kér, skorpiót ad neki? Ha tehát ti gonosz létetekre tudtok gyermekeiteknek jó ajándékokat adni, mennyivel inkább ad mennyei Atyátok Szentlelket azoknak, akik kérik tőle? "
Lukács 11:11-13 (HUNB)

Emlékszem egyszer tanítottam néhány fiatalt a Szent Szellemről. Amikor azt a szót használtam, hogy Szent Szellem, ők elkezdtek szellemekről és más dolgokról beszélni, amiktől féltek. Tudtam, ha így kezelik a Szent Szellemet, akkor nem lesznek képesek befogadni az ajándékait, úgyhogy megmutattam, hogy a Szent Szellem csak jó ajándékokat ad. Sosem kell félnünk attól, ami a Szent Szellemtől jön. A Szent Szellem azért jött, hogy vigasztaljon, tanítson és felhatalmazzon minket. (lásd. János 14:16,26 és Ap.csel.1:8).

Egy fiatalember egyszer azt mondta nekem, hogy Pál egyik levelében sem említ természetfeletti dolgokat. Azt mondta, hogy a bizonyított csodák, jelek már nincsenek napjainkban. Ezután megmutattam neki egy teljes fejezetet Pál leveleiben, ami arra tanít minket, hogy növekedjünk a Szent Szellem ajándékaiban, és hogy használjunk jeleket és csodákat a hitünk megosztásában.

Őt úgy oktatták, hogy Isten nem tesz semmilyen természetfelettit, hiszen úgyis van már Bibliánk. Ez a hamis tanítás azon alapszik, hogy az emberek sosem látták, hogy Isten valami természetfelettit tesz. Nem helyes, hogy a tapasztalataink alapján tanítunk, és nem az alapján, amit a Biblia tanít.

Az emberek azért is félhetnek a Szent Szellem ajándékaitól, mert visszaélésekről és hamis tanításokról hallottak, melyeket hamis tanítók és hamis próféták népszerűsítettek. Ők kiöntik a gyereket a fürdővízzel együtt. Az rendben van, ha kiborítod a fürdővizet, de ne dobd ki a Szellem ajándékait azért, mert valaki visszaélt vele, és rosszul használta.

Autót vezetni ugyanúgy lehet veszélyes. Mégis biztonságosan vezetjük az autóinkat. A Szent Szellem ajándékainak helytelen használata bomlasztó és veszélyes lehet. Meg kell tanuljuk, hogyan használjuk őket biztonságos módon. Ahogyan Pál mondja, *„Ezért, testvéreim, törekedjetek a prófétálásra, de a nyel-*

veken való szólást se akadályozzátok. Azonban minden illendően és rendben történjék." (1Korinthus 14:39-40; HUNB) Mindannyiunknak megvan a képessége, hogy életet adó módon, rendben járjunk a Szellem ajándékaiban, amikor azt szabályosan, szeretettel telve és alázattal tesszük.

5. akadály – Az a tévhit, hogy érezni, hallani vagy látni kell valamit prófétálás előtt

Nem kell az érzelmeinket felfokozni, a kenetet érezni, a Károli fordítás nyelvezete szerint beszélni vagy révületbe esni ahhoz, hogy prófétáljunk. Isten minden ajándéka – beleértve a megváltást, gyógyulást, nyelveken imádkozást, ismeret beszédét és prófétálást – hit által működik. (lásd. Efézus 2:8-9)

Szólhatjuk Isten valódi szavát, de nem kell, hogy furcsák legyünk eközben. Bíznunk kell benne, hogy Isten ihleti a szavainkat (lásd. I.Péter 4:11). Isten szavának továbbadása fontos, hogy természetes legyen. Egyszerűen imádkozz emberekért úgy, hogy építsd, bátorítsd és vigasztald őket. Ezen a szinten mindenki tud prófétálni.

Egy nagy pünkösdi gyülekezet vezetője azt mondta nekem, hogy csak a gyülekezeti alkalom végén tud prófétálni. Ekkor érzi a kenetet és hitét erősnek. A Biblia azt mondja, hogy hitben járunk és nem az alapján, amit látunk vagy érzünk (lásd. 2.Korinthus 5:7). Kinyithatjuk a szánkat és bízhatunk Istenben, hogy megtölti azt (lásd. Zsoltárok 81:10). Amikor kinyitjuk a szánkat, a prófétálás kezdődhet úgy, mint egy kis szivárgás a csapból, de ahogy folytatjuk, elkezdhet folyni, mint egy folyó.

Smith Wigglesworth egyszer egy gyülekezeti találkozón volt, ahol végigült egy csendes imatalálkozót, de azután elkezdte mondani Isten szavát folyékonyan és könnyedén, mintha folyékony tűz áradt volna az ajkairól. A vezetők az alkalom végén megjegyezték, „Milyen gyorsan átváltoztál a Szellemtől! Mi a titkod? Mondd el, kérlek." Némileg megdöbbentek az egyenes válaszán: „Hát, tudjátok, ez így megy: ha a Szellem nem mozdít engem, akkor én mozdítom a Szellemet." [7]

Pál azt írta *„A prófétákban lévő lélek pedig alárendeli magát a prófétáknak"* (1Korinthus 14:32). Ez azt jelenti, hogy mi vagyunk azok, akik kezdeményezzük a prófétálást. Ha arra várunk, hogy Isten jöjjön és erőszakkal mozdítsa a nyelvünket, akkor sosem fogunk megszólalni.

Ha azt mondjuk, hogy hiszünk a prófétálásban vagy a gyógyulásban, de sosem prófétálunk vagy gyógyítjuk a betegeket, akkor valószínűleg nem is hisszük, hogy képesek vagyunk rá. A hit cselekedetek nélkül halott (lásd Jakab 5:17). Amit az ember valóban hisz, azt nem csak mondja.

Ahhoz, hogy a Szellemben mozduljunk, nem szükséges, hogy egy angyal üljön a fejünkre vagy egy természetfeletti megnyilatkozás történjen. Wigglesworth egyszer azt mondta, „Nem az indít, amit érzek. Nem az indít, amit látok. Csak az indít, amit hiszek. Nem tudom megismerni Istent érzelmek által. Amit az Ige mond Istenről, az alapján tudom megismerni Istent." [8]

Az Istenbe és az Ő Igéjébe vetett hit által tudunk prófétálni és betegeket gyógyítani. A Biblia utasít minket, hogy gyógyítsuk a betegeket és vágyakozzunk a prófétálásra. (lásd Máté 10:8 és 1 Korinthus 14:39) Nem kell, hogy várjunk egy érzésre vagy egy jelre. Egyszerűen kilépünk és elkezdünk beszélni és közben bízunk mennyei Atyánkban, hogy átveszi a kormányzást. Könnyebb egy mozgó autót kormányozni, mint egy állót.

Nyisd ki a szádat, és bízz Istenben, hogy Ő megtölti azt. Bízz Istenben, hogy ha kenyeret kérsz Tőle, Ő nem fog követ adni. Bízz benne, hogy Ő tud rajtad keresztül beszélni.

Mindenki részt vehet

Minden szülő csalódott lenne, ha a karácsonyi és a szülinapi ajándékok – amiket a gyerekeknek vettek – egy szobában lennének felhalmozva úgy, hogy a gyerekek sosem nyúltak hozzá. Istennek sok szellemi ajándéka van a gyermekeinek, amit sosem bontottak ki és nem használtak. A Szent Szellem ajándékai minden gyerek számára elérhetőek, és ahogy John Wimber mondta,"mindenki részt vehet." Mindenki tud prófétálni, betegeket gyógyítani, ismeret beszédét kapni, démonokat kiűzni stb. (lásd Márk 16:15-18).

A Szent Szellem ajándékai *ajándékok*. Ezek nem függenek attól, hogy milyen jól viselkedünk. Ezeket kegyelem által kaptuk, amit hit által használunk és fogadunk el. (lásd Efézus 2:8-9). Mi azért prófétálunk, mert Isten szeret beszélni az emberekhez rajtunk keresztül.

A Róma 12:6 is ezt magyarázza. *„Mert a nekünk adatott kegyelem szerint különböző ajándékaink vannak, eszerint szolgálunk is: ha prófétálás adatott, akkor a hit szabálya szerint prófétáljunk." (HUNB)*

Ahogy Isten segítségével fejlesztettem ezt az ajándékot magamban, megtanultam szeretni a prófétálást, ezért olyan gyakran teszem, amennyire csak lehetséges. Szeretek egy szót vagy egy képet kapni az Úrtól a saját életemre, vagy másokéra. Nem kell felfokozni az érzelmeinket, vagy valami különlegeset érezni ahhoz, hogy prófétáljunk. Kinyithatjuk a szánkat hit által, és közvetíthetjük Isten életet adó szavát valaki számára.

Ha 100 ember állna előttem, akkor is bíznék Istenben, hogy képessé tesz prófétálni mindannyiuk felé. Azonban inkább megtanítanék erre öt másik embert, így mindannyian 20 személy felé szolgálnánk ahelyett, hogy egyvalaki prófétál 100 embernek. Ahogy Sámuel és Illés tette, én is szenvedélyesen szeretem kiképezni hívők csoportjait, hogy képesek legyenek prófétálni.

Te is hallhatod és beszélheted Isten szavát. Tudsz prófétálni! Mi akadályoz téged?

(Egy holland prófétai szolgáló csapat, amely a budapesti gyülekezetekben segített szolgálni)

Prófétaiskolák

2010-ben vezettem az első próféta iskolámat Dél-Oklahomában egy tapasztalt prófétával. Meglepve láttam, hogy milyen nagy tömeg kezdett el bátran, pontosan és biblikusan prófétálni minden korosztályból. Az első prófétaiskola kezdete óta vezettem hasonló iskolákat Amszterdamban, Budapesten, Barcelonában, Oklahomában, New Englandben, Csehországban, Kijevben és Kaliforniában. Több száz embert láttam elindulni és növekedni a pontos és életet adó prófétai szolgálatban.

A prófétálás ajándéka is, mint minden más képesség, olyan dolog, amit gyakorlás által fejleszthetünk. Ha pontosan akarsz kosárlabdával dobni, több száz órát kell eltölteni gyakorlással. Ha rendszeresen és pontosan szeretnél prófétálni, akkor rendszeresen kell, hogy imádkozz, bibliát tanulmányozz, böjtölj és prófétálj. Az identitástudatodat az evangéliumra kell, hogy építsd, és a gondolataidnak igeversekkel kellene tele lenniük, mert ami benned van, az fog kijönni belőled. Nyitottnak kell lenned a visszajelzésekre is.

Ahogy már említettem korábban, hiszem azt, hogy Isten próféták csoportjait akarja felnevelni. Van egy egyre növekvő csoport a telefonomban, aminek a neve „Profeten" (Próféták hollandul). Ez egy több mint 20 egyénből álló csoport Hollandiában, akik mindannyian erős prófétai ajándékkal rendelkeznek. Ha szükségem van egy utazó szolgáló csapatra, tőlük kérhetek segítséget.

A próféták nem arra vannak elhívva, hogy barlangokban rejtőzködjenek, hanem hogy munkálkodjanak, szolgálják egymást csapatokban. Ők nem egymással versenyeznek, hanem kiegészítik egymást. Mint Júdás és Szilás próféta, bátorították és erősítették a gyülekezeteket (lásd Ap.csel. 15:32). Azért vannak, hogy felfegyverezzék a hívőket, hogy képesek legyenek prófétálni és hallani Isten hangját a maguk számára.

1959 februárjában Jézus Krisztus meglátogatta Kenneth Hagint egy másfél órára. Jézus ezt mondta neki, „Nem azért helyeztem a prófétákat a Gyülekezetembe, hogy utat mutassanak az újszövetségi Gyülekezetnek. Az Igém azt mondja, *„Akiket pedig Isten Lelke vezérel, azok Isten fiai."* (Róma 8:14) Ha most figyelsz rám, megtanítalak, hogy hogyan kövesd a Szellememet. Ezután azt akarom, hogy azt tanítsd meg a népemnek, hogy hogyan lehetnek a Szellem által vezetettek." [9]

Nem egészséges, ha egy hívő túlságosan függ egy prófétától, tanácsadótól, pásztortól vagy vezetőtől, akitől az Isteni útmutatást várják. Mindenki megtanulhatja, hogyan legyen elsődlegesen Isten Szelleme által belülről vezetve, valamint a Szentíráson keresztül. Először nem prófétákat keresünk, ha útmutatásra van szükségünk az életünkben. Elsődlegesen Istent keressük, másodlagosan pedig olyan embereket, akik ismerik Őt, és megerősítik, amit Isten mondott nekünk vagy a szívünkre helyezett. Ahogy Hagin egyszer mondta, „Ne építsd az életedet próféciákra. Ne vezesd az életedet próféciák által. Építsd az életed az Igére! Minden más legyen másodlagos. Tedd Isten Igéjét az első helyre!" [10]

A prófétai szolgálat célja: megismerni Jézust és másokkal is megismertetni Őt

Gyakran kérdezik tőlem: „Van Istennek egy jövőbeli partnere számomra?" Megtanultam erre a kérdésre valahogy így válaszolni, „Látok valakit, akivel lehet egy egész életre szóló, csodálatos, kölcsönösen szeretetteljes jövőd. Ez a személy nagyon szeret téged és mindenét feláldozta azért, hogy veled lehessen. Az ő neve Jézus Krisztus."

A prófétai szolgálat célja sosem csak információ vagy tudásszerzés; ehelyett Jézus megismerése (lásd Jelenések 19:11).

A Máté 7:20-23 leírja, hogy az ítélet napján sok ember fogja állítani, hogy prófétáltak, betegeket gyógyítottak és démonokat űztek ki. Ha ezeket a dolgokat tesszük, de mégsem ismerjük Őt, Jézus így fog válaszolni, „Távozzatok tőlem, sosem ismertelek titeket."

Megvan a veszélye, hogy az imádkozás vagy a prófétálás olyan cselekedetté válhat, amivel Istent kihasználva dolgokat kérünk Tőle saját magunknak.

Egyszer egy óráig csendben imádkoztam, amikor azon kaptam magam, hogy olyan információkat, titkokat kérdezek Istentől, amik számomra hasznosak lennének. Akartam tőle valamit, hogy megjutalmazzon, mivel az értékes időmet vele töltöttem. Ehelyett azt éreztem, hogy gyengéden megdorgált ilyen szavakkal: „Fiam, azt akarom, hogy velem legyél és élvezd a társaságom. Ne vessz el a tennivalókban, egyszerűen csak élvezd a jelenlétemet, ahogyan én is élvezem a tiedet."

A legjobb dolog, amit kaphatok az imán keresztül, az maga Isten. Ha van Istenem, akkor megvan mindenem, amire szükségem van. (lásd Zsoltárok 23:1 és Máté 6:33).

Ebben a világban, ami tele van megtöretettséggel, megosztottsággal, üres válaszokkal, az emberiség valós megoldásokra vágyik a problémáira. Vágyunk a teljességre, feltétel nélküli szeretetre, egységre, örömre és igazi megvalósulásra. Mégis olyan dolgokra pocsékoljuk az időnket és az energiánkat, amikre nincs is valójában szükségünk, és nem is elégítenek meg teljesen. Ismerni Jézust az egyetlen kulcs az elégedett élethez. A prófétálás nem a prófétálásról szól, hanem arról, hogy ismerjük Jézust.

Jézus Krisztus mindent felajánl, amire a szívünk vágyik. Azonban a világnak meg kell látnia azokat az egyéneket, akik képviselik ezt a mindennapi életükben. Látniuk kell példákat, akik igazán ismerik Istent és vele élnek.

A prófétálás célja megismerni Jézust és ismertté tenni Őt. Isten élő kapcsolatba hív Jézussal (lásd 1 Korinthus 1:9). Úgy növekedhetünk a prófétálásban, ha követjük János apostol példáját és a fejünket Jézus mellkasára fektetjük. (lásd János 13:23).

Isten, a legnagyszerűbb szerető, vágyik rá, hogy megossza titkait velünk, valamint hogy alázatban közeledjünk Hozzá az imáinkon keresztül. Szentírás, elmélkedés, csönd és egyéb szellemi gyakorlatok útján tudjuk a fejünket rendszeresen Jézus mellkasára fektetni. Ez a Jézussal való bensőséges kapcsolat tesz minket képessé, hogy az Ő szavát szóljuk másoknak.

Egy fiatal lány a gyülekezetben egyszer ezt kérdezte tőlem: „Te hogyan prófétálsz?”

Ezt válaszoltam: „Ha az édesanyád felhívna telefonon, megismernéd a hangját?”

„Igen, megismerném,” ezt válaszolta.

„Nos, ugyanez a helyzet velem és Jézussal. Sok időt töltök azzal, hogy hallgatom az Ő hangját, így sokszor észreveszem, ha üzenni szeretne valamit nekem vagy másoknak.”

A prófétálás célja, hogy ismerjük Istent. Ez a prófétálás szíve, ezért a próféták olyan közel élnek Istenhez, hogy az Ő szavai a próféták szavai lehessenek.

Isten szándékában áll a próféták egy új generációjának felnevelése. Nem minden hívő próféta, de minden hívőnek képesnek kell lennie, hogy megtapasztalja Isten hangját és irányítását a midennapi életében. Isten hangja nem csak a gyülekezet falain belülre szól, hanem a társadalom minden szférájának javítására is.

Isten hangjának meghallása megváltoztatja az életedet

Miután Amos Landers elvesztette a munkáját, megkérdezte Istent, hogy hogyan tovább, és hallotta, amint Isten ezt mondja neki, „Moss ablakokat!”

Landers Isten hangjának engedelmeskedve elindított egy ablakmosással foglalkozó céget, ami irodaházak és toronyházak ablakait mossa Oklahoma különböző városaiban és Kansas-ben. [11]

Egy másik barátomnak – Dr. Steven Smith bőrgyógyász – is van egy fantasztikus története arról, hogy hogyan fejlesztett ki egy gyógyszert egy bőrproblémára.

A felesége hallotta két anyagnak a nevét miközben imádkozott: bróm és nikkel. Ő nem tudta, hogy mik ezek, de Dr. Smith igen. Rengeteg tudományos kutatás és tesztelés során kifejlesztett egy új gyógyszert, melynek neve Lomalux. Ez a gyógyszer emberek ezrein segített világszerte, akik pikkelysömörtől, ekcémától vagy pattanásoktól szenvedtek. [12]

Frank Laubach és George Washington Carver szintén jó példák arra, hogy hogyan lehet a társadalomban közreműködni, ha engedelmeskedünk Isten hangjának. Laubach egy tollal és füzettel kísérletezett, hogy meglássa, le tud-e jegyezni minden alkalomat, amikor Isten szól hozzá. Eltökélte magát, hogy utánajár, vajon tudna-e folytonos kapcsolatban lenni Istennel. A kísérlete nem csak ahhoz vezetett, hogy szorosabb kapcsolatot épített ki Istennel, hanem kifejlesztett egy írás-olvasásban segítő programot, ami emberek millióinak segített abban, hogy megtanuljanak olvasni. [13]

George Washington Carver egy afro-amerikai származású férfi volt, aki a 19. században élt az Egysült Államok déli részén. Forradalmasította a mezőgazdasági ágazatot a tudományos kutatásaival és találmányaival. A titka az Istennel való kapcsolata volt. Egyszer ezt mondta: „Szeretek úgy gondolni a természetre, mint egy korlátlan rádióállomásra, amin keresztül Isten beszél mindannyiunkhoz a nap minden órájában, ha ráhangolódunk."

Egyszer volt egy ilyen párbeszéde Istennel: „Alkotó, kérlek, mutasd meg a világegyetem titkát."

„Kis ember," – válaszolt Isten – „nem vagy elég nagy ahhoz, hogy ismerd a világegyetemem titkát, de megmutatom neked a földimogyoró titkát."

Carver több mint háromszáz terméket talált ki földimogyoróból. A szenvedélye nem az volt, hogy pénzt csináljon, hanem hogy szolgálja Istent és az emberiséget.

A laboratóriumát Isten Kis Műhelyének hívta, ahol Isten és ő felfedezéseket tettek, amik szó szerint megváltoztatták a kor mezőgazdaságát. [14] Feltaláló volt, oktató, botanikus, de legfőképpen Isten barátja.

William Wilberforce egy másik olyan ember, akit Isten hatalmasan használt. Óriási szerepe volt a rabszolgaság felszámolásában a Brit birodalomban. Egy nap egy jelentőségteljes beszélgetése volt John Newtonnal korábbi rabszolgakereskedővel és a „Csodálatos kegyelem" (Amazing Grace) c. himnusz szerzőjével. Newton azt mondta neki: "Isten azért nevelt fel, hogy a gyülekezet és a nemzet javára legyél… folytasd a Parlamentben, mert ki tudja miért, de Isten ebben az időben helyezett téged a közéletbe, és van is egy célja a számodra." [15]

Wilberforce politikai karrierjét erősen befolyásolták a kvékerek és John Wesley, a metodisták és a Szentség mozgalom alapítója. Wilberforce prófétai hang volt az angol parlamentben, aki arra tette fel az életét, hogy megszüntesse a rabszolgaságot és megváltoztassa a társadalmat. Az Egyesült Államoknak egy polgárháborút kellett elszenvednie, hogy véget vessenek a rabszolgaságnak, de ez az ember, akire erőteljes keresztény mozgalmak voltak hatással, úttörő volt az angol rabszolgafelszabadítási mozgalomban.

Közel három évtizedbe telt Wilberforce számára, hogy elérje a célját, a rabszolgaság eltörlését. 1807-ben, mindössze három nappal a halála előtt, a Brit birodalom megszüntette a rabszolgaságot, nagy részben Wilberforce Szellem által ihletett erőfeszítéseinek köszönhetően.

Szükségünk van prófétákra, akik felfedik Isten szívét és terveit a társadalom minden egyes rétegének – emberekre, akik felszólalnak olyan problémákkal szemben, mint az igazságtalanság, embercsempészet és szegénység. Szükségünk van emberekre, akik hangjaik lesznek azoknak, akiknek nincs hangjuk, és olyan helyekre mennek, ahova senki más nem megy.

Szeretem Gladys May Aylward történetét. Fiatal lányként Aylward érezte Isten elhívását, hogy a Kínában éljen és beszéljen az embereknek Jézusról. [16] Miután jelentkezett egy keresztény misszióba, elutasították, mert túl gyenge volt az egyetemi háttere. Azt mondták neki, hogy sosem lenne képes megtanulni a nyelvet, és nem tudna sikeresen átmenni a bibliai kurzusokon. Ráadásul túl öreg is volt, hogy misszionárius lehessen. Aylward hitte, hogy Istent hallotta, ezért eladta mindenét, amije volt, hogy egy egyirányú jegyet vehessen Kínába. Ott azután segített a helyi kormánynak megállítani a lábelkötést, ezt a szörnyű gyakorlatot, ami a nőket egy életre megcsonkította. Segített megállítani börtönlázadásokat, és közbenjárt a szegények ügyeiben.

Sok árva gyermeket fogadott örökbe. Egyszer elkezdett árvákhoz járni, és a végén egy nagy csoport gyerek között találta magát egy árvaházban. 1938-ban, amikor a japánok megszállták Kínát, több mint 100 árvát helyezett biztonságba, miután megsebesítették. A helyi vezetőség kitüntette, és nagy befolyásra tett szert, ami által aztán sokak életére lehetett jó hatással abban a kínai tartományban. Aylward azért volt képes erre, mert hallgatott és engedelmeskedett Isten szavának.

A feleségem én minden héten sok időt töltünk prostituáltakkal a piros lámpás negyedben, Amszterdamban. Sokakat közülük bántalmaztak, és itt végezték az életük nehéz körülményei miatt. Bár Hollandiában legális a munkájuk, tele vannak nehézségekkel és igazságtalansággal. A mi célunk, hogy Isten szeretetét megosszuk velük, és hogy segítsünk nekik valódi szabadságra találni, és új életre Jézus Krisztusban.

Sokakat láttunk, akik kiszabadultak ebből az életből, és kiléptek a Jézus által kínált szabadságba, mert a hívők szeretettel és barátságosan közelítettek feléjük. Ez az, amit Jézus tett és nekünk is tennünk kell. (lásd Máté 21:31).

A prófétálás Isten szívének az ismerete és az Ő szavának átadása egyének, családok, gyülekezetek, üzletek és nemzetek számára. Az Isten szívének ismeretéről szól ez, és az arról, hogy engedelmeskedjünk az Ő indíttatásainak, és tanítsunk másokat, hogy ugyanezt tegyék.

A legnagyobb számunkra elérhető erőforrás nem a pénz, stratégia vagy az emberi fondorlatok, hanem Isten személyes ismerete és az Ő erejének megtapasztalása. Ha ismerjük Istent és tovább tudjuk adni az Ő szavát (prófétálás), akkor minden dolog lehetséges.

2. fejezet

A prófétai szolgálat három előfeltétele: szeretet, bátorság és alázat

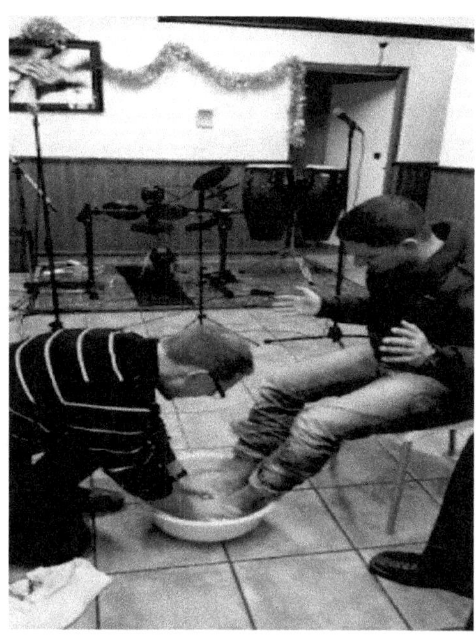

(Egy vezető lábának megmosása Barcelonában, Spanyolországban)

"Sem a körülmetélkedés, sem a körülmetéletlenség nem ér semmit, sokkal inkább a szeretet által munkálkodó hit." **Gal. 5:6b**
„Veled van Istened, az Úr, ő erős, és megsegít. Boldogan örül neked, megújít szeretetével, ujjongva örül neked." **Zofóniás 3:17**

Amikor a lányom, Hannah megszületett, az édesanyja annyira sok vért vesztett, hogy nem volt ereje a karjába venni őt. Az én drága kislányom ordítva jött a világra, úgy, ahogy azt általában az újszülöttek szokták. Amikor a nővérek a kezembe adták őt, elkezdtem énekelni neki azt az éneket, amit még az apukám nekem énekelt. Így énekeltem: *"Szeretem Hannát, szeretem Hannát, igen így van ez. Így van ez. Ő nagyon különleges, nagyon különleges. Igen, ő az. Igen, ő az."*

Abban a pillanatban, ahogy meghallotta a hangomat, elállt a sírása, mert megismerte az édesapja hangját, aki neki énekelt. Még amikor az anyukája hasában volt, már akkor énekeltem neki és beszéltem hozzá.

Amikor a legkisebb fiam, Benjamin még kisbaba volt, előfordult, hogy a sírást azért hagyta abba, mert meghallotta a nővére hangját, aki neki énekelt: *"Szeretem Benjamint, szeretem Benjamint, így van ez. Így van ez. Ő nagyon különleges, nagyon különleges. Igen, ő az. Igen, ő az."* Benjamin nagyon sokszor hagyta abba erre a sírást.

Ez egy csodálatos kép arról, hogy a miről szól prófécia. A prófécia az emberek szeretéséről szól, úgy, ahogy Isten szeret minket. Úgy énekelni a szeretet énekét másoknak, ahogy azt Isten is szüntelenül énekli nekünk.

Egy másik nap, ahogy épp beléptem a házba, Hannah így énekelt, *"Szeretem Apát, szeretem Apát. Így van ez, így van ez. Ő nagyon különleges, nagyon különleges. Igen, ő az. Igen, ő az."*

Majd kiugrottam a bőrömből, amikor hallottam, hogy azt az éneket énekelte nekem, amit én szoktam neki énekelni! Ez egy csodálatos kép arról, hogy az Atya szívét mennyire megérinti a mi dicsőítésünk. A prófécia lényege az, hogy Isten szeret minket, és nekünk is úgy kell szeretnünk másokat, ahogy Ő szeret minket.

A IV. Mózes 11:20-30-ban a hetven vén történetéről olvashatunk, akik elkezdtek prófétálni, amint a Szent Szellem rájuk szállt. Mindegyik prófétált a sátorban, ahol Mózessel kellett találkozniuk, Eldádot és Medádot kivéve, akik otthon maradtak. Józsué döbbenetére ez a két vén is szabadon prófétált, akik nem voltak a megfelelő helyen, és ezért követelte Mózestől, hogy hallgattassa el őket azonnal. Mózes váratlanul így válaszolt Józsuénak: *"Az én érdekemben vagy féltékeny rájuk? Bárcsak az Örökkévaló népe mind egy szálig próféta lenne! Bárcsak az Örökkévaló mindegyiküknek adná Szellemét!"* (IV. Mózes 11:29, EFO)

Ez egy csodálatos elbeszélés, ami nem csak a Pünkösd előképe, amikor Isten a Szellemét minden testre kiönti, hanem egy nagyon fontos kulcsot is rejt, ami Eldád és Medád nevével kapcsolatos. Eldád neve azt jelenti "Isten szeretett", és Medád nevének jelentése "szeretet". [17] Amikor és ahol prófétálunk, ott szeretetben kell prófétálnunk. A prófétálásnak szeretet nélkül nincs semmi értelme.

Pál ezt egyértelművé teszi az 1 Korintus 13-ban, amikor azt mondja:

> *Ha képes vagyok emberek, vagy angyalok nyelvén beszélni, de isteni szeretet nincs bennem, olyan leszek, mint egy zajos cintányér, vagy egy zörgő cimbalom. Ha megkaptam a prófétálás ajándékát, ha ismerek minden titkos igazságot, ha minden tudás a birtokomban is van, ha olyan erős hitem van, hogy hegyeket is elmozdítok vele, de nincs bennem isteni szeretet, semmi vagyok! Ha minden vagyonomat elosztom a szegények között, ha a testemet feláldozom, hogy tűzben égjen el, de isteni szeretet nincs bennem, semmit nem érek el vele. (1 Kor. 13:1-3)*

2016 januárjában elvittem a holland szolgáló csoportot egy nagy ifjúsági prófétai konferenciára Magyarországra. Köztük volt az egyik legjobb barátom is, aki egy tradicionális hátterű gyülekezetben nőtt fel, így nagyon keveset hallott a prófétálásról. Amikor mondtam neki, hogy prófétálni fog, akkor azt mondta, hogy majd néz engem és tanul tőlem, de semmiképpen sincs arra készen, hogy ő prófétáljon.

Az első nap végén egy ötvenfős sor várakozott, hogy a prófétálás ajándékával szolgáljanak feléjük. Ott álltam az egyik oldalamon a tolmáccsal és a másikon a barátommal, aki nézte és hallgatta, ahogy az első alany felé prófétáltam. Majd egyszerűen csak elsétáltam és otthagytam őt a sor várakozó emberrel, akik arra vártak, hogy Istentől választ kapjanak!

Elkezdett prófétálni ezeknek az embereknek, majd utána ezt mondta nekem: "Matt, ez olyan egyszerű volt. Mindössze annyit kellett tennem, hogy úgy szeressem az embereket, ahogy Isten szeret engem. Ez olyan egyszerű volt és olyan csodálatos!" Tudtam, hogy ő már telve van szeretettel, az Írással és az Isten Szellemével, így neki a prófétálás nagyon természetes és egyszerű lesz.

(Amikor telve vagy Isten Üzenetével és a Szellemével, akkor a prófétálás nagyon egyszerű.)

Egyszer a kaliforniai Fresno-ban képeztem ki egy csapatot arra, hogy hogyan tudják a Szent Szellem ajándékát használva Jézus örömüzenetét megosztani egy ottani bevásárlóközpontban. Ezt a fajta evangelizációt én erő-evangélizációnak hívom. Az evangélizálás egy nagyon rettegett és utált szó mind a keresztények, mind a nem keresztények számára is, mert egy olyan kép alakult ki róla, hogy jön egy nagyon nyomulós, mindentudó keresztény, aki kiáll egy emelvényre és mindenkinek megmondja, hogy meg kell térniük, mert ha nem, akkor a pokolban fognak elégni. Ez **NEM** evangélizálás.

Az evangélizálás elmondani az embereknek azt az örömhírt, ami az életüket jobbá teszi. Az evangélizálás célja az, hogy az embereket Jézushoz vonzzuk úgy, hogy a szeretetet, erőt és a helyreállást elérhetővé tesszük számukra. Ez igenis magában foglalja a bűnről való beszédet és azt a törékenységet, amivel mindannyian szembenézünk, de ezt a hit, a remény és a szeretet összefüggésében kell tenni.

Azon az estén a kedvenc erő-evangélistám egy tizenkét éves fiú volt. Mindenki elfogadta tőle azt, hogy imádkozzon értük! Aznap este, amikor imádkozott értük, az emberek meggyógyultak, és egy csomó embernek a szemébe könnyek szöktek, mert ő a többi csapattaggal együtt egyszerűen csak megosztotta velük Isten szeretetét.

Az evangélizálás és a prófétálás nem bonyolult, mert mind a kettő arról szól, hogy szeressük az embereket, úgy, ahogy Isten szeret minket. Ha Istennel kapcsolatban vagyunk, akkor a prófétálás és az evangélizálás természetessé és normálissá válik. Amikor az evangélium az identitásunk központja, ezek nem pusztán *cselekedetek*, hanem a *lényünk része*.

Ez csak akkor jelenthet gondot, ha az embereknek az evangéliumról való látásmódja eltorzult. Láttam olyan embereket, akik az ótestamentumi módon "térj meg vagy elégsz" megközelítéssel evangélizáltak, ami nem csak nem igei, hanem rendkívül káros. Isten igenis hív minket megtérésre, de ez az Ő jóindulatából fakad (lásd Róma 2:4). Jézus mondta, hogy Isten *"jóságos a gonosz és hálátlan emberekhez is"* (Lukács 6:35b). Nekünk is irgalmasnak és könyörületesnek kell lennünk, ahogy a mennyei Atyánk is irgalmas és könyörületes (lásd Lukács 6:35-36). Könyörületesnek kell lennünk azokhoz, akik kételkednek (lásd Júdás 1:22). Az irgalom erősebb, mint az ítélet, és mi a jóval győzzük le a gonoszt (lásd Jakab 2:13, Róma 12:21). Isten nem azért küldte Jézust, hogy elítélje a világot, hanem hogy megmentse (lásd János 3:17). Nekünk az Ő példáját kell követnünk.

Akik prófétálnak és evangélizálnak, célként kell kitűzniük, hogy mindenekelőtt a hallgatók bátorítására, megerősítésére és vigasztalására legyenek, ne pedig azok elítélésére, ahogy sok ótestamentumi próféta tette (lásd 1 Kor. 14:3). A prófétálás és az evangélizálás célja az, hogy az emberekhez elvigyük az örömhírt, ami az életüket megváltoztatja. Nekünk olyannak kell lennünk, mint a só, ami az embereket szomjassá teszi az élő vízre, amit Jézus kínál.

Még a főiskolán történt, hogy volt egy Marilyn Manson heavy metal koncert és kimentem a helyszínre, hogy a koncertre menőkkel beszéljek és imádkozzam értük. Marilyn Manson ismert volt arról, hogy a koncertjein Bibliát tépett szét, meg más megbotránkoztató bohóckodást adott elő a közönségnek. A csapatommal reméltük, hogy a koncertre menőket meg tudjuk szólítani, és imádkozni tudunk értük. Sajnos nem mi voltunk az egyedüli keresztények, akik megjelentek. A bejáratnál volt egy keresztény csapat egy nagy megafonnal és a pokolról készült festménnyel, így közölték a hallgatósággal, hogy egyenes úton vannak a festményen látható helyre. Érthető módon senki sem állt szóba velünk, mert azt gondolták, hogy ahhoz a csapathoz tartozunk.

Azonban volt egy másik keresztény csapat is kint, akiknek viszont sikerült a koncertre menőkkel imádkozni. Ezek az Oral Roberts Egyetem hallgatói voltak, akik bölcsen feketébe öltöztek és így kapcsolatot tudtak teremteni a koncertezőkkel. Az est végére viszály alakult ki az keresztény csapatok között. Az egyik hölgy azt állította, hogy a másik keresztény csapat a pokolba fog kerülni, mert feketébe öltöztek. Nyilvánvalóan ennek az alapvetően jó szándékú hölgynek semmi fogalma nem volt arról, hogy az evangélium nem arról szól, hogy az ember milyen színű ruhát hord, hanem Jézus szeretetből fakadó áldozatáról, amit a kereszten elszenvedett értünk.

Az evangélizálás és a prófétálás szolgálatát csakis úgy szabad gyakorolni, ha megértettük, miről szól Jézus Krisztus örömhíre. Az identitásunknak erősen

Krisztus szeretetében kell gyökereznie, és nem külső viselkedési jegyekben vagy eredményekben.

Putty Putman a *School of Kingdom Ministry Manual (A Királyság iskolájának szolgálati kézikönyve)* című kézikönyvében leírja a hívő erő-evangélizációban való növekedésének a folyamatát. [18] Az első és egyben legfontosabb lépés az, hogy az emberek identitása erősen Jézus Krisztus evangéliumában legyen megalapozva. Ha ez nem valósul meg, akkor fennáll a veszélye annak, hogy az illető élete és szolgálata a rombolás ösvényére kerül.

Erre egy példa, amikor valaki azt mondja egy embernek, hogy a saját hibájából nem gyógyult meg, mert nem volt elég hite rá. Egy másik veszély az, ha az ember elbátortalanodik attól, sőt még fel is dúlja az, amikor a prófétai szó nem úgy valósul meg, ahogy elgondoltuk, hogy meg fog valósulni. Ezért annyira szükséges az egészséges útmutatás, amikor prófétálunk és a prófétálás szolgálatát fogadjuk. A hitünknek azon kell szilárdan állnia, amit Jézus értünk a kereszten tett, és nem azon, hogy vajon meggyógyulunk-e, vagy a prófétai szó úgy hangzik-e el, ahogy mi szeretnénk, vagy akkor, amikor mi szeretnénk, hogy elhangozzon.

A betegekért való imádkozás és a prófétálás célja az, hogy az embereket szeressük és bátorítsuk attól függetlenül, hogy mi történik, vagy mi nem történik. Nem szabad az embereket letörnünk vagy megszégyenítenünk, hanem minden esetben az építésükre kell lennünk. Még akkor is, amikor valakinek egy helyreigazító vagy figyelmeztető szavam van, a cél az, hogy ezt olyan módon adjam át, ami megerősíti, bátorítja, megbecsüli és felépíti.

Henri Nouwen egy kedvelt holland pap, aki azt az üzenetet képviselte az életével, hogy mi az Isten szíve választottjai vagyunk. [19] Az üzenete az volt, hogy a világ három hazugsággal próbál megbélyegezni: "Annyit érsz, amennyit teszel. Annyit érsz, amennyid van. Az vagy, amit az emberek gondolnak rólad."

Mind a három állítás elég szívfájdító és ártalmas lehet, ami bizonytalansághoz, félelemhez és büszkeséghez vezethet. Nouwen azt mondta, hogy a keresztény hit lényege, hogy halljuk az Atya Isten hangját, aki kijelent ránk dolgokat, ahogyan ezt Jézussal is tette, amikor bemerítkezett, ezt mondta: "Te vagy az én szeretett fiam. Szeretlek és gyönyörködöm benned" (Máté 3:17).

Ahogy felnőttem, láttam az édesapámat és édesanyámat a pásztori szolgálatban tanítani és szolgálni sok embert. Azt tanították nekem mind a szavaikkal és példákon keresztül, hogy a legfontosabb dolog, amit tehetünk, hogy szeretjük az embereket. A legfontosabb képességünk nem az, hogy milyen jól prédikálunk, tanítunk vagy gyógyítjuk a betegeket; hanem az, hogy mennyire szeretjük őket. Szeretünk másokat, mert Isten szeret minket. Az Isten szeretetének a szavainkkal és a tetteinkkel való kifejezése a mindennapi életünk egyik leghangsúlyosabb része kell, hogy legyen.

Elkerülhetetlen, hogy mindenki, akit a prófétálás területén képezek, a prófétálásuk egy bizonyos pontján el fogja mondani azt, hogy Isten azt mondja: "Szeretlek." Láttam Európa főbb városainak utcáin, mint például Barcelona, Amsterdam, Budapest, stb. az embereket, ahogyan könny szökött a szemükbe, amikor ezt az igazságot meghallották. A prófétálás az Atya Isten szerelmes szívének a kifejezése az emberek felé olyan módon, hogy azt képesek legyenek megérteni és elfogadni.

Isten Szeretete: radikális és áldozatkész

Az, hogy úgy tudjuk szeretni az embereket, ahogy Isten szeret minket, mélyreható és áldozatkész szeretetet követel. Bár lehet, hogy ára van annak, hogy az embereket szeressük, de mindig megéri az árát.

A nagy indiai keresztény, Sadhu Sundar Singh egyszer késő este a hideg havas hegyoldalon vándorolt együtt egy másik ember társaságában. El kellett jutniuk a legközelebbi faluig, mert különben szó szerint halálra fagytak volna. Ám útközben rátaláltak egy másik utazóra, aki már szinte megfagyott és majdhogynem halott volt.

Singh azt mondta: "Gyerünk, vegyük fel és mentsük meg."

A másik így válaszolt: "Felejtsd el. Ha még őt is cipeljük magunkkal, akkor mind meghalunk. Te megpróbálhatod megmenteni, de én először is magamat mentem meg!"

Singh nehéz választás elé került. Megmentse a haldokló embert, vagy hagyja meghalni? Azt választotta, hogy megpróbálja megmenteni őt, felveszi és a vállán cipeli, annak ellenére, hogy ezzel a saját életét kockáztatja.

Azt választotta, hogy azzal az emberrel megy tovább, aki a vállán függeszkedett. Azt gondolta, hogy meg fog halni. Azonban a teste melegének köszönhetően a férfi felmelegedett és hamarosan már mellette tudott sétálni. Ahogy sétáltak, meglepetésükre rátaláltak a másik barátjukra, aki cserbenhagyta őket, hogy a saját életét megmentse, ott feküdt arccal lefele a hóban megfagyva. [20]

Ez az, amire Jézus gondolt, amikor azt mondta, hogy aki meg akarja menteni az életét, elveszti azt, aki pedig elveszti az életét Őérte, megmenti azt (Máté 16:25). Meg kell tanulnunk úgy szeretni, ahogyan Krisztus szeret minket. Imádkoznunk kell azért, hogy képesek legyünk szeretni az embereket, még akkor is, amikor ők megvetnek és gyűlölnek minket.

Bátorság: hit a kockázatvállaláshoz

Éppen egy tévéműsorban készítettek interjút velem, amikor erős fájdalmat kezdtem érezni a fejemben hátul a nyakamnál. Rájöttem, hogy valószínűleg ismeret beszéde lehet, amit ki kellett mondanom ahhoz, hogy az valakinek a gyógyulására legyen. Soha nem történt még velem ilyen. Ahogy néztem az órát, hogy telik az idő, bátorságot vettem és azt mondtam: "Úgy hiszem, hogy van itt valaki, akinek van valami a nyakán hátul éppen itt, és Isten épp most gyógyít meg téged." [21]

Amikor a felvételnek vége lett, azt gondoltam magamban, "Te jó ég, mit tettem?"

Három héttel később derült ki, hogy az operatőr, aki a kamera mögött volt, meggyógyult, amikor elmondtam az üzenetét! Még fontosabb, hogy az ismeret beszéde és mindenféle gyógyulás ajándéka onnantól kezdve elkezdett megnyilvánulni majdnem minden összejövetelen, ahol akkoriban beszéltem. Ez nem tudott volna így aktiválódni az életemben, ha nem nyitottam volna ki a számat és nem vállaltam volna a kockázatot. Isten megbecsüli a hitet, a hit pedig képes kockázatot vállalni.

Gary Best a *Naturally Supernatural (Természetesen természetfeletti)* című művében nagyszerűen illusztrálja ezt az alapelvet. [22] Elmeséli egy imádkozás közben látott látomását, ahol egy magas ugródeszkán találta magát, alatta egy hatalmas medencével, amiben nem volt víz. Ebben a látomásban hallotta Istent, ahogy ezt mondja: "Ugorj!"

"Istenem, nincs víz a medencében! Ez fájdalmas lesz így." – válaszol.

Isten azt mondja: "Ugorj!"

"Na de Istenem...?!" – feleli Best.

Isten azt mondja: "Ugorj!"

Best leugrik. Abban a pillanatban, hogy leugrott, a medence megtelt vízzel. Ahogy egykor John Wimber mindig mondta: "A hitet úgy betűzik, hogy K-O-C-K-Á-Z-A-T."

Ahogy az első fejezetben állítottam, a prófétálást a hit aktiválja és működteti, és nem az érzelmek és az érzelmi felindulások. Láttam olyan embereket, akik az érzelmeik felgerjesztésén dolgoztak azért, hogy "Istent érezzék", márpedig semmit nem kell *éreznem* ahhoz, hogy prófétáljak, vagy hogy ismeret beszédét kapjak, nyelveken szóljak, vagy a betegekért imádkozzam. A próféták hit által működnek és nem elsősorban az érzelmek által.

Ez annyit jelent, hogy akkor is megteszünk dolgokat, amikor félünk. A bátorság nem azt jelenti, hogy nincs bennünk félelem. Azt jelenti, hogy a félelmünk ellenére is megtesszük. Minden alkalommal, amikor kimegyek az utcára, hogy ismeretlenekkel beszélgessek, attól félek, hogy mit gondolnak, vagy mit mondanak majd rólam. Eléggé ijesztő. De eléggé kifizetődő, amikor azt látom, hogy az emberek meggyógyulnak, vagy megismerik Krisztust, mert vettem a bátorságot, hogy beszéljek velük. Az egyik leggyakoribb imádságom az, hogy "Istenem, add, hogy a benned való hitem mindig nagyobb legyen, mint a saját félelmem."

Alázat: az Isten ereje a szeretet irányítása alatt

A másik imádságom az, hogy "Istenem, segíts, hogy mindig alázatos tudjak maradni." Mózes az egyik legnagyobb próféta volt a Bibliában, és őt így jellemzik: *"nagyon szelíd ember volt, mindenki másnál alázatosabb."* (4 Mózes 12:3)

Jézus mondta: *"tanuljátok meg tőlem, hogy én szívből szelíd és alázatos vagyok – akkor meg fogtok nyugodni"* (lásd Máté 11:29). Mi Jézushoz hasonlatosak vagyunk, és Ő *"szívből szelíd és alázatos"*. Mózes és Jézus a legjobb példák a hatékony prófétai szolgálatra, és ők mindketten alázatosak voltak.

Amikor Jézusra nézünk, akkor a Mennyei Atyát látjuk (lásd János 14:9). Jézus az Isten Atya képmása! Mint Jézus követői, képeseknek kell lennünk másoknak azt mondani, hogy *"Kövessétek tehát a példámat, ahogy én is követem Krisztust!"* (1 Kor. 11:1). Jézus Krisztus alázatos volt, és amikor én büszke, durva és arrogáns vagyok, akkor nem tükrözöm vissza Őt.

A prófétálás soha nem lehet kifogás arra, hogy udvariatlanok, rosszindulatúak, pökhendiek legyünk, vagy a felettünk állók felé ne lehessünk elszámoltathatóak. Ezért van az, hogy amikor prófétálok, mindig próbálok mosolyogni és barátságos lenni. Mi több, amikor a gyülekezetben prédikálok, tanítok vagy prófétálok, még a vezetők felé is elszámoltatható vagyok.

Ahhoz, hogy prófétálhassunk, nagyon nagy bátorságra, szeretetre és alázatra van szükségünk. Ha egyet is kihagyunk ezek közül, akkor a szolgálatunk bizonyosan rövid életű, ártalmas vagy eredménytelen lesz.

(Mindig próbálok mosolyogni, amikor prófétálok az emberek felé)

2010-ben, amikor a Szent Szellem ajándéka elkezdett kibontakozni az életemben, Isten egy hölgyön keresztül szólt hozzám, aki megtanulta az Ő hangját hallani: "Megtanítottam neked, hogy mit jelent az erőmben mozdulni, de most megtanítom neked, hogyan kell irányítva mozdulni benne."

Azóta megtanultam, hogy az *alázat* meghatározása a Szent Szellem ereje által való mozdulás, ami a szeretet irányítása alatt működik.

Egy oklahomai gyülekezetben voltam, ahol évekkel korábban megtapasztaltam Isten erőteljes mozdulását. Ahogyan készülődtem az összejövetelre, azt vettem észre, hogy egyre jobban kezdek aggódni és bizonytalanná válni. Elkezdtem Istent kérdezni: "Tudnál adni nekem egy jó kis ismeret beszédet? Tudnál adni egy kulcsot valaminek a feltárására, hogy így az hatalmad és a jelenléted erőteljesen megnyilvánuljon ma reggel?"

Hirtelen észrevettem, hogy a bizonytalanság és a büszkeség irányítása alatt voltam. Az egész rólam szólt, és nem Jézusról. Bűnbánatot kellett tartanom, és egyszerűen ellazulnom és arra kellett összpontosítanom, hogy egy biztonságos, szeretetteljes és alázatos pozícióból szolgáljak.

Jonathan Edwards csodálatosan összefoglalta egyszer, hogy hogyan is néz ki a büszkeség és az alázat. Ő szöges ellentétbe helyezte a kettőt. Az alábbi táblázat ábrázolja, hogy mi a büszkeség és az alázat. [23]

A büszkeség...	Az alázat...
... amikor üresség és félelem motivál.	...megelégedettnek lenni.
...tiszteletlennek lenni azokkal az emberekkel, akik másképpen gondolkoznak vagy cselekednek, mint te.	...kedvesnek, barátságosnak és tisztelettudónak lenni még azokhoz az emberekhez is, akik különböznek tőled.
...tanulásra nem képes. Mindent jól tudó.	...tanítható és helyreigazítható.
...bizonytalannak lenni.	...biztonságban lenni.

Aggódtam amiatt, hogy mit fogok megosztani az emberekkel. Amikor azonban úgy döntöttem, hogy megalázom magam, nem aggódok és megelégedett leszek, akkor képes voltam higgadt, békés módon prédikálni, prófétálni és a betegekért imádkozni. Az Isten ereje akkor működik a legjobban, amikor nyugodtak vagyunk, és nem azért aggódunk, hogy előadjunk egy műsort. Az igaz próféták nem arra összpontosítanak, hogy magukat tegyék naggyá, hanem hogy Jézust emeljék fel, ahogyan Keresztelő János is tette.

Isten az, aki munkálkodik, és nekünk nem kell a vállunkon olyan terhet cipelnünk, mint az embereknek a gyógyulása vagy az, hogy Isten beszéljen hozzájuk. Amit tennünk kell: az, hogy engedelmeskedünk Neki és szeretjük az Ő embereit, ahogyan Ő szeret minket.

Ez a hozzáállás teszi a prófétai szolgálatot egészségessé, és olyanná, amire vágyom, hogy még sokáig folytathassam. A célom az, hogy egy olyan öreg szolgálóvá válhassak, aki mindig hűséges volt a feleségéhez, soha nem lopott pénzt, és alázatosan tud imádkozni a betegekért, tanítani, prédikálni és prófétálni. Azért imádkozom, hogy az Isten kegyelme által eszköz lehessek a következő évtizedek ezernyi új prófétájának kiképzésében. De ezt a célomat csak akkor érem el, ha sikerül alázatosnak maradnom.

Sokszor kapom magam azon, hogy az Edward féle alázat-meghatározáson elmélkedem, azért, hogy alázatos tudjak maradni – megelégedett legyek, kedves, barátságos és tiszteletteljes még azokhoz az emberekhez is, akik különböznek tőlem. Arra törekszem, hogy képes legyek befogadni a tanítást, a helyreigazítást, és biztonságban legyek, hogy Isten hangját halljam, ahogyan a szívemben visszhangozza: „Te vagy az én szeretett gyermekem, akiben gyönyörködöm".

A szeretet, bátorság és az alázat a három nélkülözhetetlen előfeltétele annak, ha valaki hosszú ideig tartó és hatékony prófétai szolgálatot akar.

Két vezető, és stratégiájuk arra, hogy meghódítsák az emberiséget

Az egyik vezető, aki nagyon nagy hatással volt az alázat, szeretet és a bátorság fontosságát illetően a gondolkodásomra, Loyolai Ignác volt. Arra kérlek, hogy várj egy kicsit, mielőtt kritizálnád a következő történetet, amit a *Lelkigyakorlatok* című könyv *„Elmélkedés a két zászlóról"* című fejezetéből hoztam. [24]

Egy hatalmas harc dúl az emberiségért. Az egyik oldalon ott van Lucifer, a sötétség ura, aminek az iróniája az, hogy a nevének a jelentése fényhozó. A másik oldalon ott van Jézus Krisztus, aki a seregét arra hívja, hogy a gonoszt jóval győzze le (Róma 12:21). Vizsgáljuk meg a két hadvezér stratégiáját és seregét.

Lucifer

Képzeljük el a gonoszt füstből álló katedrán ülve, és egy hatalmas csapat démont, ahogy a láncokkal, horgokkal, lándzsákkal és kínzóeszközökkel ott vannak Babilonban a vezérüket hallgatva. Hallod a démonokat sikítani és visítani nagy lelkesedéssel, ahogy a vezérük az emberiség felett való uralom stratégiáját megosztja velük.

Kedves hadseregem, folytatjuk a küzdelmet, hogy legyőzzük az emberiséget. Az ellenségünk soha nem győzheti le a stratégiánkat. Azt a megbízást adom nektek, hogy menjetek ki a különböző nemzetekhez, városokba, családokhoz és egyénekhez, és pusztítsatok, romboljatok és csináljatok nagy kavarodást. Beszivárgunk a társadalom minden rétegébe a médiától kezdve az oktatásig, a gyülekezetekbe és a politikai rendszerekbe, és az ember ereje hatástalan lesz a támadásunk ellen.

Elhitetjük az emberekkel, hogy nincs szükségük senkire, csak saját magukra, így elszigetelődnek és függőbetegek lesznek, és így romokba dönthetjük az életüket. Bedőlnek a megtévesztésünknek, és a stratégiánk megkötözöttségbe és a vakságba vezeti őket, mert nem tudnak nemet mondani majd arra, amit mi kínálunk. Ti mind tovább taszítjátok az emberi életeket a lejtőn, ami milliárdok pusztulásához vezet, végül pedig az emberiség önmegsemmisítéséhez.

*A stratégiánk első lépése, hogy az embereket rávegyük arra, hogy a **gazdagságért** éljenek. Ha elérjük, hogy az anyagi jólétért és a birtoklásért éljenek, akkor majd a szívüket is birtokba tudjuk venni. Amikor ez elkövetkezik, akkor majd elárasztjuk őket **üres tisztelet** iránti vággyal. Hiábavalóságért fognak élni és azt fogják hinni, hogy ha tisztelik, megbecsülik és szeretik őket az emberek, akkor majd igazán boldogok lesznek. Ezután, kedves gyalogságom, folytathatjátok az életüknek, családjuknak és a városaiknak* *szétszaggatását, mert abban az érzéki csalódásban hisznek, hogy ha mások dicsőítik őket, akkor az valódi megelégedést hoz. Akkor már a markunkban lesznek, és elvezethetjük őket arra, hogy az életüket a* **büszkeség** *vezesse. A büszkeség az a végső erődítmény, ahonnan a gonoszság származik. Mert amikor csak maguknak élnek, igen, akkor az uruk és parancsolójuk a testi vágy, az irigység, a félelem, a kapzsiság, a gyűlölet és a rombolás lesz. Azt gondolják majd, hogy igazán a saját boldogságukért és hatalmukért élnek, de mi leszünk az ő parancsolóik, és nem kell, hogy higgyenek bennünk vagy az ellenségükben. Mi leszünk az uraik, és leborulnak az oltárunk előtt, miközben azt gondolják majd, hogy a saját maguk urai. Kiküldelek titeket, hogy pusztítsatok, romboljatok és csaljátok cserbe az emberiséget* **először a gazdagsággal, másodszor a hiú dicsőséggel, majd végül a büszkeséggel.** *Amikor behódolnak a stratégiánknak, akkor a rabszolgáink és a tulajdonunk lesznek. A mieink lesznek, és azt csinálhatunk velük, amit csak akarunk. Menjünk ki, lopjuk el, öljük meg és tegyük tönkre a teremtő minden képmását, és hadd higgyék azt, hogy az életük a saját kezükben van.*

Hallod a gonoszok láncainak, horgainak és fegyvereinek a csörgését és visító hangját? Hallod, ahogyan folyamatosan azoknak a nemzeteknek, városoknak és embereknek a neveit kántálják, akikhez azért lettek kiküldve, hogy tönkretegyék őket? Megemlítik a saját országodat, városodat, gyülekezetedet, vagy éppen a saját nevedet? Lehetséges-e, hogy az a tervük, hogy az életedben elvessék a gazdagság, üres tisztelet és büszkeség magját?

Jézus Krisztus

A másik oldalon ott találjuk az alázatos, mégis nagyon vonzó Jézus Krisztust, aki arra hív bennünket, hogy az apostolai legyünk (akiket egyszer elküldött), hogy a világ minden részére elvigyük az Ő királyságát. Telve könyörülettel, féltő gondoskodással és szeretettel osztja meg az Ő stratégiáját.

„Köszönöm, hogy hallod az Atyám hívását és szívverését, ami a megsebzett és haldokló világot eléri. A világot a szeretetemmel és az erőmmel akarjuk elérni. Tudjátok meg, hogy a mi stratégiánk nagyon különbözik a világ módszereitől. Hívlak titeket, hogy legyetek só és világosság és építsétek a közösséget mélyreható szeretettel és szolgálattal. Arra hívlak el titeket, hogy mossátok meg a lábát azoknak, akik körülöttetek vannak, és szeressétek őket úgy, ahogy én szeretlek és szolgállak titeket.
Először is arra hívlak titeket, hogy éljetek lelki szegénységben. Ez azt jelenti, hogy úgy élsz, ahogy én élek: az Atya teljes függőségében. A Szellemem segítségével azt teszitek, amit én teszek, és azt mondjátok, amit én mondok (lásd János 5:19). Az identitásod nem abban rejlik majd, amit teszel, vagy amid van, vagy amit az emberek gondolnak rólad, hanem abban, amit az Atya hangja ismétel: **'Te vagy az én szeretett fiam, akiben gyönyörködöm.'** *Ez adja meg az erőt és az állandóságot arra, hogy kövess engem a* **szen-**

vedésbe. Ahhoz, hogy követhess engem, minden nap meg kell tagadnod önmagadat, felvenned a keresztedet és úgy követned engem (lásd Máté 16:24). Az emberek kicsúfolnak, leköpnek, hazudnak rólad, és utálnak majd. De arra hívlak, hogy az életedet ne a bosszú vagy akár az elismerés vágya vezesse, hanem az engedelmesség utáni vágy és a szeretet.

Hajlandó vagy engedelmeskedni nekem még akkor is, ha nehéz és kényelmetlen a helyzet? Tudatában vagy annak, hogy ha elveszted az életedet értem, akkor találod meg igazán? (lásd Máté 16:25) Hajlandó vagy szenvedni és mindent feladni értem? Ha igen, akkor kész vagy arra, hogy **alázatos** *életet élj.*

Az igazi alázat valódi megelégedéshez, biztonsághoz, tanuláshoz és szeretethez vezet (lásd Zof. 3:12-13). A lényeged és az értéked abban van megalapozva, hogy megváltottalak és új teremtés vagy. Engem egyszerre Oroszlánnak és Báránynak is hívtak, és neked is meg kell tanulnod, hogy mikor legyél olyan, mint egy oroszlán, és mikor olyan, mint egy bárány (lásd Jelenések 5:5-6). Az igazi alázat erő a szeretetem irányítása alatt.

Amikor a világ látja, ahogy egy erőteljes hadsereg a lelki szegénységben, szenvedésben, és valódi alázatban engem követ, akkor nem lesz olyan démon a pokolban, aki meg tudna állítani minket. Követsz engem abban, hogy az én szeretetemmel szereted a szegényeket, a kirekesztetteket, a tisztátalanokat és a azokat, akik senkinek sem kellenek. Imádkozol az ellenségeidért és áldod őket, és megbocsátasz azoknak, akik megvetnek téged, ahogy én is megbocsátottam azoknak, akik keresztre feszítettek engem? Legyőzöd jóval a gonoszt? El fogod tudni felejteni azt, hogy a jogaidat megsértették, és leszel a békítés nagykövete? Mondod-e, hogy 'Jézus, az életem és ezért mindenem, amim van, az nem az enyém. Minden a tiéd. Az életem, a pénzem, a családom, a jövőm, a tanulmányaim, MINDEN a tiéd. Már nem az enyém, hanem a tied'?

Ebből a fajta valódi alázatosságból meghallod a hangomat és hordozod a szeretetemet, erőmet, békességemet, szentségemet, és minden más isteni erényt. Arra hívlak, hogy munkáld a követőim közösségét, akik megmutatják a világnak, hogy a királyságom nem a szabályokról szól, hanem a Szent Szellemben való igazságosságról, békességről és örömről (Róma 14:17). Mert nem beszédben áll az Isten országa, hanem erőben (lásd 1 Kor. 4:20). A nagylelkűséget, szeretetet és szolgálatot mutatjátok majd be úgy, ahogy a világ vágyik látni azt. Ahelyett, hogy elvennétek, adni fogtok; ahelyett, hogy utálnátok, szeretni fogtok. Megmutatjátok, hogy a valódi szabadság és élet meghal önmagának, azért, hogy élhessen értem.

Hogy válaszolsz majd arra a hívásomra, hogy jöjj és kövess engem a lelki szegénységbe, szenvedésbe és alázatba? Meg fogod hallani a hangomat, és elmondod a szavaimat a megtört és fájdalmakkal küzdő világnak?

Ez a két vezető két gyökeresen különböző mintát mutat be. Az egyik hírnevet, befolyást és dicsőséget ígért. Ám ez a büszkeség és hiúság csapdája, ami arra vezet, hogy a pokol erejének a hatalma alatt legyünk. A másik egy olyan életet élt, ami az Ő igazságának a kijelentését mutatta be. Ő gyengéd és alázatos szívű volt, és lábmosó alázatossága bemutatta a követőinek, hogy a mi Mennyei Atyánk azokban a szolgákban munkálkodik a legjobban, akik hozzá a gyengeségükben jönnek.

Megjelenhet egyfajta izgalom vagy kísértés a büszkeségre, amikor Isten szavát szólod és látod az imád hatására megtörtént csodákat. Az Isten az Ő embereit arra hívja, hogy szeressenek, bátorítsanak és legyenek alázatosak, mert ezek a jellemvonások jelentik a páncélt az ellenség kísértéseivel szemben.

Ugyanazt a kérdést teszem fel neked, mint amit Jézus kérdezett: meg fogod mutatni bátran Jézus szeretetét, előre elhatározva, hogy az Ő szolgálata rajtad keresztül nem rólad szól, hanem Róla? Ha igen, akkor kész vagy arra, hogy növekedj a prófétálásban.

3. fejezet

Hogyan fejlesszük a prófétai szolgálatot?

„A hívőnek egy biztonságos helyet kell biztosítani a gyülekezeten belül,
ahol a megtanulhatja, hogy hogyan kell prófétálni, betegeket gyógyítani
és evangélizálni." – John Wimber [25]

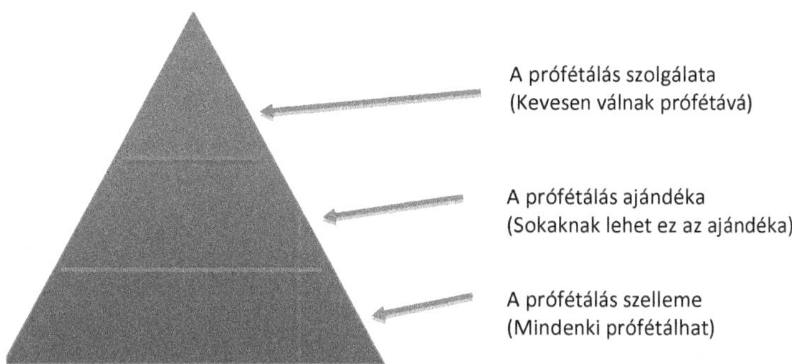

Hollandiában a gyermekeim neveléséhez hozzátartozik az, hogy úszótanfolyamra kell járniuk, mert sok csatorna van, amibe beleeshetnek. Hollandiában ez egy fontos mérföldkő az életben, és a nagyobb gyerekeim már mind kaptak oklevelet az úszótanfolyam elvégzéséről. Alá tudnak merülni, a víz alatti akadályokon keresztül tudnak menni, és félelem nélkül beúsznak a medence mély részére. Mindegyikük elvégzett egy úszótanfolyamot, amit nekem soha nem sikerült elvégeztem.

Emlékszem, hogy hat évesen, amikor az ugródeszkáról leugrottam, szándékosan a tanárra ugrottam. Nagyon féltem a medence mély részétől. Utáltam, és sokkal szívesebben tartózkodtam a medence sekély részén, ahol még elértem a medence alját.

Ahogy a sekély vízben való úszás is jelentősen különbözik a mélyvízben való úszástól, úgy a prófétálásban is vannak különböző szintek.

Ezért meghatározásomban a sekély víz a prófétálás szelleme, ahova mindenki beugorhat. A középső rész a prófétálás ajándéka, ahol sokan képesek lehetnek arra, hogy prófétáljanak, és a mélyvíz a prófétai hivatal/szolgálat, csak keveseket hívtak el és készítettek fel erre a feladatra. Nézzük meg először a prófétálás medencéjének a sekély részészét: a prófétálás szellemét.

A prófétálás szelleme

A prófétálás szelleme a prófétai szolgálat első szintje. A Jelenések könyve 19:10 azt mondja, *„Istent imádd! Mert a prófétaság szelleme az, akinél Jézus tanúságtétele van.."* Az Ószövetségben található egy példa erre az 1 Sámuel 19:19-24-ben.

„De jelentették Saulnak, hogy Dávid Nájótban van, Ráma mellett. Akkor Saul követeket küldött ki, hogy fogják el Dávidot. De amikor meglátták a próféták csoportját, akik révületben voltak, Sámuel pedig ott állt mellettük, akkor Isten lelke szállt Saul követeire, és ők is révületbe estek. Jelentették ezt Saulnak, és ő más követeket küldött ki, de azok is révületbe estek. Harmadszor is küldött Saul követeket, de azok is révületbe estek. Ekkor maga is elment Rámába, és amikor a Szekúban levő nagy kúthoz érkezett, így kérdezősködött: Hol van Sámuel és Dávid?"
Ezt felelték: "Nájótban, Ráma mellett."
Elment tehát a Ráma mellett levő Nájótba. De Isten lelke szállt őrá is, és amíg ment, folyton révületben volt, amíg meg nem érkezett a Ráma mellett levő Nájótba. Akkor ő is ledobta a ruháját, és révületben volt ő is Sámuel előtt, és ott feküdt meztelenül egész nap és egész éjjel. Ezért mondják: "Hát már Saul is a próféták között van?"

Saul és a katonái el akarták fogni Dávidot, de e helyett az Isten Szelleme győzte le őket, és mind elkezdtek prófétálni. Ez egy csodálatos példája annak, hogy még a nem hívők is tudnak prófétálni a prófétálás szellemének a kenete alatt. A prófétálás szelleme meg tudja mutatni nekik, hogy Isten valódi, és az Ő jelenlétét valóságosan lehet érezni.

Egyszer egy fiatalokból álló csoport előtt beszéltem, ahol egyáltalán senkit sem érdekelt a prófétai szolgálat. Korábban az este folyamán az egyik hölgy azt mondta, hogy ő nem tudja, hogy létezik-e Isten. Majd később megtudtam, hogy a három férfi, aki még ott volt, muszlim volt. Nem volt hit és az Isten felé való elvárás arra, hogy Ő mozduljon!

Ez mind megváltozott, amikor elkezdtem prófétálni nekik. A szemük kikerekedett, ahogy elkezdtem egyenként mondani nekik dolgokat a múltjukból, jelenükből és jövőjükből. Körülbelül hatvan percig prófétáltam feléjük, és érzékeltem, ahogy a hitük egyre csak nő!

Ezután kihívást intéztem feléjük, és mondtam nekik, hogy mindegyikük kérje Istentől, hogy számukra mondjon valamit. Ámulatba ejtett, hogy mindegyikük – még a szabadgondolkozású hölgyet és a muszlim férfiakat is beleértve – elkezdett szimbolikus jelentéssel bíró pontos szavakat és szellemi képeket kapni Istentől!

Az est fénypontja számomra az volt, amikor láttam, ahogy az a hölgy, aki korábban azt mondta, hogy szeretné tudni, hogy Isten valóban létezik-e, milyen változáson ment keresztül. Könnyek csorogtak az arcán, amikor Isten szólt hozzá és egyben rajta keresztül is. Néhány héttel később bemerítettem. A prófétálás egy erőteljes eszköz arra, hogy meggyőzzük az embereket, hogy Isten valóságos.

A Biblia azt mondja az 1 Korintus 14:24-25-ben: "De képzeljétek csak el: a gyülekezetben **mind prófétáltok**, és akkor jön be közétek egy idegen, vagy hitetlen ember. Az ott elhangzó próféciák megmutatják bűneit, és meggyőzik azt az idegent, hogy bűnös. Így azután, mivel szíve titkai kiderülnek, az idegen földre borulva imádja Istent, és azt fogja mondani: **Bizony, Isten itt van közöttetek!**" (kiemelés tőlem)

Semmi esetre sem javaslom azt, hogy a nem keresztények vagy az éretlen, lázadozó keresztények rendszeresen prófétáljanak. Azoknak, akik szeretnének prófétálni, felelősségteljesnek, alázatosnak, és íráskutatónak kell lenniük. Minden prófétálást meg kell vizsgálni és próbálni az Írás által. Ha az ellenkezik az Írással, akkor ne fogadd el. Ez különösen fontos, amikor a prófétaság szelleme erősen jelen van, mert *mindenki,* akinek erős a hite nagy valószínűséggel prófétálhat. Fontos, hogy tudjunk bátorítani, útbaigazítani, és helyesbíteni az embereket, amikor szükség van rá, amikor a prófétaság szelleme jelen van.

A prófétaság szelleme, a prófétai medence sekély fele, mely bizonyos körülmények között valósul meg:

1) A dicsőítés alatt, amikor az Isten Szelleme kézzel fogható és mindenki könnyen fogadóképes az Isten üzenetére

2) Amikor az ember egy prófétai csoportba eljön, vagy amikor a szolgáló kihívást intéz felé, hogy ugorjon be és kezdjen el prófétálni [26]

Ezen a szinten a prófétálásnak a célja egymás "megerősítése, bátorítása és vigasztalása", és nem a jövő előrejelzése (lásd 1 Korintus 14:3). Ezen a szinten a prófétai üzenetnek nem kell kiigazítónak vagy iránymutatónak lennie, hanem az a célja, hogy bátorítsa az embereket, és az Isten szeretetét kézzelfoghatóvá tegye.

A sekély vízben ne prófétálj születésről, házasságról, gyógyulásról, vagy halálról. Isten beszél ezekről a dolgokról, de ez egy magasabb szintű felelősséget követel, amit jobb, ha a tapasztaltabb szolgálókra vagy prófétákra hagyunk. Ha Isten e dolgok közül mutat neked valamit, kérdezd meg Őt, hogy kell-e valamit elmondanod ebből, és ha igen, akkor mikor és kinek. Ha kétségeid vannak, akkor fordulj egy tapasztalt vezetőhöz, hogy mit mondjál vagy tegyél, ha ilyen kijelentést kaptál. Ha mégis hibázol ezen a területen, akkor kérj elnézést!

Például ha Isten felfedi neked, hogy valaki össze fog házasodni valakivel, akkor csak egyszerűen írd le, tedd bele egy borítékba, majd zárd le és írd rá a dátumot, és az esküvő napján odaadhatod az ifjú párnak.

Ami a gyógyulást illeti: igenis imádkozz gyógyulásért. De legyél óvatos, amikor azt mondod, hogy "Isten azt mondja, hogy meg fogsz gyógyulni", vagy „lesz egy gyermeked." Szükségtelen kárt tud tenni az, amikor az emberek azt mondják, hogy "Isten meg fog gyógyítani téged" vagy, hogy "Isten azt mondja, hogy várandós leszel", és az nem történik meg. Ha egy házaspár szeretne egy babát, soha nem prófétálok úgy nekik, hogy lesz gyermekük. Ehelyett azt mondom, hogy imádkozom azért, hogy az asszony képes legyen teherbe esni. Isten szól ezekről az esetekről, de ez a fajta prófétai szó nagyon nagy kockázatot és felelősséget hordoz magában.

Isten azt mondta egyszer Robert Morris pásztornak, hogy a lánya, mielőtt még tudta volna, teherbe esett. Úgy tudták, hogy nem képes arra, hogy teherbe essen. Az apja elmondta neki, hogy teherbe esett, és a lánya azonnal elkezdett terhességgel kapcsolatos gyógyszereket szedni, arra az esetre, ha állapotos lenne. Négy héttel később az orvos elmondta neki, hogy állapotos és mivel szedett gyógyszereket, valószínűleg ezzel megmentette a babája életét. [27]

Isten beszél ezekről a dolgokról, de bölcsnek kell lennünk, hogy mit kezdünk ezekkel az információkkal.

A prófétai szolgálatot befeketítették a múltban azzal, hogy az "Isten üzenetét" arra használták, hogy embereket manipuláljanak és kényszerítsenek arra, hogy olyan dolgokat tegyenek, amiket nem igazán szeretnének megtenni. Az világos irányelvek és a szolgálók felé való elszámoltathatóság segít abban, hogy megvédjük és kimunkáljuk az egészséges, életet adó prófétai kultúrát.

Valószínűleg mindenki fog hibát elkövetni, amikor a prófétai szolgálatban növekszik. Ezért olyan fontos az, hogy *minden* prófétai szó ki legyen próbálva és meg legyen vizsgálva, attól függetlenül, hogy ki prófétál (lásd 1 Tessz. 5:19-22). Mike Bickle *Growing in the Profetic* (*Prófétálásban való növekedés*) című könyvében van egy ábra, ami segít ennek a lényegét megérteni. [28]

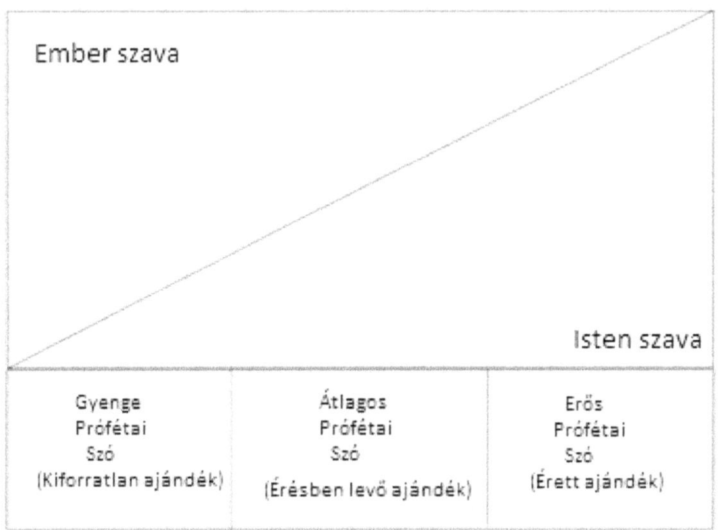

Az ábra bal oldalán a prófétai szolgálat legegyszerűbb esete van ábrázolva. Itt nagy százalékban az ember saját szívéből jövő gondolatok vannak összekeverve az Istentől jövő néhány szóval. Ahogyan az ember növekszik a prófétai szolgálatban és az Istennel való bensőséges kapcsolatban, az Istentől származó szavak aránya növekszik és az ember szívéből jövő gondolatok aránya csökken. Mindamellett még a legtapasztaltabb próféták is tudnak úgy prófétai üzenetet átadni, hogy az a saját szívükből jön és nem az Isten szívéből. Ezért annyira fontos, hogy megvizsgáljuk az üzenetet, és adjunk visszajelzést azoknak, akik a prófétai szolgálatban szeretnének növekedni.

Egy szombati napon az egyik gyermekem, akit nem nevezek meg, odajött hozzám és azt mondta, "Apa, anya azt szeretné, ha elmennél a pékségbe és vennél croissant-t és friss kenyeret reggelire."

Azonnal tudtam, hogy ezek a szavak a feleségemtől, Femkétől származnak. Szereti, ha szombat reggel a pékségből veszünk friss kenyeret. A gyermekem így folytatta, "És azt mondja, hogy szeretne még sajtos és csokis croissant-t is."

Ekkor észrevettem, hogy a gyermekem a feleségem nevét arra a célra használja fel, hogy megszerezze azt, amire vágyik. A gyermekem szeretett volna sajtos és csokis croissant-t, de tudom, hogy a feleségem soha nem kérné azt.

Hasonlóan nekünk is figyelnünk kell azokra a szavakra, amiket kapunk, és meg kell különböztetnünk, hogy mi jön Isten szívéből és mi jön a saját vágyunkból vagy véleményünkből fakadóan. A prófétai szó megítéléséhez szükséges a józan ítélőképesség és bölcsesség.

Ha van személyes kapcsolatunk Istennel, akkor könnyedén felismerjük, hogy mikor jön a szó Tőle, és mikor a saját szívünkből. Úgy, ahogy én is ismerem Femkét eléggé ahhoz, hogy felismerjem a szavát a gyermekem szavában, úgy Istent is megismerhetjük annyira, hogy felismerjük a szavát a gyermekei szavában. Azoktól, akik a prófétai üzenetet fogadják, nem igényel magas szintű érettséget és felelősséget, hogy az üzenetet megfelelően kiértékeljék.

Shawn Bolz a *Translating God (Istent tolmácsolva)* című könyvében arról ír, hogy voltak érett és tapasztalt próféták, akik majdnem mindig nagyon pontosan prófétáltak az embereknek, kivéve bizonyos dolgokat, amikben pontatlanok voltak. Ennek az oka az lehet, hogy a prófétáknak bizonyos területeken belső gyógyulásra volt szükségük, illetve a saját véleményük befolyásolása alatt voltak.

Elvéthetünk dolgokat, amik egyszerűen a saját szívünkből jönnek, és nem az Isten szívéből. Ez annak a szükségét hangsúlyozza, hogy bárki, aki az Isten szavát közvetíti, legyen elszámoltatható és átlátható.

Bolz erre azt a példát hozza, amikor a mentora, Bob Jones ellenezte azt az ötletet, hogy Bolz a kaliforniai Los Angelesbe menjen. Jonesnak nyilvánvalóan előítéletei voltak Los Angeles-szel szemben. Bolznak meg kellett mondania a mentorának, hogy bár nagyra becsüli a tanácsát és a befolyását, de nem ért egyet a véleményével. Érezte, hogy őt Isten Los Angelesbe hívja. Azóta Bolz Los Angelesben egy saját maga által plántált, egyre növekvő gyülekezet pásztora.

Az 1990-es évek elején Michelle McLain így prófétált az egyik barátjának, aki sarlósejtes vérszegénységben szenvedett és haldoklott: *"Nem halok meg, hanem élek, és hirdetem az Ő tetteit* (Zsoltárok 118:07)". A barátja a következő héten meghalt. McLaint nagyon feldúlta a helyzet, és bűnbánatot kellett tartania, hogy olyat prófétált, ami a saját szívéből jött és nem az Isten szájából. [29] Még egyszer, ez annak a fontosságát hangsúlyozza, hogy jól figyeljünk Istenre. Ha és amikor hibát követünk el, készen kell lennünk arra, hogy megalázva magunkat kérjünk bocsánatot és tanuljunk a hibáinkból.

Valahányszor prófétai szolgálatot végzek, próbálok kitöltetni egy értékelő lapot, ahol az emberek tudnak visszajelzést adni arról a prófétai szolgálatról, amit én vagy bármelyik csapattagom végzett. Hollandiában rendszerint 70-100%-os pontossággal prófétálok az embereknek. Szeretném azt mondani, hogy ez mindig 100% pontosságú, de akkor nem lenne szükség arra, hogy amit mondok, azt az ember megvizsgálja és kiértékelje. És ez segít abban, hogy alázatban tartson. Arra kényszerít, hogy érzékeny legyek arra, amit most mond Isten, és ne arra alapozzak, amit már a múltban megtettem és mondtam.

Egyszer Isten azt mondta Mózesnek, hogy üssön a sziklára és víz fakad belőle (2 Mózes 17:6). Engedelmes volt Istennek, és az történt, amit Isten mondott. Mégis egy másik alkalommal Isten azt mondta neki, hogy parancsoljon a sziklának és víz fakad belőle. Ám Mózes engedetlen volt: azt csinálta, amit korábban csinált, és kétszer ráütött a sziklára (4 Mózes 20:6-12).

Veszélyes lehet, amikor olyan módszereket használunk újra, amik már korábban működtek, de ebben a pillanatban Isten nem feltétlenül ugyanúgy szeretne munkálkodni, mint akkor. Mindig érzékenyeknek kell lennünk, figyelni Istenre, és késznek lenni elfogadni a vezetését. Néha, amikor az utcán vagyunk és az ismeret beszédét használjuk, lehetséges, hogy pontos szavakat kapok két vagy három emberre vonatkozóan, és a negyediknél meg teljesen célt tévesztek. Ennek több oka lehet, de egyik talán az, hogy azt próbáltam csinálni, ami a korábbi embereknél bejött, anélkül, hogy fogékony lettem volna arra, hogy Isten mit mondott abban a pillanatban. A prófétálás azt jelenti, hogy fogékonyak vagyunk Jézusra és az emberekre, akikhez beszélünk. Nincs egy olyan megközelítés vagy képlet, ami minden emberre működne.

Erre egy nagyszerű példa az, ahogyan Jézus két teljesen eltérő módon beszél Máriához és Mártához, amikor a testvérük, Lázár, meghalt. Mindkét lánytestvér ugyanazokkal a szavakkal szólt Jézushoz: *"Uram, ha itt lettél volna, nem halt volna meg a testvérem" (János 11:21;32)*. Jézus Mártának szavakkal válaszolt, Máriával pedig egyszerűen csak együtt sírt (lásd János 11:24-26; 35).

Ugyanúgy, ahogyan a gyermekeimmel a korukhoz és a jellemükhöz megfelelő módon beszélek, Isten is olyan módon beszél az ő gyermekeivel, hogy megértsék őt. Azoknak a feladata, akik prófétálnak, az, hogy jól figyeljenek Istenre, és szeretve, óvatosan megtalálják a legmegfelelőbb módot arra, hogy Isten szavát úgy közvetítsék, hogy az emberek be tudják fogadni azt.

Prófétai szolgálókként fő célunk ne csak az legyen, hogy minél pontosabbak legyünk, hanem hogy szeressük Jézust, és jobban szeressük az embereket. Célunk ugyanaz, ami Keresztelő János célja volt – Jézust tegyük naggyá (lásd János 3:30).

A Szellem ajándékai mind a szeretetről szólnak, és amikor hibázunk ebben, akkor a lényeget tévesztettük el.

Kris Vallotton *a School of the Prophets (Próféták Iskolája)* című könyvében elmond egy történetet, ami ezt jól illusztrálja. [30] 1998-ban egyik vasárnap a gyülekezetben az új pásztor arra kérte az embereket, hogy menjenek oda azokhoz, akiktől bocsánatot kell kérniük amiatt, amit a múltban mondtak vagy tettek. Vallotton rémületére egy nagy tömeg kezdett el felsorakozni előtte, akik elmondták neki azokat az eseteket, amikor ő pontos prófétai szót szólt, de számukra problémát okozott, mert ő azt érzéketlen stílusban közvetítette. Azon a napon rájött arra, hogy a pontos, de szeretet nélkül és kegyetlenül elmondott prófétai szó nagy károkat tud okozni. Ez nem Isten akaratát munkálja.

2010-ben miután egy vezető miatt sértve éreztem magam, odafordultam hozzá és rendre utasítottam a *"a látás és hit hiánya miatt"*. Később még abban az évben, vissza kellett hívnom és bocsánatot kellett kérnem, amiért tiszteletlen voltam vele és a szolgálatával szemben. Ő nagylelkűen elfogadta a bocsánatkérésemet, de megtanultam egy fontos leckét – soha ne használd a prófétai szolgálatból eredő felhatalmazást és az erőt, amikor mérges vagy, vagy valaki megsértett. Ez az, amikor a prófétai szolgálat életet adó ereje megszűnik, és károkat okoz. Az újszövetségi prófétai szolgálat elsősorban bátorításra, megerősítésre és vigasztalásra adatott, és sohasem megfélemlítésre.

Egy hölgy mondta el nekem egy megrázó tapasztalatát, amikor egy egész gyülekezet előtt azt jelentették ki róla, hogy az egész élete egy nagy bukás, és hogy soha nem lesz sikeres. Azok az emberek átkot mondtak ki az élete felett. Azonnal megtörtem ezeknek a szavaknak az erejét az élete felett, imádkoztam érte, és Isten áldását kértem az életére. Élet és halál van a nyelv hatalmában, és a prófétálást nem szabad átok mondására használni (lásd Példabeszédek 18:21).

Kenneth E. Haginhez odament egy hölgy és panaszkodott az egyik csoportra, hogy sok időt töltenek azzal, hogy egymásnak prófétáljanak, és neki csak rossz dolgokat mondanak. Azt mondták neki, hogy az anyukája hat hónapon belül meg fog halni. Tizennyolc hónappal később még mindig életben volt. Azt is mondták neki, hogy a hitetlen férje el fogja hagyni őt. Ez szintén olyan dolog volt, amit ő nem szeretett volna, ha megtörténik. Hagin azonnal feloldozta őt a negatív szavaktól, amiket kimondtak rá. [31]

Ha valaki ezt teszi, akkor nagy valószínűséggel nem a Szent Szellem vezeti, hanem a saját szelleme vagy egy gonosz szellem. Isten szavát élet adásra kell használnunk, különben beleeshetünk egyfajta *"karizmatikus boszorkányságba"*.

Karizmatikus boszorkányság: a prófétai szolgálat sötét oldala

Az 1 Sámuel 18:10-11-ben van egy nagyon furcsa történet. Saul a házában prófétál, amikor egy gonosz szellem rászáll. Fogja a lándzsáját, és megpróbálja falhoz szegezve megölni Dávidot. Saul megtanulta Sámuel és a próféta csapata közelében, hogy hogyan kell prófétálni. Ám ő nem a Szent Szellem által, hanem egy más szellem által prófétált. Amikor ez történik, akkor az eredmény halálos kimenetelű lehet.

Volt, a prófétai szolgálattal szembeni ellenállásba ütköztem, mert az emberek találkoztam már az úgynevezett "karizmatikus boszorkánysággal". Ez az, amikor az emberek nem értik az Evangéliumot, vagy összetévesztik az újszövetségi próféciát az ószövetségivel, ahol a próféták ítéletet, vagy épp átkokat mondtak ki emberekre vagy tömegekre. Ezek az emberek arra használják az ajándékukat, hogy manipuláljanak, irányítsanak, vagy tönkretegyenek embereket. Ennek a szolgálatnak a gyümölcse nagyon kártékony lehet, és határozottan nem isteni.

Beszéltem olyan emberekkel, akik az ilyenfajta "szolgálatnak" az áldozatai voltak, és ez a gonosz műve, és soha nem szabad hagyni az ilyet. Amikor az emberek visszaélnek Isten nevével azért, hogy manipuláljanak vagy irányítsanak embereket, akkor ez *boszorkánysággá* válik.

Ez az, amikor valaki azt mondja "Isten mondja" – azért, hogy ezzel lezárjon minden vitás kérdést, és hogy a saját politikai, szociális, személyes vagy gyülekezeti terve valósuljon meg. Az embereknek szabadoknak kell lenni arra, hogy megosszák azt, amit éreznek, hogy Isten mond, de emellett helyet kell adni a megvitatásnak vagy visszajelzésnek, hogy meglássuk, hogy Isten más embereknek is ugyanazt mutatja-e. Minden prófétai szót meg kell vizsgálni (1 Kor. 14:29).

A boszorkányság nem egy hosszú orrú nő csúcsos kalappal, aki a seprűn lovagol. Hanem az, amikor megpróbálnak megfélemlíteni, manipulálni és irányítani másokat. Az Isten szavával való visszaélés pontosan ezt tudja tenni.

Pál a galáciai hívőknek írja: *"Ó, esztelen galaták, ki igézett meg titeket?"* (Gal. 3:1). Azok az emberek, akik megigézték a nem zsidó hívőket, zsidó hívők voltak, akik megpróbálták rájuk erőszakolni a körülmetélkedést azért, hogy megmenekülhessenek. Ez az ellenkezője volt annak a szellemnek és üzenetnek, amit Jézus és Pál tanított a galatáknak.

Minden prófétai szót meg kell vizsgálnunk és meg kell ítélni, milyen szellem mozgatja az embert, aki beszél. Ahogy János, a szeretett tanítvány írta: *"Kedves gyermekeim, ne higgyetek akármelyik szellemnek. Előbb gondosan vizsgáljátok meg őket, hogy valóban Istentől jöttek-e. Azért mondom ezt, mert sok hamis próféta jön-megy szerte a világon"* (1 János 4:1).

Jézus így figyelmeztet a hamis próféták miatt: *"Óvakodjatok a hamis prófétáktól, akik juhok ruhájába jönnek hozzátok, de belül ragadozó farkasok. Gyümölcseikről ismeritek meg őket"* (Máté 7:15-16)

Volt tapasztalatom néhány hamis prófétával, akik farkasok voltak bárányruhába öltözve. Ezek az emberek nem hajlandóak semmiféle vezetésnek alávetni magukat, és tele vannak lázadással, és visszaélnek az Isten nevével, hogy a saját terveiket támogassák. Az ilyenek szép szóval és hízelgő beszéddel megcsalják a hiszékeny emberek szívét (Róma 16:17-18). Az ilyen emberek állítják, hogy ők meg tudják tapasztalni az Isten vezetését, és bárki, aki nem ért egyet velük az nem hallja az Istent. A "szuperszellemi" maszk mögött büszkeség, gőg és bizonytalanság bújik meg, és nagyon veszélyesek és ingatagok lehetnek. *Minden prófétai szót meg kell vizsgálni!*

Nem akarjuk lebecsülni a prófétálást, és nem is akarjuk elbátortalanítani azokat, akik szeretnének növekedni az Isten hangjának meghallásában. Ki kell értékelnünk és meg kell vizsgálnunk minden prófétai szót, ragaszkodni mindenhez, ami jó, és ellenállni mindannak, ami gonosz (lásd. 1 Tessz. 5:19-22). Bolondság vakon elfogadni a prófétai szót anélkül, próbára tennénk. Ha valaki mond neked valamit, és azt állítja, ez Istentől származik, tedd próbára. Még a tanítványoknál, Péternél, Jakabnál és Jánosnál is előfordult a szolgálatukban, hogy nem a Szent Szellemet követték, és Jézusnak meg kellett feddeni őket (lásd Máté 16:23; Lukács 9:54,55). Ha ők tudtak hibázni, akkor mi is tudunk!

Szerencsére csak viszonylag kevés hamis prófétával találkoztam az életem során, és sok kereszténynek segítettem, hogy a prófétálásban növekedjen. Például volt egy hölgy, aki mikor először elkezdett prófétálni, akkor az emberekben levő érzelmeket érezte, és olyan dolgokat mondott nekik, ami nem volt sem megerősítő vagy bátorító, sem vigasztaló. Kedvesen helyre kellett igazítanom őt és bátorítanom. Annyira boldog vagyok, amikor most látom, hogy az ajándékában növekszik. Nem csak a biblikus prófétai szolgálatban működik közre, hanem másokat is motivál arra, hogy ugyanezt tegyék. Attól függetlenül, hogy mennyire tapasztalt egy ember, mindig van arra mód, hogy tanuljon és növekedjen a prófétai szolgálatban.

A szellemek megítélése segít megóvni magunkat a gonosz szellemektől

„Kedves gyermekeim, ne higgyetek akármelyik szellemnek. Előbb gondosan vizsgáljátok meg őket, hogy valóban Istentől jöttek-e. Azért mondom ezt, mert sok hamis próféta jön-megy szerte a világon" (1 János 4:1).

Egyik nap ott ültem egy medence mellett és figyeltem a gyermekeimet, amikor hallottam egy hangot belülről, ami azt mondta: *„Sok hatalmat tudok neked adni."*

Hirtelen felismertem a hang tónusából, hogy ez nem Jézus hangja volt, hanem a gonoszé. Visszautasítottam ezt az ajánlatot és megparancsoltam, hogy tűnjön el. Öt perccel később a feleségem a három éves fiunkat húzta ki a medencéből. Akkor húzta ki, mielőtt még súlyos agykárosodást szenvedett volna, vagy roszszabbat. Majdnem elvesztettem az egyik szeretett gyermekemet, és ez elképzelhető, hogy egy démoni beavatkozással volt összefüggésben, és nem pusztán csak az volt az oka, hogy a fiam levette a karúszóját és úgy próbált meg úszni. Jézust is meglátogatta az ördög, és nem kell csodálkoznunk azon, ha a gonosz minket is megkísért azért, hogy megtévesszen és tönkretegyen minket.

Kenneth E. Haginnek is fiatal hívőként a hálószobájában volt egy találkozása a démonvilággal. Felébredt, és érezte a jelenlétet a szobájában, ami az igéből kezdett el neki idézni. Azt mondta, "Azt sem tudjátok, mit hoz a holnap! Mert a ti életetek olyan, mint a lehelet, amely egy kis ideig látszik, aztán eltűnik." A hang egy pillanatra abbamaradt, majd ezt mondta, "Rendelkezz házadról, mert meghalsz, nem maradsz életben! " (Jakab 4:14, Ézs. 38:1) [32]

A fiatal Hagin azt gondolta, hogy ez az Isten hangja volt, és felkészítette magát arra, hogy meg fog halni. Ott maradt a székében 8:30-tól 14:30-ig várva, hogy meg fog halni. De akkor Isten hangja szólt hozzá a szívében kedvesen, ugyanazt ismételve, "Megelégítem hosszú élettel, gyönyörködhet szabadításomban" (Zsoltárok 91:16). Ekkor felismerte, hogy az előző hang nem Isten volt, hanem a gonosz.

Láttam embereket, akik hibát követtek el, mert összetévesztették Isten hangját a saját hangjukkal vagy a sátánéval. Ez nagyon rossz döntésekhez vezette őket.

Az egyik barátom, mielőtt még keresztény lett, azt kutatta, hogy hogyan különböztethető meg Isten hangja más olyan hangoktól, amiket már azelőtt megtapasztalt. Az egyik kulcs, ami segített neki megkülönböztetni a hangokat, az volt, hogy megkérdezte tőlük, hogy Jézus-e az Úr (lásd 1 János 4:1-3). Ez a kulcs meghatározó volt számára annak megkülönböztetésében, hogy amit érzett, Istentől volt-e, vagy nem.

Mi is meg tudjuk különböztetni Isten hangját minden más hangtól a hang tónusa alapján. János 10:4-5-ben Jézus úgy van leírva, mint egy pásztor, aki a hangjával vezeti a juhokat. Ha Isten beszél hozzád, akkor az nem fog félelmet, kétséget, aggodalmat és zavarodottságot kelteni. Ő nem fog kontrollálni, manipulálni, kárt okozni neked vagy bárki másnak. Ő nem veri meg a bárányait azért, hogy terelje őket valamerre, hanem előttük megy és nevükön szólítja őket.

Amit tapasztalunk, annak az Írással is összhangban kell lennie. Ez fontosabb, mint az élmények. Ahogy Hagin mondta: " Mi nem azért vagyunk, hogy keressük vagy kövessük a hangokat és jeleket, nekünk Isten Szavát kell követnünk az Írásokon keresztül." [33]

Ne tévesszük össze a Szent Szellem erejét azokkal a lelki vagy paranormális élményekkel, amik az okkultizmusból erednek. A hívőknek kerülniük kell a tarot kártyát, horoszkópokat, reikit, ouija táblát, ilyesmiket. Bármi, ami nem Jézus Krisztustól származik, és nem egyezik az Igével, az szerfelett veszélyes lehet.

A gonosz is nagyon jól tud Igét idézni (lásd Lukács 4:10-12). Ezért kell tanulmányoznunk az Igét és megértenünk az Isten szívét. A Bibliában sok ember visszaélt Isten nevével azért, hogy saját céljaikat teljesítsék be (lásd Ézsaiás 36:10). Ne engedd az embereknek, hogy manipuláljanak vagy kontrolláljanak téged, amikor az Isten szavával és az Igével visszaélnek. Maradj közel Jézushoz, és tartózkodjál mindenfajta boszorkánységtól, mágiától, horoszkóptól és okkult praktikáktól.

A prófétálás ajándéka: mélyebb szintű prófétai szolgálat

A prófétálás ajándéka az egyik a Szent Szellem kilenc ajándéka közül, amit Pál Apostol az 1 Korintus 12:4-11-ben ír le. Azok, akik felismerik, hogy ilyen ajándékuk van, ezt bárhol használhatják hitből fakadóan.

Számomra kevéssé számít, hogy egy gyülekezetben, egy boltban, egy utcasarkon, egy irodában, egy bordélyházban vagy épp egy spirituális rendezvényen vagyok: hittel tudok prófétálni, mert tudom, hogy Isten mindig beszél. A Róma 12:6 azt mondja: *"Ha valaki a prófétálás ajándékát kapta, akkor a hite mértéke szerint használja ezt az ajándékot."*

Ez azt jelenti, hogy mindig megpróbálom a hitemet erősen tartani, és a "szellemi antennáimat" készenlétben tartani, hogy bármelyik pillanatban készen legyek arra, hogy fogadjak és átadjak egy üzenetet Istentől.

Amikor 2010-ben első lépéseimet tettem a prófétálásban, megkérdeztem egy prófétát Tulsában, hogyan kell prófétai evangélizációt csinálni. Ezt a kérdést tettem fel neki: "Kell kérnem valami kulcsot? Menjek kincsvadászatra?"

Ezt válaszolta, "Nem, belülről fakadó megérzésből oda kell menned valakihez és elmondani neki, hogy Isten mit szeretne mondani neki."

Azon az estén bementem egy patikába és két benzinkútra, ahol odamentem idegenekhez és elmondtam nekik, amit Isten üzent. Nagy bátorság kellett és még mindig kell hozzá, de ilyenkor szinte sürgetve érzem magam arra, hogy a pontos ismeret beszédét, prófétai szót vagy a gyógyulást megosszam az idegennel egy bevásárlóközpontban, vagy akár a benzinkúton.

2016 októberében a kaliforniai Fresno-ban fogtam egy csapatot a gyülekezetből és kimentünk az utcákra, hogy "erő-evangélizáljunk". Az egyik borbélyműhely előtt egy férfiakból álló csapat teljesen le volt nyűgözve, hogy el tudtam mondani részleteket az életükből annak ellenére, hogy még sohasem találkoztam velük. Sokan közülük, amikor imádkoztam értük, meggyógyultak. A borbélyműhely tulajdonosának nagyon erős fájdalom volt a hátában, kezében és a térdében. Amikor imádkoztam érte, teljesen meggyógyult, és hamarosan mások is eljöttek az üzletébe, hogy gyógyulásért kérjenek imát. [34] Ezekben az esetekben nem kellett különleges szóra, érzésre, vagy érzékelésre várnom ahhoz, hogy tudjak feléjük szolgálni. Csak kiléptem hitben, és elkezdtem prófétálni.

Úgy hiszem, hogy Isten az embereket meg akarja gyógyítani és szeretne beszélni hozzájuk – mindenhol és mindenkor. Az én munkám az, hogy szeretettel, alázatosan és bátran menjek oda emberekhez, és osszam meg az Isten szeretetét velük. A kihívás abban áll, hogy megtaláljuk azt a módot, amellyel az üzenetet úgy tudjuk átadni nekik, hogy befogadják azt, amit kínálunk. Lehet, hogy az emberek elutasítják azt, hogy imádkozzam értük, mégis azt látom, hogy Isten az imádság által megérinti, sőt, meggyógyítja az embereket a legváratlanabb helyeken.

2016 óta a feleségemmel olyan a prostituáltak felé szolgálunk, akik Amszterdamban a piroslámpás negyedben dolgoznak. Mindig lenyűgöz az, ahogyan a bordélyház légköre megváltozik, amint elkezdünk szolgálni ezek felé a drága emberek felé. Minden alkalommal, amikor meglátogatjuk őket, a célunk az, hogy tudassuk velük, hogy Isten szereti őket, és hogy mennyire különlegesek számára.

Egy jelentőségteljes találkozás Rianával, egy kolumbiai hölggyel a németországi Münchenben megerősítette a prostituáltak felé szolgálás fontosságát. 2016 júliusában éppen egy boltban rágcsálnivalót vettem, amikor hallottam, hogy egy hölgy spanyolul beszél. Rájöttem, hogy keresztény, és azonnal elkezdtem prófétikusan beszélni hozzá. Teljesen el volt ámulva, és mondta, hogy minden, amit elmondtam, teljesen igaz. Ezt a találkozás kétestényi szolgálat követte, ahova ő az egész családját és egy nagy csoport latin-amerikai barátját hívta meg. Ez elég jelentős volt, de a leglényegesebb az volt, amit azután mondott el, miután meghallotta, hogy Amszterdamban prostituáltakat segítünk.

"Most már értem, hogy Isten miért akarta, hogy találkozzunk, " mondta. "Amikor tizenhét éves voltam, eljöttem Európába, hogy babysitterként dolgozzak. Amikor ideértem, kényszerítettek, hogy prostituáltként dolgozzak. Minden egyes éjjel a futtatóm eljött, és a részét követelte a pénzből, amit kaptam. Olyan reménytelen lettem, hogy drogfüggővé váltam, hogy csillapítsam a fájdalmat és a reménytelenséget, amit éreztem. Azonban voltak keresztények, akik rendszeresen látogattak, és megmutatták, hogy Isten szeret engem. Megmutatták a szeretetet. Megmutatták Jézust, és végül képes voltam ebből a prostituált életből kilépni.

Ez ismét megmutatja, hogy a prófétálás ajándéka soha sem az *"ítéletet mondó prófétálás"* szól, hanem az a célja, hogy Jézus szeretetét megosszuk másokkal, hogy képesek legyenek megtalálni az igazi szabadságot.

A prófétai hivatal

„Igen, Ő az, aki apostolokat, prófétákat, evangélistákat, pásztorokat és tanítókat adott ajándékul az embereknek. Azért adta őket, hogy felkészítsék és kiképezzék Isten népét feladatukra, a szolgálatra – hogy ez által felépítsék és megerősítsék a Krisztus Testét." (Efézus 4:11-12)

„Az én Uram, az Úr semmit sem tesz addig, míg titkát ki nem jelenti szolgáinak, a prófétáknak." (Ámósz 3:7)

A prófétai hivatal egy az öt szolgálati ajándék közül, amit Krisztus a gyülekezetének adott, hogy felkészítsen minden hívőt, hogy a szolgálat munkáját el tudják végezni, és lássa őket stabil és érett életre eljutni (lásd Efézus 4:11:14). A próféták együtt dolgoznak az apostolokkal, pásztorokkal, evangélistákkal és tanítókkal, és soha sem szabadna egyedül dolgozniuk. Ahogy a tanítók is tanítják az embereket, hogy hogyan kell tanítani, és az evangélisták segítenek az embereknek evangélizálni, úgy a próféták is segítenek az Isten embereinek megtanulni, hogy hogyan ismerjék fel az Isten hangját és hogyan mondják el az Ő szavát. Az elsődleges szolgálatra való ajándékok, amit a nyugati világ egyházai a központba helyeznek, a tanítók és a pásztorok. Ezért nagyon sok kiváló tanító és pásztor van, de viszonylag kevés próféta.

2003-ban Dr. Doug Beacham, a gyülekezetünk (International Pentecostal Holiness Church – Nemzetközi Pünkösdi Szentség Egyház) egyik jelenlegi vezetője kiadott egy *Rediscovering the Role of the Apostles and Prophets* (*Az apostolok és a próféták szerepének újbóli felfedezése*) című könyvet. [35] Ebben a könyvben párbeszédet kezdeményezett arról, hogy az Ige szerint hogyan néznek ki a mai modern apostolok és próféták. 2010 januárjában Dr. Ron Carpenter Sr., az akkori püspök webcast nyilatkozatot tett, hogy az I.P.H.C. egy apostoli és prófétai egyház. Az I.P.H.C. felkarolta az apostolok és próféták szerepét a mai gyülekezetben. [36] Ez egy megerősítés volt számomra, hogy folytatnom kell a növekedést a prófétai szolgálatban.

2009-ben elkezdtem a valódi prófétákat keresni. Isten két emberhez vezetett: az egyik Amszterdamban, a másik Chicagóban volt. A segítségükkel megtanultam, hogy hogyan ismerjem fel, hogyan képezzem és mentoráljam a szárnyaikat próbálgató prófétákat. Nagyon nagy öröm, amikor látom az embereket ragyogni, ahogyan a prófétálásba kiküldjük őket. Sokszor kaptam már azt a visszajelzést, hogy az emberek azt érzik, mintha egy újfajta köntöst vennének fel, amely mintha teljesen rájuk lenne szabva... és korábban nem gondolták volna, hogy ez lehetséges.

Szükségünk van a prófétákra. A prófétákban erő van, és a Krisztus Testének szüksége van erre az ajándékra. A próféták valódi változást tudnak elősegíteni, csodákat és szellemi áttöréseket hoznak egyéneknek, gyülekezeteknek, egész közösségeknek, még nemzeteknek is.

A tapasztalt és képzett próféták nincsenek lekorlátozva az emberek bátorítására, megerősítésére és vigasztalására, hanem más területeken is tudnak működni: útmutatást adni, korrigálni; gyógyításban, teremtő csodákban, prófétai dicsőítésben és szellemi harcban stb. megnyilvánulni. Úgy, ahogyan többféle tanító és pásztor van, úgy többféle próféta is lehet, akiknek a stílusa és a megbízása különböző lehet.

A prófétának soha nem szabad a pásztor vagy a helyi gyülekezet vezetőinek a tekintélyét megsérteni, hanem együttműködve a gyülekezet épülését kell szolgálni. [37] Bármikor, amikor egy gyülekezetben szolgálok, akkor először is tisztázom, hogy annak a szolgálatnak vezetőinek a tekintélye alatt vagyok. Joguk van hozzá, hogy korrigáljanak engem, vagy hogy visszajelzést adjanak nekem. Egy gyülekezetben a próféta tekintélye csakis a vezetők önkéntes jóváhagyásán keresztül működik, és nem pedig megkerülve. A szolgálóknak sohasem szabad versenyezniük egymással, hanem inkább ki kell egészíteniük egymást.

Az igaz próféták felépítik az embereket, elősegítik a gyógyulásukat, és valóságosan szeretik őket. Az Ezékiel 13:5 így írja le a vádat a hamis próféták ellen: *"Nem álltatok oda a résekhez, nem építettetek falat Izráel háza körül, hogy megállhasson a harcban az Úr napján"*.

A próféták olyan emberek, akik buzgón imádkoznak másokért. Olyan ez, mint amikor rajtaütés éri a várost és a harcos a védő falon állva azt mondja az ellenségnek, hogy "Csakis a testemen keresztül jöhetsz be a városomba!" Ez a szerepe a prófétáknak is: ott állnak a résen, és védelmet nyújtanak az ellenséggel szemben.

A próféták törődnek a közösséggel, a gyülekezetekkel és a városokkal. A valódi próféták olyan közösséget építenek, ahol az emberek védelmet kapnak, gyógyulást, és erőt arra, hogy az élet nehézségein keresztülmenjenek. A prófétai szolgálat az emberek felépítéséről szól (1 Kor. 14:4-5).

A próféták segítenek Isten embereinek, hogy véghezvigyenek olyan dolgokat, amikről azt gondolták, hogy lehetetlen. Például Haggeus és Zakariás próféta motiválta a zsidókat arra, hogy újjáépítsék a templomot egy olyan időszakban, amikor azt gondolták, hogy az lehetetlen (lásd Esdrás 5:1-2). Mózes keresztülvezette az izraelitákat a Vörös-tengeren (lásd 2 Mózes 14:21). Jézus ezreket etetett meg néhány halból és kenyérből, és embereket támasztott fel a halálból (lásd János 6:1-14 és Márk 16:6).

11 éves voltam, amikor először tudtam, hogy prófétával találkoztam. Egyszerűen csak ennyit mondott, "Isten igazán nagyon szeret téged." A következő 24 órában úgy éreztem, mintha Isten kezében lennék, és elkezdtem képeket, látomásokat látni imádkozás és dicsőítés közben.

A próféták számára az imádkozás: életmód. Wim Kok holland prófétának öt gyermeke van, mégis amikor hívom őt, mindig imádkozás közben érem. Neki a kedvenc időtöltése az Isten dicsőítése és imádkozás az emberekért. Soha nem felejtem el azt, amikor voltunk együtt Kijevben, és minden egyes éjszaka felébresztett, ahogyan csendesen imádkozott Istenhez éjszakánként. Számára az imádkozás az életben a legjobb szórakozás. Ez az, amiért Isten rábízhatja a titkait a prófétáira, mert ők valóban a barátai (lásd Ámósz 3:7).

Ahogy felnőttem, láttam, ahogy a próféták áttörést hoztak azokban a gyülekezetekben, amiket az Egyesült Államokban plántáltunk. Az a néhány próféta, akiket ismertünk, nagyon nagy hatással volt az életünkre és szolgálatunkra. Majdnem mindegyik saját maga képezte magát. Olyan emberek voltak, akik órákat töltöttek imádkozással és rendszeresen böjtöltek. Úgy növekedtek a prófétai szolgálatban, hogy "elvesztegették" az időt az Isten jelenlétében sütkérezve. Ez egy nagyon lényeges és fontos része a prófétaságnak, de a prófétákat lehet képezni és mentorálni is abban, hogy a növekedésük folyamata gyorsabb legyen. Ám ez a képzési gyakorlat nem helyettesíti az imádsággal töltött minőségi időt.

Graham Cooke a *Developing Your Prophetic Gifting (A prófétai ajándék kifejlesztése)* című könyvében azt mondja, hogy általában húsz év kell ahhoz, mire érett prófétává válik valaki, de ez az idő tizenkét évre lecsökkenthető kiképzéssel és mentorálással. [38] Ezért olyan nagyszerű módja a szárnyaikat próbálgató prófétáknak és prófétai szolgálóknak a fejlesztésére prófétaiskolák létrehozása és a prófétai csapattal való utazgatás.

A próféták is "normális" hús-vér emberek. Úgy, mint mindenki másnak, nekik is megvannak a maguk tökéletlenségei. Soha ne emeljük őket a tökéletesség emelvényére, mert az csalódáshoz vezet. A próféták sem a Bibliában, sem pedig most nem tévedhetetlenek. Szükségük van olyan barátokra, akik törődnek velük, mint egyénekkel, és nem csak azért fordulnak hozzájuk, mert Isten elhívása van rajtuk.

Mikor utazom, igyekszem magammal vinni egy csapatot, és felfedezni újonc prófétákat a világ különböző városaiban. Szándékosan ápolom a kapcsolatot a fejlődő és a már tapasztalt prófétákkal. Ez egy szándékos és stratégiailag fontos módja a próféták új generációja mentorálásának, és a személyes épülésemnek is. Sokan, akik érzik Istennek ezt a fajta elhívását az életükön, nem tudják, hogy kihez forduljanak, hogy segítséget és mentorálást kapjanak. Amikor én kezdtem, nagyon kevés forrás volt, ami a prófétai szolgálat fejlődését segítette. Azért imádkozom, hogy ez a könyv sokak számára ilyen forrás lehessen.

Sámuel, Illés és Elizeus mind prófétaiskolákat hoztak létre, és felneveltek egy új generációt a prófétai szolgálatra. Nekünk is ugyanezt kell tennünk. Ez az egyik legnagyobb örömöm, hogy látok felnövekedni próféta közösségeket, akik jeleskednek a prófétai szolgálatban.

A prófétálás tudatos fejlesztése

Ahogy már említettem, potenciálisan minden hívőt lehet aktiválni, hogy prófétáljon a prófétai szolgálat legalacsonyabb szintjén (a prófétaság szellemében). Ebben a folyamatban bizonyos embereknek az ajándéka be fog indulni, és nyilvánvaló lesz, hogy nekik is van prófétai ajándékuk. Ahogy az emberek gyakorolják ezt az ajándékot és prófétálnak, úgy lesz ez nyilvánvaló a helyi gyülekezetben is, ha és amikor valakit prófétának hívtak el. Ha ez így van, és tényleg prófétáknak lettek elhívva, akkor az életükben és a szolgálatukban levő gyümölcsökről ismerik majd fel ezt (lásd Máté 7:17-20).

Rengeteg tanítást találhatunk arról, hogy hogyan váljunk pásztorrá, tanítóvá, vagy evangélistává, de viszonylag kevés van erről a nagyon fontos témáról, a prófétai szolgálatról. Először 2009-ben találkoztam olyan iskolával, ahol a prófétai szolgálatra képeztek embereket. Az ilyen iskola része lehet egy olyan tervnek, ahol a próféták egy új generációját nevelik fel.

2014-ben egy tucat bibliaiskolai hallgatót képeztem ki arra, hogy prófétáljanak egy ifjúsági konferencián Pennsylvaniában. A képzés első napján nagyon sokan tartózkodtak, sőt még féltek is attól, hogy prófétáljanak. A képzés harmadik napjára mégis mindenki habozás nélkül prófétált. A Maine-ből Pennsylvaniába tartó nyolc órás út alatt a kisbuszban a tanulók egymásnak adogatták a mobiltelefonjaikat, hogy idegeneket felhívva a prófétálást gyakorolják. Szórakoztató volt, és elképesztő is, hogy mennyien visszaigazolták a vonal másik végén (sokszor könnyek között), hogy Isten valóban szólt hozzájuk ezeken a fiatalokon keresztül. Annyira nagyszerű látni az embereket pontosan és szellemben prófétálni!

A szomorú része viszont az, amikor azt látom, hogy évekkel később, amikor a prófétai mentorral töltött időnek vége van, nem folytatják a prófétálást. A prófétálásban és a prófétai ajándékokban való növekedés olyan, mint egy új nyelvet megtanulni: *használat nélkül feledésbe merül!*

Az amszterdami gyülekezetünkben havi legalább egyszer tartunk egy esti prófétai alkalmat egy rövid tanítással, ahol utána mindenki kap teret arra, hogy prófétálhasson. Szándékosan szeretnénk egy olyan prófétai kultúrát kialakítani, ahol nem csak a lelkipásztor az, aki az Isten hangját hallhatja, hanem Isten bármelyik gyermeke képes erre – beleértve szó szerint a gyermekeket is.

Sokszor reggelente elmesélek a gyerekeinek egy bibliai történetet, vagy olvasok nekik az Igéből. Majd harminc másodpercig csöndben maradunk, és kérjük Istent, hogy adjon nekünk egy képet. A képek, amikről nekem beszámolnak, gyakran csak egyszerűen a saját képzeletük, de néha felismerem, ahogyan Isten ezeken a képeken keresztül szól hozzám.

Egyszer a fiam látott egy hullámvasutat és azt mondta, hogy úgy érzi, hogy Isten azt mondja, hogy mennyire fontos, hogy segítsünk az olyan gyerekeknek játszani, akiknek nincs lehetőségük erre. Neki fogalma sem volt arról, hogy aznap volt egy találkozóm olyan szolgálatvezetőkkel, akik Afrikában olyan vidámparkokat támogatnak, amik a szegény gyerekek segítik, hogy nagy játszótéren játszhassanak. Tudom, hogy ez annak a megerősítése, hogy ugyanaz a Szent Szellem, aki engem erre a találkozóra vezetett, beszélt a gyerekeimhez, akik éppen a hangjának a felismerését tanulták.

Egy holland tévécsatorna interjút készített a lányommal, és azt kérdezték tőle, hogy megtapasztalta-e már valaha Istent. Elmondta azt a történetet, amikor egy hölgy lábáért imádkozott és látta, ahogy az meggyógyult. Arról is beszélt, hogy az apukája hogyan kéri meg arra, hogy az emberekért imádkozzon és prófétáljon nekik. Jézustól kap képeket az emberek számára. Habár nem tudja mindig, hogy ezek mit jelentenek, de az apukája segít neki megfejteni ezeknek a képeknek a jelentését.

A gyermekeinknek a prófétálás és a gyógyulás a legtermészetesebb dolog a világon – mert ez az. Isten hangja felismerésének és közvetítésének a szándékos fejlesztése olyasmi, amiben mindenki, aki Isten gyermeke, tud folyamatosan növekedni. Ha nem ez nem így lenne, akkor Pál nem írta volna azt, hogy *"teljes szívvel kívánjátok a Szent Szellem ajándékait, leginkább a prófétálás ajándékát"* (1 Kor. 14:1). Képesek vagyunk arra, hogy szándékosan műveljük magunkban az Isten hangjának felismerését és közvetítését. Kortól függetlenül mindegyikünk tud a prófétálásban növekedni.

4. fejezet
Hogyan hallhatod Isten hangját

„Saját füleddel hallhatod a mögötted hangzó szót: Ezen az úton járjatok, se jobbra, de balra ne térjetek le!" (Ézsaiás 30:21)

2010-ben egy prófétával való beszélgetésem során a következő kérdést tettem fel:

Hogyan tanulhatnék meg prófétálni?

Ő rám nézett és ezt mondta: Ugyanaz a Szent Szellem, aki bennem is van, benned is ott van. Egyszerűen csak tedd meg!

Hittem neki, és ekkor kezdtem el rendszeresen prófétálni, valamint használni a Szent Szellem ajándékait. Egyszer valaki megkérdezte tőlem, hogy Isten beszél-e mindig hozzám, amire a következőt válaszoltam: Igen, a probléma csak az, hogy én nem mindig figyelek. Ez sokunkra igaz: Isten mindig szól hozzánk, de mi milyen gyakran figyelünk rá?

Isten sok különböző módon szólhat hozzánk. Szólhat az Igén, képeken, a természeten, a körülményeken, jó tanácsokon, álmokon, a gyülekezeten, a józan észen, a saját vágyainkon, stb. keresztül. A nehézség számunkra nem az, hogy meghalljuk Isten hangját, hanem hogy felismerjük, amikor hozzánk szól. Hogy képesek legyünk megkülönböztetni azt, ami Istentől jön, attól, ami a saját szívünkből vagy valaki máséból jön; de még az ellenségtől is. Ez olyan kihívás, amivel mindenki szembekerül, ha növekedni akar Isten hangjának meghallásában.

Egy nagyon fontos kulcs ahhoz, hogy Isten hangját meghalljuk, vagy meg tudjuk állapítani, hogy mi az, ami ténylegesen tőle jön: az Ő Igéjének ismerete. Mint ahogyan a két tanítvánnyal is sétált Jézus az emmausi úton, anélkül, hogy azok felismerték volna, ő ma is velünk jár és szól hozzánk az Igén keresztül. (Lásd Lukács 24:13-35) Isten elsődleges eljárási módja, amivel hozzánk szól, és amin keresztül az ő Szellemével felmelegíti a mi szíveinket, továbbra is a Biblia, és ez az a mérce, ami által minden Istentől jött ajándék és prófétai szó megítéltetik.

Isten az Igén keresztül szól [39]
„Fiam, figyelj szavaimra, hajtsd füledet mondásaimra!" (Példabeszédek 4:20)

Az Igéből való idézés az egyik legjobb módja az imának és a prófétálásnak. Az Ige Isten Szava. Amikor elkezdjük mások életére vonatkoztatni az ő Szavát, miközben figyelünk az ő hangjára, csodálatos dolgok történhetnek.

(Gyakran történnek gyógyulások spirituális rendezvényeken is)

Van egy szórakoztató területe a szolgálatomnak, ami csodálatos eredményeket hozott. Szeretek spirituális rendezvényeken szolgálni. Vagy negyven-ötven nyomtatott igés kártyát viszek magammal, és azokat fejjel lefele fordítva teszem az asztalra. Folyamatosan lenyűgöz, hogy Isten milyen gyakran szól emberekhez közvetlenül, egy-egy véletlenszerűen kihúzott igés kártyán keresztül. Az Ige ugródeszkaként szolgál, ami segítségével szólni tudok emberek szívéhez.

Egy kislány odajött az asztalomhoz, és azt mondta nekem, hogy szeretné tudni a jövőjét. Én azt mondtam neki, hogy válasszon egy kártyát, és ő véletlenszerűen a Jeremiás 29:11-et húzta. *Mert csak én tudom, mi a tervem veletek – így szól az Úr –: békességet és nem romlást tervezek, és reményteljes jövőt adok nektek."*

Azt mondtam neki: Látod, Isten ismeri a jövődet, és azt akarja, hogy megismerd őt Jézuson keresztül. Utána imádkoztam vele és az anyukájával, hogy Jézus jöjjön be az életükbe. Az Isten Igéje élő és ható, és amikor emberek elkezdenek hinni benne és alkalmazni azt az ő életükben, csodák történhetnek. (Lásd Zsidók 4:16)

Isten minden nap szól hozzám, amikor olvasom a Bibliát, elmélkedek rajta, és imádkozok belőle. Magas szintű felhatalmazással és bizonyossággal szólhatok emberek szívéhez, amikor az Igét kezdem el szólni felettük. Ez akár olyan egyszerű is lehet, mint ez:

„Azt mondja az Úr, hogy én vagyok a Pásztorod, és gondoskodni fogok rólad. Örökké tartó szeretettel szeretlek. Azt akarom, hogy remélj, mert én sohasem

hagylak el, és sosem hagylak cserben. Ne félj és ne aggódj, mert én veled vagyok és vigyázni fogok rád! Amilyen magasan vannak az egek a földtől, olyan nagy az én szeretetem irántad." (Lásd Zsoltárok 23:1; Jeremiás 31:3; 5 Mózes 3:6; Máté 6:34; Zsoltárok 103:11)

Sose becsüld alá az Ige, egy dicsőítő dal, vagy egy Bibliai történet erejének hatását egy ember életére nézve. Én ezért töltekezek fel az Igével, hogy ha imádkozok valakiért, akkor a Szent Szellem tudja irányítani az imámat, és hogy pontosan azt tudjam imádkozni, amit hallaniuk kell. (Lásd János 14:26) (Nem szabad elfelejteni, hogy a prófétálás medencéjének sekély részében lévő próféciának az elsődleges célja az erősítés, bátorítás és emberek megvigasztalása, nem pedig a jövő megmondása.) Ennek egy csodálatos módja az Ige használata.

Voltak olyan időszakok az életemben, amikor depresszióval küszködtem (ami a kultúrsokk egy másik elnevezése), és az Igén való elmélkedés a reménytelenség erőteljes ellenszerét jelentette. Sokat segített, hogy készítettem egy listát azokról a tulajdonságokról, amiket Krisztusban megszereztem. Minden nap, amikor hangosan felolvastam ezt a listát, az identitásom elmozdult arról a pontról, hogy én minek érzem magam, afelé, hogy Isten kinek lát engem.

Az egyik rokonom elmondta nekem, hogy az egyedüli oka annak, hogy túlélte az érzelmileg sötét időszakokat az életében, az volt, hogy félrevonult tanulmányozni a Bibliát és imádkozni. Ez tette lehetővé a számára, hogy győzedelmesen emelkedjen ki belőlük. Ha imáinkban megvalljuk az Igét az életünk fölött, és elmélkedünk rajta, bizonyítottan képes kívül-belül megváltoztatni az életünket. Segít abban, hogy Isten szemszögéből tekintsünk az életünkre.

Nem alapozhatjuk érzelmekre az életünket, *muszáj* a valóságunknak az Igében horgonyoznia. Ha a mi életünket az érzelmek vezérlik, akkor egy bizonytalan hullámvasúttá válik, ami fel-le megy attól függően, épp hogyan érezzük magunkat. (Lásd Efézus 4:14) Egyedül Isten szavára alapozhatjuk az identitásunkat, mert az sohasem változik. (Lásd Máté 24:35) Ez ugyanúgy aktuális ma is, mint abban az időben volt, amikor Isten megihletett valakit a megírására.

Nem csak nem változik, hanem arra is használható Isten szava, hogy minden prófétai kijelentést megvizsgáljunk vele. Minden prófétai szót az Igének *kell* alárendelni. Isten nem skizofrén; nem fog senkinek hazudni, csalni, pletykálni, gyilkolni, gyűlölni, vagy házasságot törni, mikor az ő Igéje olyan erőteljesen ezek ellen szól. Az ihletett Ige az, amit használhatunk a prófétálásra, vagy a próféciák megítélésére.

Isten képeken keresztül szól

„Tartsd a szemed előtt (Isten Igéjét)!" (Példabeszédek 4:21)
„Figyeljetek rám! Ha valaki próféta közöttetek, annak én, az Örökkévaló jelentem ki magam látomásban, vagy álom által beszélek vele." (4 Mózes 12:6)
„Mert ki állt az ÚR tanácsában, és ki látta és hallotta az ő szavát? Ki figyelt beszédére, és ki hallgatott rá?" (Jeremiás 23:18)

A Bibliában számtalan példát láthatunk arra, hogy amikor Isten álmokban vagy látomások által szólt emberekhez, az nem mindig volt elsőre érthető számukra. Isten szeret képeken és szimbólumokon keresztül szólni hozzánk. Mint ahogyan egy kép is kifejezhet több ezer szót, úgy egy álom is szólhat hozzánk erőteljesen. Jézus rengeteg több jelentésű példázatot is mondott.

Isten Ábrahámhoz az ég csillagai és a tengerpart homokszemcséi által szólt (lásd 1 Mózes 15:5, 22:17). Isten továbbra is szól hozzánk a természet és a környezetünk által (lásd Zsoltárok 19).

Isten nem szűnik meg példázatokon és képeken keresztül szólni hozzánk!

Képzeljétek el, hogy Jézussal együtt vacsoráztok. Lehet, hogy megragadná a sótartót, és ezt mondaná: *„Ti vagytok a föld sója!"* (Máté 5:13). Vagy lehet, hogy a madarakra mutatna odakint, és azt mondaná, hogy nézzétek őket, és lássátok, hogy visel gondot róluk Isten. (lásd Máté 6:26)

Egy könnyű és gyakori változata annak, ahogy Isten egy képet mutat nekünk, amikor a képzeletünkön keresztül teszi. Ha azt mondanám: „Képzelj el egy rózsaszín elefántot lila ruhában jégkorcsolyázni" valószínűleg látnád a lelki szemeid előtt. Megtanultam, hogy Isten gyakran egy olyan képet ad nekem a képzeletemben, ami valaki számára jelentőséggel bír. Ha ezt a képet értelmezni tudom, és el tudom magyarázni, hogy Isten mit akar mondani általa, az magának a pontos prófétálásnak, valamint annak a művészetnek az elsajátítását jelenti, amivel fel tudom ismerni Isten hangját.

A képek nehézsége az, hogy nem mindig lehet tudni, mit kell szó szerint érteni, és mi az, ami esetleg jelkép. Egyszer egy férfinak azt mondtam, hogy láttam imádság közben, amint egy olajfúró-toronynál dolgozik, de azt hittem, hogy ez csak szimbolikus. Ő utána elmondta nekem, hogy ténylegesen egy olajfúró-toronynál dolgozik. Egy másik alkalommal egy nőnek azt mondtam, Isten azt akarja, hogy táncoljon. Amit nem tudtam: hogy épp akkor fejezte be a táncot, mert úgy érezte, nem volt elég jó hozzá.

Egy gyülekezetben voltam, mikor egy megfordításra váró palacsintát láttam. Azt mondtam: „Isten azt üzeni, ideje megfordítani a palacsintát!"

Ez a gyülekezet épp egy fontos átmeneti időszak, egy változás előtt állt. Az alkalom végén eszembe jutott, hogy Isten majdnem ugyanezt a hasonlatot használta, amikor felszólította Efraimot a változtatásra (lásd Hóseás 7:8). A gyülekezetnek nem volt szó szerint egy palacsintája, amit meg kellett volna fordítaniuk, és nem is egy palacsintázó megnyitására hívta el őket Isten. Isten egy változásról beszélt, ami már elérkezett.

Ez az, ami a prófétálásban való növekedést élvezetessé, de egyben bonyolulttá is teszi: mint megtanulni megkülönböztetni, hogy szó szerint vagy szimbolikusan kell érteni, amit Isten üzen annak a bizonyos személynek. Ez is része a prófétai szolgálatban való növekedésnek.

Minél többet prófétáltok, annál jobban ki fogtok tudni fejleszteni egy különleges „jelbeszédet" Istennel. Például nagyon sokszor, mikor úgy érzem, Isten valakinek az orrát emeli ki, akkor valójában a megkülönböztetés ajándékára utal. Ha a száját, az beszéddel kapcsolatos ajándékot jelent. Ha a füleit, az azt jelenti, hogy jó hallgatóság. Ha a térdei vannak kiemelve, akkor úgy gondolom, Isten az imaéletükről beszél. Minél többet prófétálok, annál inkább tapasztalom, hogy bizonyos szimbólumoknak, amik által Isten szól hozzám, hasonló jelentésük van. Isten egy olyan egyedi módon fog szólni hozzátok, hogy biztosan megértsétek.

Van egy Wim Kok nevű próféta Bunschotenben, aki egy gépműhelyben dolgozik. Neki természetes, hogy olyan szerszámokkal vagy gépekkel kapcsolatos próféciát adjon nekem, amikkel egész nap dolgozik. Jézus is a halászokkal a halászatról, földművesekkel a földművelésről beszélt. Péter éhes volt, mikor egy állatokkal kapcsolatos látomást látott, amiket le kellett vágnia és megennie (lásd Apostolok cselekedetei 10:13). Isten úgy fog hozzád szólni, hogy te azt megértsd!

A kutyakedvelők számára Isten talán egy kutya képét fogja használni, ami hűséget, baráti kapcsolatot és szeretetet is jelenthet. De abban az emberben, aki fél a kutyáktól, ez félelmet vagy negatív hatást kelthet. Ezért fontos az, hogy a Szent Szellemre támaszkodjunk, amikor álmokat és képeket magyarázunk. Előfordulhat, hogy ugyanaz a dolog két teljesen eltérő dolgot jelent két különböző embernek.

Isten az érzelmeinken és vágyainkon keresztül szól
„Tartsd meg ezeket (Isten Igéjét) a szívedben!" (Példabeszédek 4:21)

Tizenéves voltam, mikor egy péntek este hirtelen azt a késztetést éreztem, hogy el kell mennem a munkahelyemre, hogy beszéljek az egyik kolléganőmmel. Amikor megérkeztem, azt mondtam neki: „Isten azt üzeni, nem számít mekkora káoszba keveredtél, ő ki akar téged segíteni onnan!"

Így válaszolt: „Nem is tudod, mekkora bajban vagyok!" Másnap megtudtam, hogy épp több ezer dollárt próbált ellopni a munkáltatónktól, amikor ezeket mondtam neki.

Egy másik alkalommal úgy éreztem, fel kell hívnom egy jó barátomat Bolíviában. Épp azon vívódott, hogy indítson-e új gyülekezetet, vagy sem. A telefonbeszélgetésünk körülbelül hatvan másodpercig tartott, és ezalatt elmondtam neki, hogy Isten azt akarja, indítson egy újabb gyülekezetet. Ez a gyülekezet ma nagyon jó irányba tart. [40]

Amikor prófétai szolgálatot végzek, gyakran olyan érzésem van, mintha egy láthatatlan kötél húzna engem bizonyos emberek felé. Ezt úgy tudnám leírni, hogy ilyenkor tudom, valamit mondanom vagy tennem kell azért az emberért.

Egyik vasárnap reggel az Oklahoma állambeli Wewoka város egész futballcsapata eljött a gyülekezetbe, ahol prédikáltam. Azzal kezdtem, hogy a csapat egyik hátvédjét kiválasztottam, és arról beszéltem neki, hogy Isten vezetőnek hívta el, és hatással akar lenni általa másokra. Nem tudtam, hogy hátvéd, viszont az ott ülő emberek többsége igen. Nagyszerű kezdete volt az alkalomnak.

Nem ritkán bátorító üzeneteket küldök Facebook ismerőseimnek. Néha olyan választ kapok, hogy: „Honnan tudtad, hogy pont akkor kellett felhívnod?" vagy „Annyira csodálatos, amit küldtél! Isten tegnap pont ugyanezt az igét hozta elém imádkozás közben!"

Néhány ember, akiket még Amsterdamban tanítottam, szintén bátorító hangüzeneteket küldtek az ismerőseiknek. Egyszer valamilyen okból kifolyólag olyan valakinek küldtek üzenetet, akit szinte egyáltalán nem ismertek. Az a személy egy órával később válaszolt, és azt mondta, épp öngyilkos akart lenni, amikor az üzenet érkezett, tehát szó szerint megmentették az életét. Most már tudja, hogy Isten törődik vele és fontos a számára. Sohase becsüld alá a bátorító szó erejét, mert élet és halál van a nyelv hatalmában (lásd Példabeszédek 18:21)!

Isten szava életet adó

„Mert élete ez (Isten Igéje) azoknak, akik megnyerik, és egész testüknek egészség." (Példabeszédek 4:23)

Nagyon sokszor azt kérdezik tőlem, miből lehet tudni, hogy egy prófétai kijelentés Istentől van-e. A legegyszerűbb mód, amiből tudhatjuk, az, ha megvizsgáljuk, mennyire bátorító, erősítő vagy vigasztaló az üzenet. Az első évem Hollandiában azzal telt, hogy a bátortalansággal küzdöttem. Többször is kaptam egy álmot részletező emailt az egyik barátomtól, vagy éppen egy bátorító imádságot, amiben azt mondta, Isten mindent a javamra fordít. Ezek a rövid üzenetek vagy emailek életet adtak, és bátorítottak engem. Segítettek túljutnom azon a nehéz időszakon.

Az egyik Tulsa-i gyülekezetben, Oklahomában, átadtam Isten üzenetét egy embernek, aki akkor volt ott először, és nagyon meglepődött. Ezt mondta nekem: „Isten szólt hozzám! Ez még soha nem történt meg ezelőtt!" Nagy örömömre szolgált, amikor a rákövetkező évben megtudtam, hogy ő és az egész családja hűséges tagjai a gyülekezetnek. Isten hangja képes életeket megváltoztatni!

Egy amerikai diáklány egy kis időre eljött Amsterdamba. Ezt mondtam neki: „Isten azt üzeni neked, hogy Európa üdvözöl!"

A rákövetkező héten, mikor megérkezett Londonba, megtagadták tőle az Európába való belépést. Bevezették egy hátsó szobába, ahol megmondták neki, hogy várnia kell, mert a vízuma nem megfelelő. Ahogy ott várakozott, elkezdte mondogatni azokat a szavakat magában, amiket tőlem hallott: „Európa üdvözöl! Örömmel fogadnak Európában!"

Néhány perccel később belépett egy brit határőr és azt mondta: „Nincs megfelelő vízuma, de beengedjük Angliába. Köszöntjük Európában!"

A prófétálás életet és reményt ad nekünk. Olyan, mint egy fegyver, ami képes átsegíteni minket az élet nehéz időszakain. Ahogy Pál is mondta Timóteusnak: *„Azt a parancsot adom neked, fiam, Timóteus, a rólad szóló korábbi próféciák szerint, hogy harcold meg a nemes harcot!"* (1 Timóteus 1:18)

A prófétai szó át tud segíteni minket az élet nehéz harcain.

Ha Isten nem változó szavában gyökerezik mélyen az identitásunk, akkor át tudunk jutni az élet viharain. Ahogy a fák gyökere is felszív minden életet adó tápanyagot a fának, a mi szellemi életünk és táplálékunk is abból fakad, hogy Krisztusban vagyunk. A viharok jönnek és mennek majd, de ha a szívünk az Ő szeretetében gyökerezik, akkor biztonságban vagyunk. Olyanok leszünk, mint a folyóvíz mellé ültetett fa, ami nem fél, ha jön a hőség, és szüntelenül termi gyümölcsét (Zsoltárok 1:3, Jeremiás 17:8).

Őrizd a szívedet: adj és bocsáss meg

„Minden féltve őrzött dolognál jobban őrizd meg a szívedet,
mert onnan indul ki minden élet!" (Példabeszédek 4:23)

Ha szeretnéd tudni, mi van egy ember szívében, csak hallgasd beszélni öt percig. Ha azt szeretnéd tudni, mi van a te szívedben, hallgasd meg, ahogyan beszélsz, és nézd meg, mire költöd a bevételed nagy részét!

Amikor valaki prófétál, éppúgy hallhatsz az ő szívéből jövő szavakat, mint Istenéből származóakat. Amikor valaki szeretettel és hittel van tele, ezek fognak kiáradni belőle, amikor prófétál. Ha félelemmel, kétséggel és bizonytalansággal van tele, akkor ezek szintén megmutatkoznak a szavaiban.

Amiről beszélsz, és amire a pénzedet költöd, megmutatja a szíved legnagyobb vágyait. Mert ahol a kincsed van, ott lesz a szíved is (lásd Máté 6:21). Radikálisan nagyvonalú vagy? Kialakítottad az adakozásra való készséget? (lásd 2 Korinthus 8:7). Amikor adakozunk a szegényeknek és a szükségben levőknek, az olyan, mint egy ima, ami jó illatként száll fel Istenhez (lásd Apcsel 10:1-5). Radikálisan nagyvonalúnak lenni azért hihetetlenül fontos, mert megakadályozza, hogy a kapzsiság a torkunkat és a pénztárcánkat szorongassa.

Az adás nem csak megvédi a szívünket, hanem formál is minket. Mindig résen kell lennünk a helytelen kapcsolatokkal, illegálisan szerezhető pénzzel és hamis dicsőséggel szemben. Arra kell törekednünk, hogy a szívünk tiszta maradjon, mert Jézus megígérte, hogy ha a szívünk tiszta marad, akkor láthatjuk meg Istent (lásd Máté 5:8). Ez teszi lehetővé, hogy Isten küldöttei lehessünk mások felé.

Egy nap elmerültem az önsajnálatban. Elkezdtem sajnálni magamat, és úgy éreztem, hogy az emberek nem értékelnek eléggé ahhoz képest, amennyire értékes vagyok valójában. A hangulatom olyan volt, mint az egyik gyermekdal: „Senki sem szeret. Mindenki utál. Azt hiszem, inkább megyek és megeszek pár kukacot.”

Aznap este Isten szólt hozzám egy álomban.

Az álomban egy prostituálttal voltam együtt. Miután együtt voltunk, a karomban hordoztam, és ő úgy tett, mintha meg lenne sérülve. Abban a pillanatban egy pásztorfeleség, akit erkölcstelenségen kaptak, elém állt és dorgálva ezt mondta: „Bolond vagy, amiért a karodban viszed őt!” Ezt hajtogatta újra és újra.

Letettem a prostituáltat, és ekkor egy csomagot kaptam, amit 7,77 dollárért kellett eljuttatnom a postára. Ekkor felébredtem.

Ezzel az álommal Isten azt próbálta üzenni nekem, hogy nem járhatok sérült szellemmel. Nem sajnálhatom magamat, mert azzal megnyitnám az ajtót más bűnök és a keserűség előtt. (Egy ideig) jó érzés az önsajnálat, és legyünk őszinték, könnyű elkövetni azt a bűnt, hogy másokhoz hasonlítom magam, és ezáltal rosszul érzem magam amiatt, amim van, és amim nincs. Ez butaság.

A hetes szám a Bibliában a tökéletességet vagy az érettséget jelöli. Isten azt mondta ezzel nekem, hogy ha megtagadom, hogy a sebesült lelket hordozzam, akkor Ő rám fogja tudni bízni a szavát, hogy elvigyem másokhoz. Sohasem engedhetem meg, hogy a szívem megkeseredjen vagy megsérüljön, mert az megakadályoz abban, hogy Isten használni tudjon.

Érettség nélkül olyanok vagyunk, mint a csecsemők – mint hajók a tengeren, amiket dobálnak a hullámok, és ide-oda taszigál a szél, ami lehet bármilyen tanítás, érzelem, vagy körülmény (lásd Efézus 4:14). A sátán prédáivá válhatunk, akinek ravasz csábításai édesek, mint a csokoládéval leöntött banános fagylaltkehely – patkányméreggel keverve. A bűnnel magunkat és másokat is tönkre tudunk tenni. A bűn (előbb vagy utóbb) a halálhoz vezet.

Néha olyan emberekkel beszélek, akik olyan dolgokról beszélnek nekem, amik évekkel vagy évtizedekkel azelőtt történtek, de még mindig mérgesek miattuk. Amikor nem bocsátunk meg, az olyan, mintha egy halott madarat hordozgatnánk a nyakunkban. Rohad. Bűzlik. Megakadályozza a személyes növekedésünket.

Amikor nem bocsátunk meg, egy képzeletbeli láncot teszünk annak a személynek a lábára, aki megbántott, de a lánc másik vége a mi nyakunkon van. Minden egyes alkalommal, amikor rájuk gondolunk, mérgező érzelmek károsítják a szívünket. Ezért annyira fontos a megbocsátás, a belső gyógyulás, és a konfliktusok megoldása a szellemi hatalommal rendelkezőknek. Meg kell szabadulni tehát a keserűség minden gyökerétől, nehogy az másokat is megfertőzzön (lásd Zsidók 12:25).

Ahhoz, hogy egészségesek lehessünk, őriznünk kell a szívünket.

Nagyon fontos, hogy naponta gyomláljunk ki minden keserűséget a szívünkből, és helyettesítsük azt Isten Igéjével. Szerencsére nincs prófétára vagy bárki másra szükségünk ahhoz, hogy Isten szólhasson hozzánk. Az egyik legjobb módja annak, hogy meghalljuk Isten szavát, az, ha az elmélkedés és az Igén keresztül való imádkozás által közvetlenül halljuk Őt.

Elmélkedés az Igéről a Szerzetes Létrája segítségével (Lectio Divina) [41]

Ezer évvel ezelőtt egy Guigo nevű karthauzi szerzetes levelet írt egy barátjának, amiben elmagyarázta neki, hogy hogyan tanulhat meg imádkozni az Igén való elmélkedés segítségével. A „szerzetes létrája" (Scala Claustalium) avagy Lectio Divina néven ismert folyamat lényegét írta le. Úgy kell elképzelni, mint egy létrát, amin naponta „felmászhatunk" Isten jelenlétébe, és rendszeresen hallhatjuk, ahogy szól hozzánk.

Ez a módszer felszabadítja az Igén való elmélkedés erejét, hogy Isten hangját jobban hallhassuk. Az egész folyamatot a következőképpen leírni: *keresés, találás, zörgetés, és egy ajtó megnyílása* (a Lukács 11:9-10 alapján). Én is használom alkalmanként ezt a módszert, és Isten nem csak hogy szól hozzám, hanem meg is változtatja az életemet, ahogyan használom ezt a gyakorlatot. A következő diagramon a különleges létra négy foka látható.

A Szerzetes Létrája
(Scala Claustalium)

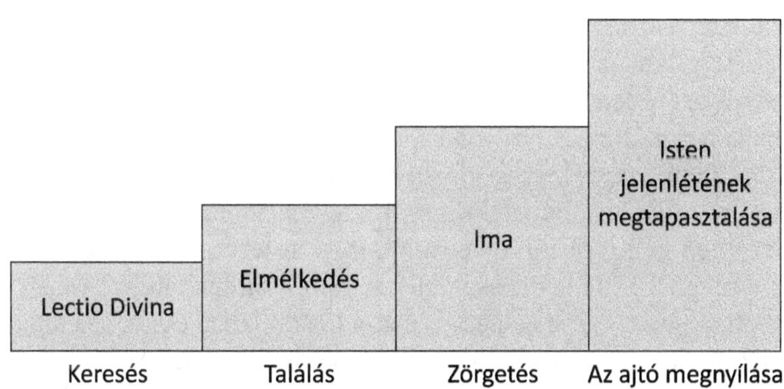

1. lépés: Lectio Divina (az Ige ismételgetve való olvasása)

Az első lépés csupán abból áll, hogy elolvasunk egy igeverset vagy egy történetet többször egymás után. Ezt Lectio Divina-nak hívják. Amikor többször átolvasol egy szakaszt, egy szó, egy igevers, vagy akár egy egész rész is kiemelkedhet, és megragadhatja a figyelmedet. Ez a folyamat olyan, mint az Igében való kincskeresés, amit meg is találunk. Ha megragadta a figyelmünket egy szó vagy bizonyos szavak, akkor a második lépés következik, ami az elmélkedés.

2. lépés: elmélkedés

A második lépés valójában az aggódás pozitív megfelelője. Amikor valaki aggódik, akkor a negatív gondolatokra koncentrál, és ezek a gondolatok képesek „önálló életre kelni". Egy nagyon apró dolog hatalmassá válhat és teljesen elboríthat minket. De az aggodalom helyett inkább az Igére koncentráljunk, és engedjük, hogy ezek a szavak életre keljenek bennünk. Hadd váljanak hatalmassá! Hadd borítsanak el teljesen!

Egy marha emésztőrendszerével fantasztikusan illusztrálható az elmélkedés. A marháknak egy helyett négy gyomruk van. Így amikor esznek, többször is megemésztik a táplálékot. Megrágják az ennivalót, lenyelik, majd visszaöklendezik azt, és a folyamat elölről kezdődik.

Voltak olyan időszakok az életemben, amikor napokat töltöttem azzal, hogy egyetlen igeszakaszon vagy egy történeten elmélkedtem. Minden alkalommal, amikor újraolvastam az igeszakaszt, találtam valami olyat, amit még soha azelőtt nem vettem észre. Isten Szelleme újabb és újabb ötleteket és rálátást adott nekem az Ő Igéje kapcsán. Ez egy nagyon szórakoztató, dinamikus és élvezhető módja annak, hogy Isten Szavát keressük az Írásban.

Amikor egy bibliai történetet olvasol, nagyon fontos, hogy használd a képzelőerődet. Meg kell próbálni elképzelni, milyen lehet megízlelni, megérinteni, megérezni, meglátni és megtapasztalni azt, ami a bibliai elbeszélésben történik. Engedni kell, hogy ez életre kelhessen a gondolatainkban és képzeletünkben. Miután ez megtörtént, a megtapasztalásunkat vigyük Isten elé imában.

3. lépés: ima

Bármit is tapasztalsz meg az elmélkedés során, mondd azt el Istennek! Például ha a 23. Zsoltár első versén elmélkedtél, imádkozhatsz talán így: „Istenem, köszönöm, hogy Te vagy a pásztorom. Köszönöm, hogy megvan mindenem, amire szükségem van. Köszönöm, hogy gondoskodtál a szükségeimről, amikor rászorultam. Istenem, kérlek, fedd fel előttem, ha volt olyan, hogy magától értetődő-

nek vettem a gondoskodásod. Van esetleg valaki, akinek szeretnéd, hogy segítsek
az által, hogy gondoskodok valamilyen szükségéről?"

Ezután csendesedjünk el, és vizsgáljuk meg a gondolatainkat. Ezek lehetnek
egyszerűen a saját gondolataink, de lehet, hogy Isten szól a szívünkhöz általuk.

4. lépés: szemlélődés (Isten jelenlétének megtapasztalása)

A „szemlélődés"-re használt (latin eredetű angol) szó azt jelenti, hogy néz
vagy bámul. Isten felfedheti magát előttünk az Ő Igéjén keresztül. Az elmélkedés
legnehezebb része viszont az, hogy tudjunk ténylegesen időt szakítani rá, és el-
csendesedni. Igazból nem nehéz, de szükséges akaratlagosan időt szakítani arra,
hogy találkozhassunk Istennel.

Íme néhány igevers, amik használhatóak az Igén való elmélkedés megkezdé-
séhez: Zsoltárok 23, 91, 139; Efézus 1:15-23, 3:14-21; Máté 6:9-13; Apostolok
Cselekedetei 4:32-37; Jeremiás 31:33, 34; Énekek Éneke 8:6, 7; 1 Mózes 1:26-
28; Jeremiás 1:4-12; stb.

Ha a négy lépést használni szeretnéd, válassz egy vagy több igeverset ezek kö-
zül, és tölts el terjedelmesebb időt velük (tizenöt perctől egy óráig), és kérd Istent
arra, hogy szóljon hozzád általuk. Én több száz órát töltöttem azzal, hogy az Igén
elmélkedtem, és ténylegesen megváltoztatta az életemet. Hagyd, hogy Isten a te
életedet is megváltoztassa! Az Igén való elmélkedés mindenkinek nagyon fontos,
aki növekedni akar abban, hogy jobban meg tudja hallani Isten hangját.

5. fejezet
Hogyan prófétáljunk?

*„Mert egyenként mindnyájan prófétálhattok, hogy mindenki tanuljon,
és mindenki bátorítást kapjon." – 1 Kor. 14:31
„Szeretném ugyan, ha mindnyájan szólnátok nyelveken, de még inkább,
ha prófétálnátok." – 1 Kor. 14:5a*

2010-ben Chicagóban voltam, és mivel az időeltolódás miatt nem tudtam aludni, hajnali 2-kor még ébren voltam. Nagyon hiányzott a feleségem és a gyermekeim. Hirtelen a következő gondolat töltött el: „Hiányzik a családom, és velük szeretnék lenni, de Istenre fogom irányítani a gondolataimat. Igen, Istenem, akarlak Téged. Nagyon szeretnélek látni és megtapasztalni. Vágyom Rád."

Az a hónap megváltoztatta az életemet, mert ahogy Istenre kezdtem vágyakozni, nagyon mélyen megtapasztaltam Őt.

Abban a hónapban két napot is szerveztem, amikor böjtöltünk és imádkoztunk, órákon át tanítottam és prófétáltam az embereknek. Mégsem a prófétálás volt a legjelentősebb dolog; hanem az, ahogyan megtapasztaltam Isten jelenlétét.

Ahogy az I-44-es autópályán vezettem Oklahoma City-be, elkezdtem dicsőítő zenét hallgatni, és hirtelen kézzel foghatóan megtapasztaltam Isten jelenlétét. Jézus ott volt velem a kocsiban, éreztem Őt. Az Ő jelenléte elképesztő!

Ugyanabban az évben egy kicsit később Madill-ban voltam, Oklahoma államban, ahol egy másik ima és böjt napot szerveztem, és az Isten megtapasztalható jelenléte jelent meg köztünk. Isteni csend jelent meg köztünk a gyülekezetben. Tudtuk, hogy Isten kézzelfogható módon ott volt a helységben. Senkinek sem kellett megszólalnia, mert Isten volt ott.

A legfontosabb kulcs a prófétálásban való növekedéshez az, hogy Isten jelenlétét keressük elsősorban, és csak azután az Ő ajándékait.

#1 Először is vágyj Isten jelenlétére, és csak utána az ajándékaira

Nem kell éreznünk Isten jelenlétét, mert hitben járunk, nem pedig aszerint, amit érzünk (2 Kor. 5:7). Ennek ellenére érezhetjük és megtapasztalhatjuk Istent.

Egyszer találkoztam néhány turistával, akik drogokat kerestek Amszterdamban, és helyette felajánlottam nekik valami „nagyon jó cuccot". Mondtam nekik, hogy ami nekem van, az a lehető legjobb anyag. Amikor elárultam nekik, hogy Jézus ismeretéről beszéltem, először kigyúnyoltak, de aztán azt mondták, hogy nagyon jó marketinges vagyok. Nem értették meg, hogy az ajánlatomat 100%-ban komolyan gondoltam. Nincs az a mámor, ami felér Jézus ismeretével!

1996 őszén Isten jelenléte különleges módon meglátogatta a Victory nevű keresztény iskolát. Billy Joe Daugherty pásztor elküldte a középiskolásokat, hogy imádkozzanak az általános iskolásokért, mert Isten megtapasztalható jelenléte látogatott meg minket. Aznap nem voltak órák, és Isten jelenléte a diákokat és a tanárokat egyaránt megérintette. A tanulók elestek Isten erejétől, sírtak, és úgy imádkoztak, mint még soha azelőtt. Isten meglátogatott minket!

Ritkán beszélek ezekről a különleges pillanatokról, mivel nem szokványosak a mindennapi életemben. A legtöbb ember Európában azt is alig hiszi el, hogy Isten létezik, nemhogy azt, hogy Isten beszél hozzánk és meg tudjuk tapasztalni Őt.

Megtanultam meglátni és megtapasztalni Isten jelenlétét az élet kevésbé különleges, mindennapi pillanataiban is. Látom Őt a természetben, a gyermekeimben, és egyéb helyeken is, amik talán nem fontosak és nem különösebben szellemi természetűek. Megértem Dávid szavait, amikor azt mondta, „Egy dolgot kérek az Úrtól, azért esedezem: hogy az Úr házában lakhassam egész életemben; láthassam, milyen jóságos az Úr, és gyönyörködhessem templomában." (Zsolt. 27:4)

Ha azért keressük Istent, mert meg akarunk kapni tőle dolgokat, akkor veszélyes vizekre evezhetünk. Simon mágus pénzt ajánlott Péternek azért, hogy ő is képes legyen rátenni a kezeit emberekre, és ez által betöltse őket a Szent Szellem. Péter keményen megdorgálta őt ezért (Apcsel. 8:20-25). Mi nem az Istentől jövő ajándékokat keressük elsősorban; mi Őt keressük. Aztán ahogy Isten betölti a jelenlétével az életünket, Szellemének ajándékai (gyógyulás, prófétálás, nyelveken szólás, stb.) is normálissá és természetessé válnak.

Én vágyom Isten ajándékaira, de amire még jobban vágyom, az Isten maga. Az Ő jelenléte a legnagyobb ajándék, amit valaha kaphatok.

#2 Ne engedd, hogy a házad megdőljön

Amszterdam belvárosa tele van gyönyörű házakkal, melyek közül sok a 17. és 18. században épült. Bár gyönyörűek, mégis sok köztük ide-oda dől. Az Amszterdami puha talajon könnyen megdőlnek a házak, hacsak nem olyan cölöpökre építették őket, melyek mélyre hatolnak a talajban. Az ilyen alapok nélkül az épületek előbb-utóbb összedőlnek, halálhoz és pusztuláshoz vezetnek.

Ha valakinek erős szolgálati ajándéka vagy kenete van, de nincs mellette erős jelleme, akkor a szolgálata meg fog dőlni, és ez pusztuláshoz vezet majd. Ne engedd, hogy az életedben lévő kenet nagyobb hangsúlyt kapjon, mint a becsületed és a jellemed.

Néhány egyén, akinek erőteljes szolgálata volt, úgy tűnt fel majd tűnt el, mint egy hullócsillag. Jó dolog erős kenetet vagy ajándékot kifejleszteni, de mindezt úgy tegyük, hogy közben becsületes emberek maradunk. Tanuljuk meg a mennyen tartani a szemünket, miközben a lábunk erősen áll a talajon. Ezt azt jelenti, hogy legyünk becsületesek, fizessük be a számláinkat, legyünk felelősek, és bánjunk kedvesen a barátainkkal és családtagjainkkal.

Ha szeretnél növekedni a természetfölötti szolgálatban, akkor nem szigetelheted el magadat. Legyenek barátaid, akik megmondják *az igazat* – függetlenül attól, hogy Isten használ-e vagy sem. Legyenek emberek az életedben, akik előtt teljesen megnyílhatsz, és akik segíthetnek, amikor szükséged van rá.

Sok ember, akiknek erőteljes prófétai ajándéka van, depresszióval és csüggedéssel küzd. Nagyon fontos, hogy legyenek emberek, akik felé elszámoltathatóak vagyunk, és legyenek olyan barátok körülöttünk, akik imádkoznak értünk, meghallgatnak és tanácsolnak. Én soha nem éreztem magamat egyedül, mert tudatosan fenntartottam olyan nagyszerű barátságokat, ahol kölcsönösen számonkérhetőek voltunk egymás által. Ők azért törődnek velem, aki vagyok, nem pedig azért, amit csinálok.

#3 Imádkozz gyakran Szent Szellem által

A Szent Szellem általi imádság nagyszerű módja annak, hogy felkészüljünk a prófétai és gyógyító szolgálatra. Ez egy jó módja annak, hogy felgerjesszük a bennünk lévő ajándékokat (2 Tim. 1:6). Olyan ez, mint a vaj, amitől serceg a forró serpenyő, mielőtt megsütünk benne egy nagy darab húst. Sok olyan prófétát és gyógyító evangélistát ismerek, akik rendszeresen több órát imádkoznak Szellemben és az értelmükkel is (1 Kor. 14:15). A Szellemben való imádság segíthet abban, hogy beinduljon a prófétai üzenet áramlása.

Viszont ha már elkezdtél prófétálni, ne váltogasd a nyelveken szólást és a prófétálást. Ha elkezdtél prófétálni, bízz Istenben. Ő folyamatosan szólni fog rajtad keresztül anélkül, hogy nyelveken kellene szólnod. Amikor helye van ennek, imádkozz halkan nyelveken, mielőtt prófétálnál, anélkül, hogy az emberek meghallanák ezt. Nem kell, hogy feleslegesen elvonjuk ez emberek figyelmét az üzenettől, amit átadni készülünk nekik.

#4 Ne görcsölj, és ne légy fura

Ha szorosan ökölbe szorítod a jobb kezedet, akkor megláthatod, hogy milyen nehéz a bal kezed egyik ujját belenyomni az öklödbe. De ha nem szorítod és kinyitod a jobb kezedet, akkor láthatod, hogy milyen könnyűvé válik a bal kezed egyik ujját a jobb kezedbe tenni. Ha tisztán akarod hallani Isten hangját, akkor lazulj el és nyugodj meg.

Egy Istentől jövő üzenetet nem kell heves érzelmek kíséretében átadni, és az sem szükséges, hogy Károli Gáspár nyelvezetével tegyük. Amikor elkezd áradni belőled a prófétálás, Isten gondolatai pont úgy hangoznak majd, mint a saját gondolataid. Csak úgy tudhatjuk meg, hogy tőle voltak-e ezek, ha kimondjuk, amit látunk, gondolunk, érzünk, aztán pedig megkérdezzük, hogy ennek volt-e bármi értelme a hallgató számára.

Aggódom azok miatt, akik elfordultak a prófétálástól és a szellemi ajándékoktól, csak mert láttak néhány embert, akik megbízhatatlanok és furák voltak. Ha Isten az én Atyám, akkor teljesen normális, hogy beszélni fog hozzám. Én sem archaikus nyelvezettel beszélek a gyerekeimhez, és nem viselkedem velük kísérteties módon (kivéve, ha játszom velük). Ezért mi is beszélhetünk az emberekkel természetes hangon, és közölhetjük velük, hogy szerintünk mit mond nekik Isten – időnként úgy, hogy ők ezt nem is tudják.

Egy nap besétáltam a fiam ovijába, és láttam egy képet az egyik óvónő számára. Írtam neki egy bátorító üzenetet, és leírtam, hogy mit láttam. Másnap láttam, hogy az üzenetet kiragasztotta a faliújságra, ahol mindenki láthatta. Nem írtam azt, hogy „Azt mondja az Úr…" egyszerűen csak bátorítottam őt azokkal a szavakkal, amikről azt éreztem, hogy Isten akarja közölni őket felé. Annyira értékelte ezt, hogy kiragasztotta, hogy mindenki láthassa, amit írtam. A prófétai szolgálat nem csak a gyülekezeti kontextusba való, hanem a mindennapi életben is helye van.

#5 Áradj úgy, mint a zsebkendős doboz

Lehet, hogy kapsz egy képet, egy szót, egy igeverset, egy benyomást, vagy lehet, hogy semmit sem kapsz, amikor odamész imádkozni valakiért. De ahogy hittel elkezdesz imádkozni, a szavak lehet, hogy élő vízhez hasonlóan kezdenek el áradni a szádból. Amikor kimondod azt az egy igeverset vagy képet, több jön majd. Áttörik a gát, és a prófétai folyam elkezd áradni.

Amikor egy zsebkendőt kihúzol a dobozból, több jön vele. Amikor elkezded szólni az élet szavait, több jön majd. Sokszor, amikor elkezdek prófétálni, még nem tudom, mit mondok majd. De bízom Istenben, hogy amikor kinyitom a számat, Ő betölti azt. (Zsolt. 81:10).

Emlékszem, egyszer egy vezetőnek prófétáltam, és hallottam, ahogy ezek a szavak hagyják el a számat: „Téged három dologról ismernek".

Aztán arra gondoltam: „Istenem segíts, mi az a három dolog?" De ahogy tovább beszéltem, az a három dolog hagyta el az ajkaimat, miközben ő meglepetten és hálásan bólintott.

Amikor átkeltek a Jordán folyón, a papoknak egy mély és veszélyesen megáradt folyóba kellett belelépniük. Akkor kezdett el apadni a folyó vize, amikor a lábuk megérintette a vizet, és nem pedig előbb (Józsué 3:13-16). Isten akkor fog beszélni rajtad keresztül, amikor kinyitod a szádat, és nem előtte. A prófétálás Istenben való hitet és bátorságot kíván.

Szinte valahányszor a prófétai szolgálatra tanítok csoportokat, mindig van valaki, aki lefagy, és valami ilyesmit mond: „Erre nem vagyok képes, ez túl nehéz." vagy „Azt akarom, hogy Isten szóljon, és ne én."

A félelem meg fog gátolni minket abban, hogy prófétáljunk. Ilyenkor mindent irányítani akarunk, és előre tudni akarunk mindent, amit majd mondani fogunk, hogy ne hibázzunk. De amikor hitről van szó, Isten nem így működik. A hit olyan, mint amikor Ábrahám elhagyta az otthonát anélkül, hogy tudta volna, hová tart. A prófétálás gyakran azt jelenti, hogy elkezdek beszélni anélkül, hogy tudnám, mit fogok mondani.

Egyszer a feleségem egy lány és az anyja felé prófétált. Femke hirtelen meghallott egy dalt a lány gyerekkorából, és képeket is látott vele kapcsolatban. Ahogy Femke elkezdte megosztani velük, amiket látott és hallott, a két nő elkezdett zokogni. Olyan kedves emlékeket idéztek fel ezek, amelyekről egy bizonyos trauma miatt megfeledkeztek. De most hirtelen előbukkantak. Femkének eszébe jutott még egy dal, és még több emlék kezdett visszatérni.

Két prófétálást jelentő héber szónak is köze van a vízhez. Az első a natap, ami azt jelenti, hogy csepeg, fokozatosan párolog, cseppekben esni, vagy ihletettség által szólni. Ez egy gyönyörű kép arról, amikor dicsőítés vagy imádság alatt a gondolatok és képek esőcseppekként hullanak a szellemünkbe.

A másik szó a prófétálásra a naba. Ez azt írja le, amikor valami „feltör, ömlik, kiárad”. [42] Olyan, mintha az ihletettség folyama áradna belőlünk, amikor prófétálunk (János 7:38-39 és 4:14). Gyakran, amikor a prófétai szolgálatra kezdünk tanítani embereket, először tartózkodóak és bizonytalanok. De ahogy növekedni kezdenek, egy erős és állandó prófétai folyam fejlődik ki bennük.

Időnként, amikor prófétálni kezdek, az emberek géppuskás prófétának hívnak, mert gyakran gyorsan prófétálok. Ne gondoljátok, hogy ember prófétai stílusa az egyetlen lehetséges módja a prófétálásnak. Nagyon sokféle stílusú próféta létezik, és sok különböző módon lehet prófétálni. A feladatod az, hogy kapcsolódj Istenhez, és találd meg, hogy Isten hogyan beszél hozzád és rajtad keresztül. Ez akkor a legkönnyebb, ha más tapasztaltabb prófétákkal együtt teszed, és olyanokkal együtt, akik szintén prófétálni tanulnak.

Időnként, amikor prófétálok, nagyon sebezhetőnek érzem magamat. Olyan érzés, mintha alsóneműben állnék az emberek előtt. Nem ismerem őket, és nem tudom mit kéne mondanom nekik. De szerencsére *nekem nem is kell tudnom, hogy mit mondjak*, mert a Szellememből prófétálok, nem pedig az elmémből. Ha egyszer elkezdek prófétálni, és túllépek a kezdeti nehézségen, akkor lehet, hogy egy prófétai folyóban találom magamat, és nagyon gyorsan szavak, képek és gondolatok kezdenek el áradni. Ilyenkor rájövök, hogy Isten gondolatai gyakran megegyeznek a saját gondolataimmal.

A kihívás az, hogy megfelelő módon szűrjük meg ezeket a gondolatokat. Úgy kell közölnöm ezeket a gondolatokat, hogy azok erősítsék, bátorítsák és vigasztalják a hallgatót. Továbbá úgy kell továbbadnom az üzenetet, hogy az érthető legyen számukra. Itt jön be a prófétai készség fejlesztése. Ahogy a tanítói képesség is fejleszthető, az emberek a prófétai képességükben is fejlődhetnek. Ennek egy része a prófétai hermeneutika, vagyis magyarázat

#6 Használj prófétai hermeneutikát: kijelentés, értelmezés, alkalmazás

A hermeneutika egy teológusok által használt kifejezés, melyet az Biblia megértésének folyamatára használnak. Az a három lépés, melyet az Írások megértésére használnak, pontosan ugyanaz a három lépés, melyet a próféciák kibontására használunk: kijelentés, értelmezés, alkalmazás.

Évekkel ezelőtt, miközben egy hölgynek prófétáltam, Isten ráirányította a figyelmemet a hajára. Nem tudtam, hogy mit jelent ez, de ahogy elkezdtem beszélni hozzá, ezt mondtam, „Te pont olyan dicsőítő vagy, mint az a nő, aki a hajával törölte meg Jézus lábát. Olyan személy vagy, aki tényleg igazságban és szellemben dicsőíti az Urat." Ez az üzenet igaznak bizonyult rá vonatkozóan.

A kijelentés lehet egy kép, vagy egy igevers, és lehet, hogy nem tudod majd, mit jelenthet ez. De ahogy elkezded kibontani a kijelentést (igeverset, képet, álmot, stb.), a Szent Szellem elkezdi majd megadni neked az üzenet értelmezését, és lehet, hogy az alkalmazását is.

Nemrégiben egy este, ami a prófétálás gyakorlásáról szólt, valaki odajött hozzám egy karácsonyfa tetejére való csillaggal, és azt mondta, „Úgy hiszem, hogy te olyan csillag vagy, akit az emberek megkeresnek keletről, hogy rajtad keresztül megtalálják Jézust."

Amiről nem tudhatott, az az volt, hogy pont akkor hívtak meg Kelet-Európából, hogy tanítsak az erő-evangelizációról. Bár ő egy bibliai történetre gondolt, az üzenetének volt egy mélyebb jelentése is, ami ott azonnal alkalmazható volt az életemre. Ő megadta a kijelentést, én pedig rögtön értelmezni és alkalmazni tudtam azt az életemre.

Előfordul, hogy kapunk egy kijelentést, de nem tudjuk, hogy hogyan kell azt értelmezni és alkalmazni. Egyszer úgy láttam egy hölgyet, mint egy tyúkanyó, aki körül nagyon sok kiscsibe van. Elmondtam ezt neki, és megkérdeztem, hogy mit jelent ez a számára. Azt válaszolta, „Egy óvodában dolgozom, és megkérdeztem Istentől, hogy továbbra is gyermekekkel kellene-e foglalkoznom. A kép, amit láttál, válasz volt az imáimra."

Egyszer Magyarországon voltam, és azt mondtam egy fiatal nőnek, hogy a jövőben együtt fogunk prófétai szolgálatot végezni. Én azt gondoltam, hogy ez azt jelenti, hogy a jövőben valamelyik prófétai csapatom tagja lesz. Ehelyett ő lett az az ember, aki az első fiataloknak szóló prófétai konferenciát megszervezte Magyarországon. Előfordul, hogy kapunk egy kijelentést, de nem tudjuk, hogy hogyan fog megvalósulni az adott dolog.

A helyes kijelentés a nem megfelelő értelmezéssel és rossz alkalmazással rossz eredményekhez vezet. A helyes kijelentés és helyes értelmezés, de nem megfelelő alkalmazás szintén frusztrációhoz vezet.

Egyszer egy gyülekezetben voltam, ahol azt prófétáltam egy embernek, hogy ő egy vezető, akit Isten úgy használ majd emberek vezetésére, mintha egy király lenne. Ez a férfi fogta a prófétai kijelentést, amit tőlem kapott, és megpróbált szakadást okozni a gyülekezetben. A pásztora, aki jó barátom, elmondta nekem, „Matt, minden, amit mondtál róla igaz volt, de visszaélt az üzenettel, és helytelen módon és helytelen időben akarta azt alkalmazni."

20 év telt el aközött, amikor Sámuel királlyá kente fel Dávidot, és amikor Dávidot valóban királlyá koronázták. Dávid nem azt tette, hogy felkenetése után rögtön megölte Sault, hogy így a saját erejéből és a saját időzítése szerint váljék királlyá; pont ellenkezőleg. Dávid kiváló példa arra, amikor felismerjük és tiszteljük Isten időzítését.

Jézus 30 éves korában kezdte a szolgálatát, ami csak három évig tartott. A messiásra vonatkozó összes ószövetségi prófécia kész volt arra, hogy beteljesüljön, és Jézus be is teljesítette őket a megfelelő időben.

Istent jobban érdekli az, akik vagyunk, mint az, amit teszünk érte. Egy prófétai üzenet szólhat mostanra, egy évvel későbbre, vagy évtizedekkel későbbre. Ezért is fontos, hogy ne írjunk le azonnal egy olyan prófétai üzenetet, amit nem értünk. Ehelyett mindig engedjük meg Istennek, hogy azzá az emberré formáljon, akin keresztül be tudja teljesíteni azt a próféciát.

2010-ben valaki azt prófétálta nekem, hogy Isten vezetőként fog használni engem az Egyesült Államokban, én azonban rögtön visszautasítottam ezt, mivel Hollandiában élek, és nem tervezem, hogy az Egyesült Államokba költözzek. Mégis, abban az évben 4 hónapot töltöttem az USA-ban, és Isten valóban használt ott, mint vezetőt!

#7 Szállítsd házhoz a prófétai pizzát

Amikor prófétálsz, Isten szóvivője vagy. A feladatod hasonló egy pizzafutáréhoz – átadod, amit isten mond, de nem kényszeríted az embereket, hogy megegyék a pizzát. Te sem örülnél, ha a futár rákényszerítene, hogy edd meg a pizzát. Adj lehetőséget az embereknek, hogy maguk vizsgálják meg az üzenetet, és maguk döntsék el, hogy mihez kezdenek vele. Az emberek maguk felelősek az életükért, és nekik kell eldönteniük, hogy mit tesznek, vagy mit nem tesznek, miután prófétai üzenetet kaptak.

Senki sem akar olyan pizzát, amit egy hideg, szakadt, koszos kartondobozban szállítanak ki számára. Az ilyen doboz szinte ehetetlenné teszi a pizzát. Ugyanígy fontos, hogy az Istentől való üzenetet olyan módon adjuk át, ami nem vesz el a magából az üzenetből. Mindig ügyelj a megfelelő öltözetre, amikor más kultúrából való emberek felé szolgálsz. Ne politizálj, amikor prófétálsz. Ne engedd, hogy az, ahogyan átadod az üzenetet, útjában legyen annak, amit Isten akar mondani annak az embernek. Kerüld a másodlagos és lényegtelen részleteket, amelyek elvonhatják a figyelmet attól az üzenettől, ami Istentől jön.

Ahhoz, hogy steak-et együnk, mehetünk előkelő és olcsó étterembe is. Ugyanaz a darab hús kerülhet pár dollárba, vagy nagyon sokba is, attól függően, hogy miként készítették el, és hogyan tálalták. A mi dolgunk az, hogy az Istentől jövő üzenetet a lehető legjobban adjuk át, hogy az emberek megérthessék és megemészthessék azt.

Nem a mi felelősségünk, hogy az emberek elfogadják-e az üzenetet, vagy sem. De azért felelősek vagyunk, hogy miként adjuk át. Az Isten üzenete sokkal fontosabb, mint egy pizza vagy egy darab hús, ezért tedd meg a tőled telhető legtöbbet, hogy a lehető legjobban add át azt.

#8 Kérj visszajelzést

Az üzenetet átadójaként légy nyitott a visszajelzésekre arra vonatkozóan, hogy a „prófétai pizzád" hogyan értelmezhető. Ne válj túl izgatottá, ha minden, amit mondtál 100%-ban megállja a helyét, és ne csüggedj el, ha az, amit mondtál, nem 100%-osan helyes. Mindannyian tanulunk és fejlődünk ebben, és közben elengedhetetlenül fontos, hogy nyitott kommunikációt tartsunk fenn Istennel, és azokkal, akik felé szolgálunk.

Kenneth Hagin egyszer egy fiatalemberért imádkozott, és hirtelen azt vette észre, hogy ezek a szavak jönnek ki a száján: „Ez egy megerősítés arra, amit ma délután három órakor mondtam neked, amikor az óvóhelyen imádkoztál. Megerősítést kértél, és ez az. Én szóltam ma hozzád."

Az alkalom után megkérdezte tőle: „Tényleg imádkoztál te ma délután háromkor az óvóhelyen?"

Így volt. És eközben azt kérte Istentől, hogy adjon neki megerősítést, ha tényleg prédikátorrá kell lennie. Aztán azt érezte, hogy Isten azt mondja neki, „Ma este adok neked egy megerősítést." Hagin szavai voltak azok. [43]

Gyakran megkérdezem az emberektől: „Van ennek értelme a számodra?" Így tudok tanulni, de azért is kérdezem, mert gyakran nem tudom, hogy mit jelent, amit mondtam. Ne aggódj amiatt, hogy az üzeneted mennyire tűnik mélynek vagy lenyűgözőnek. Időnként a legegyszerűbb szavaknak is nagy jelentősége van, miközben mi nem vagyunk ennek tudatában.

Egy nap azt a szót kaptam egy hölgy számára, hogy „süti". Megkérdeztem tőle, „Ez mit jelent?" Elmondta, hogy a nagyapjának az volt a beceneve, hogy „Süti", nagyszerű ember volt nagy hittel. A hölgy nagyon szerette őt, és azért imádkozott, hogy a nagyapja hite tovább folytatódjon az ő gyerekeiben. Számára nagy jelentősége volt annak, hogy tudtom nélkül a nagyapjáról kezdtem beszélni, miközben a hölgy hitéről beszélgettünk.

#9 Növekedj a prófétai szolgálatban azáltal, hogy prófétálsz

Amikor először játszottam gitáron, borzalmasan szólt. De most, sok-sok óra gyakorlás után vezetni tudok egy gyülekezetet a dicsőítésben. Amikor először kezdesz prófétálni, talán nem hangzik majd túl magabiztosnak, tökéletesnek vagy gördülékenynek. De ne engedd, hogy ez megállítson. Tanulj, figyelj másokat, növekedj, és fejleszd a prófétai szolgálatodat. Én nagyon szeretek másokat tanítani, bemutatót és gyakorlatokat tartani számukra, és segíteni őket a prófétai ajándékuk és elhívásuk fejlődésében. Maradj szeretetteljes, alázatos, tanítható, és meglátod, hogyan tudsz növekedni a prófétálásban. Tanuld meg meghallani Isten hangját, és az Ő szavait szólni.

10 Ha elakadtál, használj segédeszközt

Istennek több gondolata van felőlünk, mint a tengerpart homokszemei (Zsolt. 139:18). Ő nagylelkű, és nagyon kreatív abban, hogy miként szóljon hozzánk. Ugyanakkor van, hogy fogalmunk sincs, mit mondjunk. Teljes a sötétség. A prófétálásban időnként az a legnehezebb, hogy elkezdjük. Ilyenkor ragadj meg egy tárgyat találomra, és használd azt ugródeszkaként.

Időnként megkérek egy hölgyet, hogy adjon nekem egy akármilyen tárgyat a táskájából, vagy egy telefonszámot használok a prófétáláshoz, vagy egy rendszámot, esetleg egy álmot. A legfontosabb nem a tárgy, amit használok, hanem az, hogy Isten bármin keresztül képes szólni hozzánk.

Egyszer két erős prófétai ajándékkal rendelkező ember kísért el engem Budapestre, egy konferenciára. Egy három órás szünet alatt elmentünk sétálni a városba, és egymás felé gyakoroltuk a prófétálást, azokat a dolgokat és jeleket felhasználva, amiket utunk során láttunk. Ez bemelegítette őket, és a gyakorlatozás után sokkal erősebben tudtak szolgálni. A prófétáláshoz egyszerű, gyermeki hit szükséges. Egy segédeszköz használata segíthet még akkor is, ha megakadtunk.

#11 Keress egy csapat testvért

Én nem szeretek egyedül szolgálni. Mindig jobb szeretem, ha másokat is magammal vihetek. Ez kölcsönösen előnyös, mivel a szellemi kenet ragadós tud lenni. Szeretek mások életébe befektetni, mert ez a legjobb a számomra is. A legjobb módja annak, hogy növekedjünk a prófétálásban, az, ha prófétálunk, és másokat is megtanítunk rá.

Amikor John Wimber felfedezte, hogy jelek és csodák követik a szolgálatát, bárhová is megy, egy döntés előtt találta magát. Egyszer azt mondta a feleségének, Carolnak: „Vagy szerzek egy nagy sátrat, szervezek egy nagy ébredési öszszejövetelt, ahol én egyedül végzem a szolgálatot, vagy átadom ezt másoknak is, és megtanítom nekik, hogyan szolgáljanak." [44] Az utóbbit választotta, és emiatt sokkal nagyobb hatást tudott elérni, mintha mindent maga csinált volna.

A prófétálás és a Szent Szellem ajándékai nem csak a „különlegesen felkent" embereknek szólnak. Hanem minden hívőnek. Valahányszor utazom, mindig igyekszem magammal vinni egy csapatot, akik velem együtt szolgálnak, így követve a Jézustól és Pál apostoltól kapott mintát. Ne akard magadnak megtartani a szolgálatot, hanem adj lehetőséget más hívők számára is. Ezzel nem veszítünk a tekintélyünkből, hanem épp ellenkezőleg: növekedni fog a tekintélyünk, ha továbbadjuk azt másoknak.

A legjobb módja a szellemi ajándékokban való növekedésnek az, ha megtanítjuk másoknak, hogy miként használják őket. Én nagyon örülök annak, ha az általam mentorált emberek olyan elképesztő gyógyulásokat és csodákat élnek meg, amiket én még nem láttam. Ez az egész nem rólam szól, hanem Jézusról, és Jézushoz hasonlóan én is gyakran mondom, hogy „amit én teszek, azt ti még jobban tudjátok csinálni."

Ha olyan gyülekezetben vagy helyen vagy, ahol nincsenek mentoraid, ne aggódj. Én sem találkoztam a mentoraim többségével! Soha nem találkoztam John Wimberrel, Oral Roberts-szel, Timothy Kellerrel, Loyolai Ignáccal, T.L. Osbornnal, Péter apostollal vagy Pál apostollal. De olvastam az írásaikat, gondolataikat, és ez által formálták az életemet és a szolgálatomat. Olvass jó könyveket, aztán találj olyan embereket, akikkel nem csak beszélni tudtok arról, amit olvastál, hanem meg is teszitek azokat. Vágyakozz arra, hogy növekedj a szellemi ajándékokban, és ne csak beszélj róluk, hanem lépj ki és használd őket.

Amikor Amszterdamba költöztem, elindítottunk egy havi rendszerességű imaalkalmat férfiaknak, ahol egyszerűen csak imádkoztunk egymásért. Beültettünk egy embert középre, és imádkoztunk érte, bármire is volt szüksége. Gyakran, ahogy imádkoztunk, Isten szólt hozzánk. Néhányan a csoportból ma a legjobb barátaim, akikkel együtt szolgálunk. Nagyon sokszor adtak nekem értékes üzeneteket Istentől.

12 Prófétálj úgy, mint a kis vörös hajú lány a Charlie Brown című mesében.

Egy nap a lányommal bicikliztem, miután megnéztük a Charlie Brown c. mesét, amikor nagy meglepetésemre azt mondta, „Papa, a kis vörös hajú lány is egy próféta, mint te, ugye?”

A mesében mindenki hajlamos rá, hogy rosszul bánjon szegény Charlie Brownnal. Lucy folyamatosan elveszi tőle a labdát, amikor épp belerúgna, az emberek kicsúfolják, és teljes csődtömegnek érzi magát. De a mese végén nagy meglepetésére a kis vörös hajú lány a levelezőtársa akar lenni.

Azért akar vele levelezni, mert Charlie őszinte, vicces, okos, komoly és gondoskodó. A lány megerősíti, bátorítja és megvigasztalja őt, és ez Charlie szívét ugyanúgy megmelegíti, mint a nézőét.

A lányom ezt a szívmelengető élményt hasonlította azokhoz az alkalmakhoz, amikor prófétákkal volt. A próféták szeretettel adják át Isten igazságát, és a legjobbat hozzák ki az emberekből. A próféta legnagyobb célja nem az, hogy prófétáljon, hanem az, hogy úgy szeresse az embereket, ahogyan Isten szeret minket. Koncentrálj Jézusra, és arra, hogy szeresd az embereket, és a prófétálás egyszerűvé és természetessé válhat.

6. fejezet

Prófétai gyakorlatok [46]

„Én, az Úr, vagyok a te Istened, aki kihoztalak Egyiptom földjéről. Nyisd ki a szádat, és én megtöltöm!" (Zsolt. 81:11)

„Amikor a zsinagógákba a hatóság és a felsőbbség elé hurcolnak titeket, ne aggódjatok amiatt, hogyan vagy mivel védekezzetek, vagy mit mondjatok, mert a Szentlélek abban az órában megtanít majd titeket arra, amit mondanotok kell." (Lukács 12:11-12)

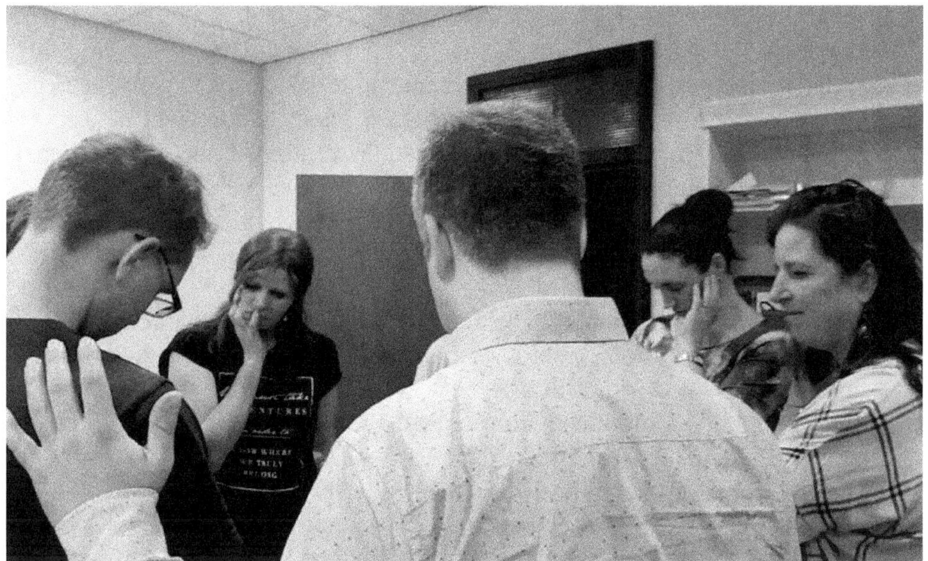

(A prófétai szolgálatban való növekedés legjobb módja az, ha másokkal együtt végezzük azt.)

A tanulás legjobb módja az, ha másokkal együtt tanulunk. Ez a fejezet egy sor lehetséges csoportos gyakorlatot tartalmaz. Nagyon fontos kitapasztalni, hogy Isten hogyan szól hozzád, és aztán rajtad keresztül másokhoz. A gyakorlás ideális módja az, ha adott egy csoport, és annak van egy vezetője, aki levezényeli a különféle gyakorlatokat. Ahogy az izmaink növekedéséhez is gyakorlatok szükségesek, a prófétai ajándék is úgy növekedhet bennünk, ha gyakoroljuk az ajándékokat, és felgerjesztjük a Szent Szellem tüzét magunkban. (2 Tim. 1:6)

A csoportvezetőknek meg kell találniuk az egyensúlyt, hogy az embereket a biztonságos kereteik túllépésére ösztönözzék, ám elkerüljék az olyan helyzeteket, amikor lefagynak a csoporttagok. Ha egészséges tanulási közeget teremtünk, ahol az embereket kihívás elé állítjuk, ahol bátorítjuk és szükség esetén kiigazítjuk őket, az segít abban, hogy egészséges profétikus hívők növekedjenek fel. A gyakorlatok legyenek „tanulási lehetőségek, melyek során mindenki növekedhet".

Jó, ha minden gyakorlat előtt röviden nyelveken imádkozunk, hogy segítsünk a résztvevőknek belelépni egy prófétai áramlatba. Ha a résztvevők még nem szólnak nyelveken, akkor az is megfelelő, ha a saját nyelvükön imádkoznak. A vezető szól az embereknek, hogy mikor kezdjék el mikor hagyják abba a nyelveken való imádkozást, és mikor kezdjenek prófétálni.

Prófétai gyakorlatok

- **Körben** – a körben mindenki kap egy számot, aztán prófétál a tőle jobbra lévő személynek. Eleinte lehet, hogy a csoporttagok félnek majd megszólalni. Bátorítsd őket, hogy egyszerűen csak imádkozzanak úgy, hogy bátorítsák, erősítsék és vigasztalják azt, aki felé szolgálnak. Ez a legalapvetőbb formája a prófétai szolgálatnak.
Általában ez az első feladat, amit bemelegítésként szoktam elvégeztetni. Mivel a „prófétálás" szó olyan komolyan hangzik, időnként nehéz számukra, hogy megszólaljanak. Bátorítsd őket, hogy csak imádkozzanak egymásért. Lehet, hogy ekkor nem is történik még egyéb. Ez teljesen rendjén van. A prófétálás természetes része az imádságnak, mert amikor beszélünk Istenhez, Ő is szól hozzánk.

- **Váltás** – amikor az embereknek el kell kezdeniük vagy be kell fejezniük a prófétálást, a csoportvezető azt mondja, hogy „váltás". Ha gyorsan váltunk, az rákényszeríti a résztvevőket, hogy ne gondolkozzanak túl sokat, hanem hit által kimondják, amiről úgy érzik, hogy Isten Szelleme adta nekik. Ha a „váltás" később érkezik, az arra készteti a prófétálókat, hogy ne hagyják abba a prófétálást, hanem hit által kérjenek többet Istentől. Ez azt is megtanítja a résztvevőknek, hogy visszatartsák az üzenetet. A próféta teljes mértékben uralja önmagát, és csendben tud maradni, ha arra van szükség, így olyankor is, amikor nem rajtuk van a sor, hogy beszéljenek.
Az egyik velem utazó próféta számára nehéz volt, hogy eljött a „váltás" ideje, amikor ő először prófétált. Szerette volna átadni a teljes üzenetet, amit abban a pillanatban Isten adott egy másik ember számára. Szerencsére hallgatott rám, és megtanulta, hogy értékes dolog, ha képesek vagyunk visszatartani egy Istentől való üzenetet. Ha Isten adott egy üzenetet valaki számára, az még nem jelenti azt, hogy az egész üzenetet abban a pillanatban kell átadnunk. Nagyon fontos megtanulni az üzenetet visszatartását, és megvárni a megfelelő időzítést. Az is fontos, hogy megtanuljuk alárendelni magunkat a felettünk lévő tekintélynek, ha ők úgy érzik, hogy nem az adott pillanat a megfelelő az üzenet átadására, vagy a betegekért való imádkozáshoz.
Amikor egy ukrajnai ifi-konferencián voltunk, a velem lévő szolgáló csapat szeretett volna imádkozni a betegekért. Azonban azt mondtam nekik, hogy várjanak. Ahelyett, hogy mi imádkoztunk, azt szerettem volna, hogy az uk-

rán tanulók imádkoznak a betegekért, és megtapasztalják, ahogy megtörténnek a gyógyulások. A csapatom bízott bennem, és később megértették, hogy miért nem volt még ideje annak, hogy mi imádkozzunk a betegekért. Először szerettem volna megtanítani ezt másoknak, hogy Istenbe vessék a bizalmukat, nem pedig belénk.

* **Egy szó** – a csoportban mindenki kap egy tollat és papírt. Aztán mindenki ad egy szót a csoport minden tagjának. A gyakorlat végén minden embernek rendelkezésére áll egy szólista, ami arra használnak, hogy megfejtsék Isten nekik szóló üzenetét a háromlépéses módszerrel: kijelentés, értelmezés, alkalmazás. Ez a gyakorlat segít a résztvevőknek, hogy ellazuljanak, és megtanuljanak a szellemükből prófétálni, nem pedig a saját gondolataikból. Minél inkább megtanul valaki ráhangolódni Isten Szellemére, annál inkább a sajátjaivá válnak Isten gondolatai.

  Mi tartja vissza az embereket a prófétálástól, a gyógyulásért való imádkozástól, nyelveken szólástól, stb.? Az, hogy túl sokat gondolkozunk. Nem a saját gondolatainkból kell prófétálnunk, hanem a szellemünkből. Ez a gyakorlat segít a résztvevőknek ellazulni, és átadni egy szót, bízva Istenben, hogy akármit mondunk, Ő szól rajtunk keresztül. Többször előfordult, hogy ránéztem egy emberre, és kimondtam a nevét egy rokonnak vagy valakinek, akit szeretnek. Máskor volt, hogy egyszerűen csak olyan szavak jöttek ki a számon, mint „szeretet" vagy „erő". Ne az alapján ítéld meg a szót, hogy mennyire tűnik mélyen szántónak vagy egyszerűnek.

  Kris Valloton meséli, hogy egyszer egy férfi azt mondta egy nőnek, „Sárga póló van rajtad!"

  A nő hisztérikusan zokogni kezdett. Amikor megkérdezték tőle, hogy miért reagált így, megmagyarázta, „Van egy fiam, aki autista, és azt mondtam ma az Úrnak, „Ha meg fogod gyógyítani a fiamat, mondasd azt ma valakivel, hogy sárga póló van rajtam." [46] Egy másik gyakorlat során egy nő ránézett a cipőmre, és azt mondta, „Isten azt mondja, „Nike… csak csináld!'"

  Nem tudhatta, hogy mindig azt mondom az embereknek, ahhoz, hogy prófétáljanak és betegeket gyógyítsanak, az szükséges, hogy „Nike…. csak csináld!" Ez a látszólag jelentéktelen üzenet nagyon is jelentőségteljes volt számomra.

  Soha nem tudhatod, hogy egy-egy üzenet mit jelenthet egy másik embernek. Ne próbálj mindent értelmezni. Csak mondd ki hittel és szeretetteljes módon.

* **A vak próféta** – a vezető kijelöl valakit, akinek bekötik a szemét. Ennek az embernek kell ezután prófétálnia a többiek felé a csoportban, anélkül, hogy tudná, épp kiről van szó. Mindenki kap egy számot a csoportban (az is, aki prófétál). Ezután a bekötött szemű ember mindenki felé prófétál (magát is beleértve), anélkül, hogy tudná, ki felé prófétál éppen.

Ez a gyakorlat sokszor a legjelentőségteljesebb üzeneteket eredményezte számomra, mert nem tudták, hogy nekem prófétáltak. Máskor az emberek meghívnak, hogy prófétáljak olyanok felé, akiket nem ismerek. Ez azért nagyszerű, mert tényleg semmi másra nem támaszkodhatok a prófétáláshoz, csakis a Szent Szellemre. Bízom benne, hogy Ő szól rajtam keresztül. Ez a gyakorlat erős hitet igényel a prófétáláshoz, és tovább fejleszti azt.

- **Mindenki egynek** – Egy ember a csoport közepére kerül, és az összes csoporttag prófétál annak az egy személynek. Ez akár olyan egyszerűen is kivitelezhető, hogy egy embert a szoba közepére ültetünk, és a többiek pedig elmondják, hogy szerintük Isten mit mond neki.
Ez nagyon jó gyakorlat arra, hogy bátorítsunk valakit. Többször láttam, ahogy a gyakorlat során a középen lévő személyre rendkívüli hatást gyakoroltak az életére kimondott prófétai üzenetek. Sok ember nincs hozzászokva ahhoz, hogy mások erősítsék, bátorítsák és vigasztalják. Isten szeretetét kifejezni erőteljes dolog. Ez egy nagyszerű gyakorlat a következő előtt.

- **Egy mindenkinek** – Egy ember a csoport közepére áll, és ő prófétál az összes többi csoporttagnak. A középen álló hite megerősödik, ahogy látja, hogy hit által képes sok embernek prófétálni.
Ez a gyakorlat kiemeli a középen álló embert a kényelmi zónájából. Nincs ideje gondolkozni, mert teljesen hit által kell prófétálnia a következő ember számára. Akármilyen kép, igevers, vagy érzés jön fel benne, olyan módon kell azt közölnie, hogy erősítsen, bátorítson és vigasztaljon.

- **Kérj visszajelzést** – Időről időre álljatok meg a gyakorlatok között, és osszátok meg egymással, hogy mit jelentett nektek a prófétai üzenet. Ez azért is fontos, hogy leellenőrizzük a prófétai üzeneteinket, és hogy meglássuk, vajon pontosak-e, vagy mely területeken kevésbé pontosak. A visszajelzés azért nagyon fontos, mert olyan prófétai szolgálatot kell kifejlesztenünk, ami számonkérhető és átlátható marad.
Egyszer egy férfi azt mondta egy másiknak, hogy Svájcot látta, és leírta neki a részleteket. A másik férfi bólintott, és elmondta nekünk, mennyire jelentős volt számára Svájc. A leírt képek és gondolatok mind arra az időre vonatkoztak, amikor a felesége halálát próbálta feldolgozni, akivel nagyon sok időt töltött Svájcban. Sokszor kimondunk dolgokat, és fogalmunk sincs arról, hogy mit jelentenek annak az embernek, akihez beszélünk.

- **Énekeld a próféciát** – a zenei tehetséggel megáldott emberek megragadhatnak egy hangszert, és elkezdhetik elénekelni a próféciát. Ez új dalok írásához vezethet, és gyakran nagy szellemi tekintély szabadul fel a prófétai zene által.

Dávid király egy prófétai zsoltáros volt. A prófétai ajándékkal rendelkező dicsőítésvezetőknek prófétikusan kellene dalokat szerezniük. A testvérem látta azt a saját szolgálatában, hogy időnként, amikor dalokon keresztül kezdett prófétálni, Isten jelenléte és ereje hatalmas módon megnyilvánult, és a démoni elnyomás alatt lévő emberek elkezdtek megnyilvánulni. A prófétai dicsőítés erőteljes.

- **Prófétálj igeverset** – Kezdd egy olyan igerésszel, mint például a 23. zsoltár, aztán kérd a csoporttagokat, hogy mind olvassanak fel egy igeverset, és azt használva kezdjenek prófétálni a mellettük lévő embernek. Különféle igés kártyákat is használhattok kezdésként. A cél azonban az, hogy a résztvevők képesek legyenek olyan igeversek segítségével prófétálni, amelyek a szívükből származnak. Nem fontos, hogy tudják az igevers helyét. Csak idézzék azt úgy, mintha maga Isten szólná azokat a szavakat a hallgatókhoz.
A Szent Biblia az Isten kijelentet szava, és a magabiztosság egy magasabb szintjére léphetünk, amikor Isten Igéjét értelmezzük és alkalmazzuk az emberek életében. Elképesztőnek tartom, Isten milyen gyakran beszél az Igéjén keresztül.
Egyik vasárnap látogatóban voltam egy gyülekezetben, és az alkalom után odaléptem egy férfihoz, és azt mondtam neki, „Az igaz ember hitből él." Továbbmentem, és fogalmam sem volt, hogy egész héten azon az igeversen gondolkozott. Később elmondta nekem, hogy egy egész héten át Isten egy igeversen keresztül beszélt hozzá, „Az én igaz emberem pedig hitből fog élni" (Zsidó levél 10:38).

- **Kérj egy képet** – hit által kérj egy képet Istentől. Ez olyan egyszerű, mint a kép, amit az elménkkel látunk (a képzeletünk szemeivel). Amikor látsz egy képet, írd le azt, aztán hit által kezdd el megosztani, hogy Isten mit közölhet azzal a képpel. Kövesd a prófétai iránymutatást, ahogy megosztod az üzenetet.
Egy kép felér ezer szóval, ezért szeret Isten képek által beszélni velünk. A tőle való álmok, képek és látomások sokáig megmaradtak az emlékezetemben. Soha nem tudhatjuk, hogy egy kép szimbolikus jellegű-e, vagy pedig egy ismeret beszéde. Egyszer egy csoport felé prófétáltam, és azt mondtam az egyik hölgynek, hogy ő olyan, mint egy nővér, és hogy azt láttam, amint kisbabákról gondoskodik. Később megtudtam, hogy szülésznőnek tanult. Mondd el, amit látsz, aztán azt, hogy szerinted mit jelent. Aztán kérdezd meg, hogy mit jelent valójában a hallgató számára.

- **Találomra kiválasztott tárgy** – a csoportodban lévő emberek válasszanak véletlenszerűen egy tárgyat, és használják azt az Istentől való üzenet közvetítésére valaki számára a helységben. A csoportvezető maga is választhat egy tárgyat, miközben a résztvevők prófétálnak. Ez a gyakorlat nagyon jó arra, hogy az embereket megnyugtassa, és megmutassa nekik, mit kell tenniük, ha úgy érzik, elakadtak. Ha elakadtak, akkor hit által megragadhatnak egy tárgyat, ami segítségül szolgál a prófétálás elkezdésében.

A könyv szerkesztője nem értette ezt a gyakorlatot, ezért azt mondtam neki, hogy válasszon egy tárgyat a szobában. Ő azt mondta, „a kutya fekhelye". Aztán azt kezdtem prófétálni neki, hogy Isten arra hívja, hogy pihenjen meg az Ő jelenlétében úgy, ahogy a kutya pihen a fekhelyén. Erre azt válaszolta, hogy az előző este három ember is imádkozott érte, és mind azt mondták neki, hogy Isten szeretné, ha megpihenne.

- **Prófétálj egy nem jelenlévő ember felé** [47] – Valaki álljon középre, és gondoljon egy ismerősére, de ne mondja meg, hogy ki az. A résztvevők eldöntendő kérdéseket tehetnek fel a középen állónak arról az illetőről, akire gondolt. Amikor kezdenek valóban információkat kapni az illetőről, mindenki prófétáljon annak az embernek, valaki pedig jegyezze fel a prófétai üzeneteket. Ez után a középen álló eldöntheti, hogy helyénvalónak tartja-e átadni a prófétai üzeneteket az ismerősének.

  Ennek a gyakorlatnak sok előnye van. Évekkel ezelőtt észrevettem, hogy Isten beszélne hozzám az emberek nem jelenlévő gyerekeiről vagy családtagjairól. Például eszembe jutott a kettes szám, aztán megkérdeztem az illetőt, hogy hány gyereke van. Ha tényleg voltak gyerekei, akkor az üzenet nagy valószínűséggel a második gyereknek szólt.

  Egy másik előnye a gyakorlatnak, hogy az emberek elkezdhetik megtanulni, hogyan kapjanak ismeret beszédét. Shawn Bolz azt mondja, hogy időnként egy bizonyos idő és gyakorlás után indul be a pontos ismeret beszéde. Megemlíti, hogy amikor Kansas Cityben élt, gyakran együtt utazott barátokkal, és amikor megpróbált ismeret beszédét elvenni Istentől, soha semmi nem stimmelt. Isten azonban tisztelte a benne lévő vágyat, és végül elkezdett nagyon pontos ismeret beszédeit kapni emberekre vonatkozóan. [48] Isten szereti kinyilatkoztatni az Ő titkait a barátai számára (Ámos 3:7).

- **Használj ugródeszkát** – a középen lévő ember információt kér Istentől az előtte lévő emberre vonatkozóan, és mindehhez egy „ugródeszkaként" használt kijelentést tesz, olyanokat, mint: Az emberek azt mondták neked… Te azt mondtad… Érzel fájdalmat a….-ban? Van itt valaki, aki?…. Amikor …. éves voltál…. Az „ugródeszka" kijelentés után engedje, hogy az ismeret beszéde áradjon. Ez után minden információt le lehet ellenőrizni, hogy a prófétáló személy tényleg belelépett-e egy prófétai áramlatba, és kijelentést kapott, vagy csak találgatott.

  Egy este meglátogattam egy barátomat, aki minden reggel 4.30-kor kel fel imádkozni. Minden nap igen sok időt tölt Istennel. Felhívtam néhány ismerősömet, és ugródeszkát adtam a barátomnak. „Mondd meg nekik, hogy mi történt velük tegnap." vagy „Mondd meg nekik, hogy miket mondtak, vagy hogy mások miket mondtak nekik." Kilencven százaléka helyes volt mindannak, amit az embereknek mondott. A barátomnak erős prófétai ajándéka van, csak egy kis segítségre volt szüksége az ajándéka beindításában és használatában.

- **Írj egy prófétai üzenetet** – a csoport minden tagja kap egy papírlapot, rajta egy számmal. Minden szám egy emberhez tartozik. Anélkül, hogy tudnád, kinek a száma van nálad, írj egy próféciát az illető számára. Nyugodtan kezd olyan szavakkal, mint „Drága gyermekem…" vagy „Nem azt van-e megírva…" stb.
Ez a gyakorlat beindítja a prófétikus írást. Nagyon hasznos, ha képesek vagyunk megírni egy prófétai üzenetet.

- **Popcorn** – Ez a gyakorlat segít az embereknek megtanulni, hogy miként prófétáljanak gyorsan olyankor, amikor sokan várnak arra, hogy prófétai üzenetet kapjanak. Ezzel megtanuljuk, hogy hogyan adjunk 30-60 másodperces prófétai üzeneteket 10-15 sorban álló embernek. Ez a gyakorlat nagyszerű, mert rákényszeríti a résztvevőket, hogy a szellemükből prófétáljanak, és hit által, gyorsan tegyék azt. Akkor is hasznos, ha 50 ember vár prófétai szolgálatra, és csak korlátozott mennyiségű idő áll rendelkezésre. A prófétai üzenetnek nem kell hosszúnak lenni ahhoz, hogy erőteljes és hatékony legyen. Időnként nem áll sok idő rendelkezésre ahhoz, hogy mindenki felé szolgáljunk, ezért sietni kell. Egy alkalommal egy nagy ifi-konferencia előtt imádkoztam a gyülekezeti vezetőkkel. Kevesebb, mint 5 percem volt arra, hogy 20 ember felé szolgáljak. De mindenki felé szolgáltam, 10 vagy 20 másodperces üzenetekkel. Az idő elegendő volt arra, hogy még az alkalom előtt meghalljam Isten üzenetét mindannyiuk számára.

- **Használj egy mozdulatot** – Állíts fel egy embert, és használd azt a mozdulatot ugródeszkaként arra, hogy Isten hogyan akarja őket felemelni vezetőként, tekintélyben, stb. Egyéb mozdulatok lehetnek például: forduljanak meg, tégy koronát a fejükre, emeld fel a kezüket, dobbants a lábaddal a földön, taps, lábmosás, stb.
A Biblia tele van olyan prófétai cselekedettel, amit a próféták annak illusztrálására használták, hogy Isten mit fog tenni. Ezékiel lukat ásott a városfalba (Ezékiel 12:5). Hóseás elvette feleségül Gómert, egy hűtlen prostituáltat, akit újra és újra visszavitt magához (Hóseás könyve). Jézus megmosta a tanítványok lábát, és rájuk fújt, hogy vegyék a Szent Szellemet (János 13:1-7. és 20:22). A mozdulatok és a prófétai cselekedetek nagyon erőteljesek lehetnek.

- **Kör a körben** – Oszd szét a teljes létszámot két csapatra. Az egyik csoport alkosson egy belső kört, a másik csapat vegye őket körül. A belső csoport a külső csoport felé néz, és az egyik csoport minden tagja prófétálni fog a másik csoport minden tagjának. A belső kör mindig lépjen egyet óramutató járásának megfelelően, hogy mindig másik ember felé tudjanak prófétálni. Egy bizonyos időnyi prófétálás után a külső kör kezdjen el prófétálni a belső kör felé.

Ez egy nagyszerű gyakorlat arra, hogy mindenki prófétáljon, és mindenki kapjon is prófétai üzenetet. Kombináld ezt a feladatot más feladatokkal, mint például a vak próféta feladattal, vagy az ugródeszka használatával, hogy kicsit változatosabb legyen az egész. Szeretem ezt a feladatot alkalmazni a prófétai esték végén, hogy én is kapjak prófétai üzenetet, és hogy értékelni tudjam az emberek prófétai áramlását.

- **Kérdezd meg Istent a napodról** – a napod kezdetén vagy végén megkérdezheted Istent, hogy mi fog történni az előtted álló napon. Írd le, amit látsz, vagy amit tapasztalsz, és meglátod, hogy beteljesedik-e. Vannak emberek, akik szeretik megkérdezni Istent a pincérükről a vendéglőben. Vannak, akik még le is írják egy papírra, amit gondolnak, vagy látnak. Aztán egy kötetlen beszélgetés során megkérdezik a pincért azzal kapcsolatban, amit leírtak. Ez egy könnyű módja annak, hogy azonnal leellenőrizzük, vajon helyes volt-e, amit kaptunk.

Nem számít, hogy melyik gyakorlatot próbálod meg, az a fontos, hogy folyamatosan prófétálj. Nagyon sok barátom van a közösségi oldalakon, ami azt jelenti, hogy időről időre küldeni tudok valakinek egy prófétai üzenetet. Van, hogy egy egyszerű bátorító üzenetet küldök, de van, hogy egy aktuális élethelyzetükre vonatkozó nagyon konkrét üzenetet. Nem számít, hogy a kettő közül melyik. A cél az, hogy erősítse, bátorítsa és vigasztalja őket. Ne aggódj a pontosság miatt; legyen fontosabb az, hogy szeresd Jézust és szeresd az embereket úgy, ahogy Ő szeret minket. A cél nem a prófétai üzenet pontossága, hanem az, hogy szeressük Istent és az embereket.

7. fejezet
A prófétai szolgálat irányelvei

„ ...aki pedig prófétál, a gyülekezetet építi. "
(1 Kor. 14:4 RÚF)
Ezért, testvéreim, törekedjetek a prófétálásra, de a nyelveken szólást se
akadályozzátok! Azonban minden illendően és rendben történjék!
(1 Kor. 14:39, 40 RÚF)

Abel Brito próféta egy időben a gyülekezeti szolgálata alatt kihívta az embereket a gyülekezet elé és leleplezte a bűneiket. Felidézte nekem, hogyan mondta el mindenkinek, hogy ki az, aki házasságtörést követett el, ők pedig előrejöttek és sírva elmondták, hogy ez igaz. Csinálta ezt egy ideig, amíg Isten azt mondta neki: „Hagyd abba, mert én nem arra hívtalak el, hogy leleplezd az emberek bűneit! Te azért vagy, hogy az én kegyelmemet és szeretetemet megmutasd!"

A prófétának Isten kegyelmének kiterjesztésének kell lennie. Ők források, amikből az Isten szeretete és kegyelme folyik. [49]

Egy ember egyszer odajött hozzám a gyülekezetben, és azt kérdezte: „Ugye nem fogod elmondani a bűneimet mindenkinek?"

Ezt válaszoltam: „Nem. Először is, mert nem tudom minden bűnödet. Másodszor: nem ez a prófétálás elsődleges célja. A próféciák segítenek az embereknek, hogy úgy lássák magukat, ahogyan Isten látja őket, így pedig azzá tudnak válni, amilyenné Isten akarja, hogy váljanak."

A prófétai szolgálat másokat szolgál és segít nekik, hogy a legjobbat hozhassák ki magukból. [50]

Kihozni a legjobbat

Mindenki lenézte a kistermetű Zákeust, mint árulót és tolvajt, miután ő lett a vámszedők vezetője (Luk. 19:1-10). Mégis amikor Jézus meglátta, Ő valami egészen mást látott. Elment Zákeus otthonába, és vele evett. Ez gyökeres változáshoz vezetett, emiatt a „bűnösök főnökéből" egy rendkívül nagylelkű adakozó lett. A prófétai szolgálat megváltoztatja az emberek életét, mert képessé teszi őket, hogy meglássák azt, ahogyan Isten lája őket.

Valószínűleg már te is láttál a vidámparkban olyan tükröket, amik eltorzítják a tükörképedet. Az emberek imádják magukat téglalap alakú fejjel vagy hosszú testtel és kicsi lábbal látni. De ami egy rövid ideig szórakoztató, az valójában tragikus - ha az emberek önképe állandóan eltorzított. Amikor találkozunk Jézussal, az Ő szava megváltoztatja az identitásunkat és a rendeltetésünket. A prófétai szolgálat megváltoztatja a képünket Istenről és magunkról, ez egy eszköz, amit Isten arra használ, hogy az eltorzult önképünket kijavítsa.

Miután a Jézus mellé keresztre feszített bűnbánó tolvaj beszélt Vele, Jézus azt mondta neki, hogy hamarosan vele lesz a Paradicsomban (ld. Luk. 23:42). Miután egy őrült, démonizált ember találkozott Jézussal, evangélista lett belőle tíz városból álló terület felett (ld. Luk. 8:26-39). Miután Saul találkozott Jézussal, a keresztények üldözőjéből az egyik legnagyobb győztes lett (ld. Apcsel. 9:1-19). Isten nagy dicsőséget ad azoknak, akiket a világ (sőt még más keresztények is) megvet és bolondnak tart (ld. 1 Kor. 1:27-28). A prófétai szolgálat azért erőteljes, mert Isten felszínre tud hozni olyan rejtett ajándékokat és képességeket, amiket másképpen senki nem tudna megismerni.

Egy általam ismert próféta így emlékezik vissza 1993-ra, mikor egy másik próféta mondta neki, hogy ő is próféta, és nincs benne gyalázat (bűntudat és szégyen). Az volt erre a reakciója: „Ez nagyon kedves volt tőle, de én villanyszerelő vagyok és nem próféta. Ráadásul tudom, hogy tele vagyok szégyennel."

Isten a benne rejlő lehetőségről beszélt neki, nem a körülményeiről. Isten arról beszélt, kivé válhatna, és nem arról amilyen akkor volt. Mi az emberekben rejlő lehetőségekről prófétálunk, hogy bátorítsuk őket Isten látásával, és nem elsősorban a bűneikről és kudarcaikról.

Isten óriási mennyiségű hatalmat és erőt tud felszabadítani, amikor prófétálunk. Ezt lehet jóra is használni, de lehet gonosz célra is. Ezért kell, hogy álljon rendelkezésükre útmutatás és képzés azoknak, akik növekedni akarnak a prófétai szolgálatban.

Az útmutatások segítenek elkerülni a visszaéléseket

Egy vezető elmesélt egy történetet, ami jól illusztrálja a prófétai szolgálattal való visszaélést. Egy nő, akit Isten egy férfihoz vezetett és bemutatta neki a Szent Szellem erejét, azt mondta neki, hogy feleségül fogja venni az ő egyik rokonát. A férfi friss hívő volt akkor, és összezavarta „Isten szava", ami azt mondta, hogy el kell vennie valakit, akit ő nem akar elvenni. „Istenem, miért kényszerítesz, hogy elvegyek valakit, akit én nem akarok feleségemül?!" - imádkozott. Mind ő, mind a lány szerencséjére végül nem fogadta el ezt a félrevezető próféciát.

A prófétai szolgálat sosem azért van, hogy manipuláljon másokat! Az útmutatások azért vannak, hogy segítsék az embereket biztonságban maradni, és megvizsgálni minden egyes prófétai szót.

Jézus azt mondta a tanítványainak, hogy mikor a Szent Szellem rájuk száll, kapnak erőt, hogy tanúi legyenek (ld. Apcsel. 1:8). A görögben az erőre használt szó a *dünamisz,* ebből jön a mi dinamit szavunk. A dinamit nagyon hasznos lehet a bányászoknak és építőmunkásoknak, de nagyon veszélyes, ha egy tudatlan ember kezébe kerül, vagy ami még rosszabb, egy gonosz emberébe.

Problémák, betegségek, hazugságok és démoni erősségek rombolhatóak le a prófétai szolgálaton keresztül, de ha félrevezető, az embereket is tönkreteheti. Oda kell figyelnünk, hogyan kezeljük a próféciát és a Szent Szellem összes ajándékát. Ahogy bárkinek, aki dinamittal dolgozik, követnie kell a biztonsági előírásokat, úgy nekünk is szükséges követnünk az útmutatásokat, mikor prófétálunk.

10 pont a prófétai szolgálat fejlesztéséhez [51]

1. <u>Mindig szeretetből prófétáljunk</u>, mert a szeretet az elsődleges célja a Szent Szellem összes ajándékának (ld. 1Kor. 12-14.). Szeresd Istent és szeresd az embereket! Ne prófétálj, ha dühös, keserű, vagy megbántott vagy! Amikor prófétálsz, az Isten szerető szívét tükrözöd vissza, és Isten nem dühös, szomorú, nem ábrándult ki az emberekből. Mindig az emberekben rejlő lehetőségekről prófétálj, ne a problémáikról! Egy újszövetségi próféciának mindig építenie, bátorítania és vigasztalnia kell (1Kor 14:3)! Még ha kiigazító szót mondunk is, úgy tegyük, hogy az reményt és megváltást hozzon.
2. <u>Ne szigetelődj el, hanem dolgozz csapatban!</u> Töredékes az ismeretünk, és töredékes a prófétálásunk, és csapattal együtt dolgozni erőteljes és egészséges (1Kor. 13:9). Tanulj meg osztozni a mikrofonon másokkal, és maradj nyílt és alázatos! Emlékezz, a bibliai minta a próféták számára az, hogy felkészítsenek más prófétákat vagy prófétai csoportokat prófétai iskolában (1 Sámuel 19:18–24, 2 Kir. 2, és 4:38-44). Ne versenyezzetek, hanem inkább erősítsétek és bátorítsátok egymást, hogy növekedjetek az Isten hangjának meghallásában! Mi nem versenyezünk egymással, hanem kiegészítjük egymást. Mindannyian prófétálunk egy részt, és amikor összerakjuk ezeket a részeket, akkor látható lesz az egész kép (1 Kor. 13:9).
3. <u>Ne légy túl színpadias, mikor prófétálsz!</u> Mosolyogj és légy barátságos, mikor prófétálsz! Nyugodtan használj prófétálás közben olyan szavakat, mint a „talán" vagy „esetleg", de ismerd fel, hogy lehetnek olyan pillanatok, amikor úgy beszélhetsz, mintha te lennél Isten, első szám első személyben (ld. 1 Péter 4:11). Ne hagyd az üzenetet a szegényes átadás miatt elveszni! Úgy kommunikálj másokkal, ahogy Isten kommunikál veled – olyan módon, amit megértenek!
4. <u>Légy érzékeny Istenre és az emberekre!</u> Kérj engedélyt, mielőtt a kezedet ráteszed valakire! Finoman tedd rájuk a kezedet, és csak a megfelelő helyekre! Légy óvatos a házassággal, születéssel, gyógyulással és a halállal kapcsolatban! Légy óvatos, amikor más kultúrában szolgálsz, mint a sajátod! Ha hibát követsz el, légy bátor, alázatos és becsületes bocsánatot kérni!
5. <u>Soha ne engedd az embereknek, hogy téged dicsőítsenek!</u> A prófétálás célja, hogy Jézust felmagasztalja, nem pedig téged (ld. János 3:30. Mi csak visszatükrözzük Isten fényét. Ne hagyd, hogy a dicsérő szavak felfújják az önérzetedet! Inkább őszintén irányítsd vissza a dicséretet Istenre. Óvakodj az ál-alázattól!
6. <u>Sose hangozzon el olyan prófétai szó, ami ellenkezik a Bibliával!</u> A prófétának a Biblia tanulmányozójának kell lennie, aki a szellemi tanításokat - úgymint böjtölés, imádkozás, bűnvallás, adakozás, stb. - elsődlegessé teszi az életében. Minden olyan prófétai beszéd, ami ellenkezik az Írással, *helytelen*! Ha bármit mondasz tudatlanságból, ami ellentétes az igével, vagy

pontatlan, fogadd el a helyreigazítást, és tekintsd úgy, mint esélyt a növekedésre! A mi tanításunk forrása a Szent Biblia marad, és nem a prófétai beszéd!

7. <u>Tanulj meg a megfelelő időben és a megfelelő pillanatban prófétálni!</u> Egy prófétának van uralma saját maga felett (ld. 1 Kor. 14:32)! Hogyha nem az a megfelelő alkalom a beszédre, tartsd magadban, amíg el nem jön az ideje! Meg is tarthatod Isten titkait. Tanuld meg Isten szavait a jó időben, a megfelelő pillanatban mondani! Azt is jegyezd meg, hogy ne prófétálj túl hosszan! Ne ragadd magadhoz a mikrofont túl hosszú időre! Mikor Isten befejezi, fejezd be te is!

8. <u>Minden prófétai szót meg kell vizsgálni! Kell a visszajelzés!</u> Amikor szolgálsz egy gyülekezetben, rendeld alá magadat a helyi gyülekezet vezetőinek! A próféták szolgáló-vezetők, akik segítenek felépíteni a gyülekezetet. Neveld magadat valódi alázatra, és fogadd tanulékony lélekkel az isteni helyreigazítást! Ne hozz egész életet megváltoztató döntést, ha az csak egy prófétai szón alapul. Ha Isten mondta azt, meg fogja azt erősíteni neked, ahogy keresed őt.

9. <u>Rögzítsd a prófétai beszédet!</u> Így aki felé szolgálnak, teljesen oda tud figyelni. A többi vezető pedig tudja ellenőrizni. Mindkét felet védi ez, hogy ne lehessen olyanra hivatkozni, ami nem is hangzott el. Valaki más jegyzetelhet írásban, de fel lehet venni hanganyagnak is.

10. <u>Prófétálj hit által, és nemcsak hangulatok, benyomások és érzelmek által!</u> (ld. Róm. 12:6) Tanulj meg kockázatot vállalni és kilépni a komfortzónádból, miközben ugyanakkor tartsd egyensúlyban ezt azzal a tudattal, Isten milyen cselekedetekre hatalmazott fel! Mindig emlékezz az 1Kor. 14:3-ra – megerősítés, bátorítás, és vigasztalás!

A prófétaként szolgáló személyek megragadják a Biblia útmutatásait és használják a józan eszüket. Szabadok vagyunk ezeknek az útmutatásoknak a keretein belül, ami mindenkit biztonságban tart. Tudatában kell lennünk, hogy emberek vagyunk, és szembekerülünk majd azzal az emberi kísértéssel, hogy a prófétálás befolyását arra használjuk, hogy megpróbálunk manipulálni másokat a saját céljaink érdekében. Sose használjuk a prófétai szolgálatot a saját hasznunkra, személyes, vagy szolgálati célok elérésére. Sose próbáljunk manipulálni vagy szellemi mázzal beborítani a saját hajlamainkat, vágyainkat, mint például prófécia által átcsábítani embereket a saját gyülekezetünkbe, vagy Isten nevével visszaélve azt mondani az embereknek, hogy pénzt kell adniuk nekünk.

A próféciával való bármilyen visszaélés vagy azzal való befolyásolás etikátlan és egyáltalán nem elfogadható, és minden prófétának, tanítónak és más szolgálónak számot kell majd adnia Istennek a cselekedeteiről és kijelentéseiről. Miközben mindannyian tanulunk a hibáinkból, az emberek szándékos félrevezetésének szörnyű következményei lesznek (ld. Máté 18:5-6, Márk 9:41-42).

Kérd gyakran Istent, hogy vizsgálja meg a szívedet és egyengesse az útjaidat (ld. Zsolt. 139:23-24)! Ha manipuláltál így másokat, vagy csábítva érzed magad, hogy ezt tedd, hagyd abba és bánd meg! Kérj Istentől embereket, akik kapcsolatba léphetnek veled, akik tudnak tanítani vagy mentorálni téged a prófétai szolgálatban. Emlékezz, mindannyian követünk el hibákat – ez is a tanulási folyamat része. Mindazonáltal a prófétai szolgálattal nagy felelősség is együtt jár. Mikor Isten nevében beszélünk, ezt mindig tisztán kell tennünk, isteni szándékkal.

Alakítsunk ki bensőséges kapcsolatot Istennel

Sokan szeretnének növekedni a prófétai tekintélyben, betegeket gyógyítani, démonokat kiűzni, és Isten erejével működni. De a tekintély elsődlegesen az Istennel való intim kapcsolatunkból fakad. Wim Kok próféta egyszer azt mondta nekem, hogy ez a következő rendben működik: „Az intimitás Istennel lehetővé teszi számunkra, hogy belehorgonyozzuk az identitásunkat Istenbe, és ezért járhatunk az ő tekintélyében". Az Istennel való intim kapcsolat képessé tesz minket, hogy az Ő szavait szóljuk és az Ő terveit hajtsuk végre.

Az identitásunknak Istennel való titkos és bensőséges kapcsolatból kellene erednie, nem abból, hogy hány ember gyógyult meg, vagy mennyire pontosan prófétálhatunk. Nagyon izgalmas példája ennek a hamis próféták története, akik Jeremiás idejében prófétáltak. Figyeld, mit mond Isten róluk:

„Mert ki volt jelen az Úr tanácsülésén, ki látta őt, és hallotta igéjét? Ki figyelt igéjére, és ki hallgatta engedelmesen? <u>Ha tanácsülésemen ott lettek volna, akkor az én igéimet hirdetnék népemnek</u>, megtérítenék őket gonosz útjukról és gaztetteikből." (Jeremiás 23:18, 22)

Ezek a hamis próféták igaz próféták lehettek volna, ha megtanultak volna az Isten jelenlétében maradni, meghallani és meglátni, hogy Ő mit akar mondani. Ha igaz próféták akarunk lenni, vagy Isten szerint beszélni az embereknek, akkor az első helyre kell tennünk az Istennel töltött személyes időnket. Rendszeres szokásunkká kell válni, hogy a trónja elé megyünk (ld. Zsidók 4:16).

A szellemi tevékenységek (imádkozás, böjt, bibliatanulmányozás, stb.) rendszeressége életmód felnőtt próféta számára, akit ismerek. Senki sem lesz próféta egy nap alatt. Mindenkinek végig kell járnia a felnőttség felé vezető utat, melyben elkerülhetetlenül fogják őt sikerek és kudarcok is érni. Ezek az útmutatások képessé tesznek, hogy növekedjünk azokban az időkben, mikor sikeresek vagyunk a szolgálatban, de akkor is, amikor hibákat követünk el. Íme néhány a mi saját sikereink és baklövéseink közül a prófétai szolgálatban.

Sikereink a prófétai szolgálatban

2015-ben Csehországban odamentem egy életmentőhöz a medencénél, és azt mondtam neki, hogy Isten azt akarja, hogy írjon egy könyvet. Nem tudhattam, hogy éppen most fejezett be egy könyvet, de az véletlenül letörlődött a számítógépéről. Mondta Istennek, hogy ha az Ő akarata, hogy újraírja a könyvet, akkor valakinek meg kell mondania neki, hogy Isten azt akarja, hogy írja meg. Ez végül egy nagyszerű barátság kezdete lett, és ajtót nyitott arra, hogy szolgálni tudjunk rengeteg cseh gyülekezetben.

2010 márciusában Chicagóban egy próféta azt mondta nekem, hogy Isten megnyitja az Ő Szellemét nekem, és hogy el akarok majd mondani egy előre megszerkesztett prédikációt, de Isten azt szeretné, ha valami teljesen másról prédikálnék akkor. Három héttel később pontosan ez történt. Egy hatalmas gyülekezetben szolgáltam Oklahomában, amikor felismertem, hogy valami egészen másról kellene, hogy prédikáljak, mint amit elterveztem. Ki is léptem a hallgatóság közé, és elkezdtem prófétálni egyes embereknek. Azzal fejeztem be a találkozót, hogy felállítottam tíz embert, és külön-külön mindegyiküknek prófétáltam. A prédikáció után a pásztor leültetett és azt mondta: „Minden, amit prófétáltál pontos volt. Fiam, mint öregebb a fiatalabbnak mondom, felejtsd el a prédikációdat, és kövesd a Szellemet!"

Már így is izgatott voltam, de a nap még nem ért véget. Azon az estén prófétáltam egy egész gyülekezeti csoport felé, ezután a Subway étterem kiszolgálója megdöbbent, mikor pontos ismeret beszédével szolgáltam felé. Az este úgy ért véget, hogy tudtam imádkozni érte. Az, hogy izgatott voltam, nem kifejezés.

Baklövések a prófétai szolgálatban

A következő reggel korán keltem, mert prófétálni akartam egy idegennek. Keresztül-kasul sétálgattam a környéken, keresve valakit, akivel beszélhetek. Egy férfi bejárati ajtaját nyitva találtam, így odamentem, hogy átadjam neki „Isten beszédét".

Tíz perccel később egy rendőr jött értem! „A botot dobja a földre!" (Egy bottal a kezemben sétálgattam) „ Be van drogozva? Miért remeg?"

„Azért remegek, mert maga rendőr!" - válaszoltam.

Miután a rendőr igazoltatott és ellenőrizte a címemet, mondta nekem, hogy valaki azért hívta ki, mert látott engem magamban beszélni, majd átadtam neki egy üzenetet Istentől. Mikor hazaértem, úgy üvöltöttem akár egy kisgyerek. „Apa, ezt teljesen elszúrtam. Szégyent hoztam Isten nevére. Nagyon, nagyon elrontottam és annyira sajnálom!"

Az az ember azt gondolta, hogy őrült vagyok, veszélyes, viszont ezen keresztül megtanultam egy értékes leckét. Az, hogy hogyan adom át Isten üzenetét, az épp annyira, vagy még inkább fontos, mint maga az üzenet.

A Biblia azt mondja, hogy Isten beszéde olyan, mint egy kétélű kard, ami képes a szívben különválasztani a lelket és a szellemet. (Ld. Zsidók 4:12) Használhatjuk Isten igéjét, vagy a prófétálás ajándékát úgy, mintha hentesek lennénk, vagy úgy is, mint sebészek. Mindkét metafora ijesztő, ám azt sosem akarom, hogy hentesnek nézzenek, mikor a prófétálás ajándékát használom.

Amikor valaki rákos beteg, egyenesen örül a sebész késének, ami majd eltávolítja a daganatot, ezért remélem, hogy meg fogjuk engedni Istennek, hogy arra használja az Ő beszédét, hogy kivágjon dolgokat az életünkből, hogy egészségesek lehessünk. Hasonlóképpen akarom én is, hogy az Ő szava olyan legyen rajtam keresztül, mint a sebész, aki gyógyulást és új életet hoz mások szívébe az ellenség hazugságainak kivágása által.

Miután egy szombat estét egy délkelet-amszterdami fekete gyülekezetben töltöttem, egy fehér holland gyülekezetben „afrikai stílusban" prédikáltam (vagyis nagyon hangosan). Az afrikai stílusú tanításom kétségtelenül megijesztette az embereket, és aztán sosem szolgálhattam abban a gyülekezetben többet. Megtanultam, hogy érzékenynek kell lennem aziránt, hogy hol vagyok. Ami egyik helyen megfelelő módja a beszédnek, az máshol lehet, hogy nem megfelelő. Az, ahogyan prófétálsz, pont annyira fontos, mint hogy mit prófétálsz. Ezért van az, hogy mostanra mindig boldog és nyugodt arccal igyekszem prófétálni.

Mindig kérj az emberektől engedélyt, hogy imádkozhatsz-e értük, és kérdezd meg, hogy megoszthatod-e, amit érzel, hogy Isten mond! Ne fejtsd el, hogy te csupán az üzenetet adod át, és nem kényszeríthetsz senkit, hogy azt el is fogadják!

Egy pincérnő egy étteremben félreértette a mondanivalómat, vagyis hogy szeretném megosztani az emberekkel Isten szeretetét; így ahelyett, hogy bátorítottam volna, megijesztettem. Amikor mondtam valamit a lányáról, eléggé kiborult. Egy másik alkalommal láttam embereket, akik meggyógyultak, és azt mondták: „Ez ijesztő volt".

Mindig próbáld a természetfölötti szolgálatot természetessé és ne furcsává tenni! Amikor közeledsz emberekhez, akiket nem ismersz, légy nyugodt, maradj kedves és barátságos! Isten ereje akkor tud a legjobban működni, ha békések vagyunk. A célod nem az, hogy lenyűgözd az embereket a szellemi ajándékoddal, hanem hogy közelebb vezesd őket Jézushoz. Ne viselkedj úgy, mint egy használtautó-kereskedő, hanem valóban törődj az emberekkel! Ez ugyanakkor azt is jelenti, hogy nem kell kimondanod mindent, amit tudsz vagy érzel.

Az erő és a szellemi ajándékok (prófétálás, gyógyítás, ismeret beszéde, stb…) használata **SOSEM** jogosít fel arra, hogy udvariatlan, pökhendi vagy utálatos legyél! Jézus alázatos és szelíd volt szellemben, és nekünk vissza kell tükröznünk Jézus szívét a viselkedésünkben. (ld. Máté 11:29). Közeledj úgy az emberekhez, hogy tudják, hogy szolgálni és segíteni akarod őket! Ne viselkedj támadóan, mikor visszautasítják az imaajánlatodat!

Egyszer egy család egy nagyobb csoporttól egyidejűleg kapott próféciákat. Az eredmény zűrzavar volt. Ahelyett, hogy bátorították volna őket, csak kapkodták a fejüket ide-oda az egyik prófétai szóról a másikra. Az átadóknak rendezetten, egymás után és nyugodtan kell átadniuk az üzenetet, így az emberek hallják, megértik és elkezdhetik feldolgozni, mit mondhatott Isten.

Láttam olyan fiatal prófétákat is, akik bár nagyon pontosak voltak, de még éretlenek. Még vannak olyanok, akik azt hiszik, hogy az érzelmesség és színpadiasság a prófétai érintés előfeltétele. Nem az, sőt nagyon rossz következményekkel járhat, ha olyan kultúrában szolgálunk, ami nem bízik az érzelmekben. Furcsának vagy misztikusnak lenni nem szükséges ahhoz, hogy megosszuk Isten beszédét másokkal. Azonban szükséges alázatosnak és taníthatónak maradni, hogy növekedni tudjunk ebben a szolgálatban.

Több mint egy alkalommal bocsánatot kellett kérnem, mert csináltam vagy mondtam valamit, amit félreértés volt. Ez zűrös, sőt még fájdalmas is lehet, de őszintének, taníthatónak, és alázatosnak lenni kulcsfontosságú az érettségben való növekedéshez. A szolgáló szíve sokkal fontosabb, mint hogy milyen jeleket és csodákat tehet. Az igaz prófétai szolgálat nem arról szól, hogy nagy egót növeljünk, hanem hogy Jézust felmagasztaljuk, és úgy szeressük az embereket, ahogyan Isten szeret minket.

A „baklövések" formálják a jellemet

Nem mindenki gyógyult meg, akiért imádkoztam. Sem az ismeret beszéde, sem a prófétai beszédem nem volt mindig száz százalékosan helytálló. Ezért mondja Pál apostol, hogy ítéljünk és vizsgáljunk meg minden prófétai beszédet. (ld. 1Kor. 14:29 és 1 Thessz. 5:19-22)

Ez kényszerít, hogy alázatos maradjak, ahogy törekszem növekedni a szolgálatban. Örvendezek, amikor az ismeret beszéde pontos, és bocsánatot kérek, ha nem. A kudarcok nem is igazán kudarcok, ha tanulunk belőlük. Növekszünk általuk, és ez hozzásegít a sikerekhez.

Ahogy Kenneth Hagin mondta egyszer: „Ha rosszat csináltam, jóra akarom fordítani azt. Ha hibáztam, beismerem. ‚Hibáztam. Ne félj kimondani, hibáztam'. Amikor elkezdtem vezetni tanulni, néhányszor elhibáztam és felhajtottam a járdaszegélyre. De nem hagytam abba a vezetést, csak mert elrontottam. Te igen? Sokkal inkább így kellene lennie a szellemi dolgokban. Nem hagyom abba, csak mert hibáztam. Folytatom tovább." [52]

Tanítottam egyszer az ismeret beszédéről és arról, hogy meg kell vizsgálni minden egyes szót. Odamentem egy fiatal nőhöz, és mondtam neki valamit, ami történt vele, amikor tizenhárom éves volt. Megkérdeztem, hogy történt-e ilyen, ő pedig az mondta, ‚Amennyire vissza tudok emlékezni, nem'.

Szörnyen éreztem magam. Szerettem volna ásni egy nagy lyukat és elbújni benne, de aztán rájöttem, hogy mennyire fontos megmutatni az embereknek, hogy mindenki hibázhat, és hogy ez arra figyelmeztet, hogy minden szót mérlegelni és vizsgálni kell. Az emberek akkor tanulnak a legtöbbet, ha nemcsak az erősségeinket mutatjuk meg, hanem a gyengeségeinket is.

Befejeztem az alkalom tanítás részét, és összegyűjtöttem a csapatomat, hogy beszélgessünk, imádkozzunk. Úgy éreztem magam, mint egy kiskutya, aki a sebeit nyalogatja, de a csapatom annak a fontosságára bátorított, hogy ne csak az erősségeinket mutassuk be, hanem Isten felhasználja a gyengeségeinket is.

Egyszer hallottam, amint Randy Clark elmesélt egy történetet egy gyógyító alkalomról John Wimberrel. [53] A péntek esti alkalmon úgy tűnt, hogy a jelenlévők száz százaléka meggyógyult. Szombat este senki sem gyógyult meg. Clark azt mondta, hogy Wimber mondott valami ilyesmit: „Tudom, mielőtt bármit mondasz, csak fel kell emelnem a kövér kezemet és azt mondani: ‚Jöjj Szent Szellem!' Az, hogy meggyógyulnak vagy sem, nem rajtam múlik."

Ez a történet Randy Clarkot is inspirálta, ahogy minket is, akik növekedni akarunk a gyógyító szolgálatban.

A jellemed sokkal fontosabb, mint hogy hányan gyógyultak meg rajtad keresztül, vagy mennyire pontosak a próféciáid. Nagylelkű vagy, szerető, kedves, őszinte, engedelmes, tanítható? Imádkozol, böjtölsz, és szolgálod az embereket magad körül? Hajlandó vagy figyelni olyan emberekre, akik nem értenek egyet veled, vagy erősebbet mondok: egyáltalán nem kedvelnek? Jézus világossá tette számunkra, hogy örülnünk kellene és elégedettnek lenni, ha mások sértegetnek, üldöznek minket, és mindenféle gonoszat mondanak rólunk (Máté 5:12). Ezek azok a tulajdonságok, amit nem igazán fejlesztünk, pedig kellene!

Nagyon fontos, hogy a prófétai szolgáló ne vegye át azok szellemiségét, akik ellenségesek vele, és ne rosszal válaszoljon a rosszra, hanem legyőzze azt jósággal és kedvességgel (ld. Róma 12:21). A jellem, a szellemi képzettség, az alázat és a szentség alapvető tulajdonságok. A próféta képes lehet egy ideig ezek nélkül működni, de előbb vagy utóbb terméketlen, hatástalan, önpusztító lesz, vagy még rosszabb.

Azt hallottam, hogy jobb kiégni, mint berozsdásodni, de én egyikből sem kérek. Én sok-sok évnyi termékeny szolgálatot szeretnék. Ehhez elengedhetetlen a jellem és feddhetetlenség kialakítása és megőrzése, valamint az alapelvek és útmutatások mindenkori követése, hogy a prófétai szolgálat mindig áldás legyen, és sosem átok.

A Példabeszédek 14:4 azt mondja: *„Mikor nincsenek ökrök: tiszta a jászol; a gabonának bősége pedig az ökörnek erejétől van."* Azonban ha az ökrök rendszeresen a jászolnál esznek, az rendetlen lehet. A prófétai és gyógyító szolgálat is zűrzavaros lehet, ezért kell, hogy létezzen prófétai protokoll mindenki biztonsága érdekében, és az legyen a mérce.

Egy pásztor egyszer mesélt nekem egy pszichológiai kísérletről, amit két csoport egéren elvégeztek. Az egerek egyik csoportja, ha bizonyos gombot megnyomott, ízletes jutalomfalatot kapott. A gombokat annyiszor nyomhatták meg, ahányszor akarták, és mindig kaptak falatot. Nagyon élvezték ezt és folyamatosan meg akarták nyomni a gombot.

Az egerek második csoportja egy kis áramütést kapott az étel helyett, amikor megnyomta a gombot. Ezek az egerek egész életükben nem voltak hajlandóak semmilyen gombot megnyomni, a miatt az egy kellemetlen élmény miatt. Akiknek kellemetlen élményük volt a prófétálással vagy a szellemi ajándékokkal, nem lesznek nyitottak tanulni többé ezekről. Az útmutatások képessé lehetővé teszik, hogy vigyázzunk a prófétai szolgálatra, hogy az emberek ne égjenek meg szükségszerűen.

Egy pár évvel ezelőtt egy pásztor mesélte nekem, hogy a gyülekezetében volt egy erős és egészséges prófétai csoport. Azonban egy ponton jött egy új vezető a szolgálatba, és gyakorlatilag lerombolta. Ez a vezető nem volt hajlandó alárendelni magát vagy együttműködni a gyülekezet pásztorával és a többi vezetővel. Úgy gondolta, hogy ő hallja Isten hangját és senki más nem. Mivel nem viselkedett a prófétai protokoll szerint, rombolta a gyülekezetet és a prófétai szolgálatot.

Ez a vezető már majdnem feladta a prófétai szolgálatot, amikor eljöttünk a gyülekezetébe a prófétai csapatommal, hogy szolgáljunk feléjük. Szerettük, tiszteltük és szolgáltuk őt és az embereit. A konferencia után számos gyülekezet a városukban elkezdett rendszeresen prófétálni és betegeket gyógyítani mind a gyülekezeti alkalom alatt, mind az utcákon. Megköszönte, hogy mutattunk neki egy egészséges prófétai modellt, ami a gyülekezet épülését segíti, és nem az elpusztítását. Alá kell rendelnünk magunkat az útmutatásoknak, ha látni akarunk olyan prófétai szolgálatot kifejlődni, ami hosszútávon is hatékony.

8. fejezet

Hogyan növekedjünk az ismeret beszédében

„Az ismeret beszéde természetfeletti kinyilatkoztatásból kapott információ valakiről vagy valamiről, ami nem emberi gondolatokból származik, hanem Isten Szent Szellemétől. A kinyilatkozatás szellemi ajándékainak (ismeret beszéde, bölcsesség beszéde, prófétálás és a szellemek megítélése) egyike". – David Betts, Amsterdam 2010 New Wine Conference

„Az ismeret beszéde leheletfinom dolog, az esetek többségében azt hisszük, a mi gondolatunk, nem pedig Istené. A kockázatvállalás az egyetlen módja annak, hogy megtudjuk, vajon jól halljuk-e Istent." – Putty Putman, School of Kingdom Ministry

„De ha mindnyájan prófétálnak, és bemegy egy hitetlen vagy avatatlan, azt mindenki igyekszik meggyőzni és megvizsgálni, és ilyen módon szívének titkai nyilvánvalókká lesznek, és így arcra borulva imádja Istent, és hirdeti, hogy valóban Isten lakik bennetek." (1 Korintus 14:24-25)

Budapesten egy gyülekezetben tanítottam, körülnéztem, és ezt mondtam egy embernek: „Isten arra fog használni téged, hogy jelentős pénzügyi forrásokkal támogasd ezt a gyülekezetet."

A tolmács ekkor azt mondta: „Ez ismeret beszéde, hiszen ő már most is így tesz!"

„Csodálatos! Akkor csak mond neki, hogy Isten továbbra is használni fogja őt így!" – válaszoltam.

Néha az emberek megkérdezik, mi a különbség az ismeret beszéde és a prófétikus szó között. Hogy őszinte legyek, amikor prófétálok, nem feltétlenül tudom, hogy ismeret beszédét szólok, vagy bölcsesség beszédét, vagy szellemek megítélését, vagy épp mikor szükséges váltanom gyógyító szolgálatra. A Szent Szellem összes ajándéka együtt működik. Olyanok, akár az olimpiai karikák az olimpia zászlón, mind kapcsolatban van egymással. Amikor használod a prófétai ajándékot, a Szent Szellem más ajándékai is működésbe lépnek.

Egy vacsora során elkezdtem prófétálni egy barátomnak. Hirtelen egy képet láttam egy gerincoszlopról, és kiderült, hogy fáj a háta. Imádkoztam érte, ő pedig azt érezte, hogy forróság futott végig a hátán, és minden fájdalom elmúlt. Nem terveztem imádkozni a hátáért, de amint elkezdtem prófétálni, ismeret beszéde jött, és váltottam gyógyulásért való imádkozásra. Isten csodálatosan nagylelkű, és minél több ajándékot használunk, annál több ajándékot tud adni folyamatosan a számunkra.

Testvérem, Aaron rendszeresen érzékeli a démonikus megszállottságot emberek, illetve akár gyülekezetek életében. Szellemek megítélése által sok ember szabadulását láthatta már különféle függőségekből. Ő nem tudja, hogy egyes ajándékokat Isten mikor fog használni a szolgálatában, de bármit, amit Isten felfed a számára, ő arra használja fel, hogy gyógyulást és szabadulást hozzon emberek életében.

A spirituális rendezvényeken mindenki felé szolgálok, aki a pultunkhoz jön, és közben használom a Szent Szellem ajándékait, és láttam Jézus gyógyítását, és hogy sok embert megszólított ilyen helyeken. Sosem tudom, hogy bármi szó, amit másoknak mondok, alapvető bátorítást jelent valakinek, vagy nagyon részletes leírását az életüknek.

Egy spirituális rendezvényen Amszterdam közelében két ember ült le az asztalom mellé. Az egyiküknek elkezdtem beszélni a munkájáról, a dolgokról, melyek a közelmúltban történtek, és azokról a dolgokról, melyeknek a következő hat hónapban be kellett következniük. Elmondtam a szerepét és a felelősségét. Az ismeret beszéde csak ömlött ki a számon, és én csak ámultam az információk részletességétől, melyeket adtam neki.

Húsz perccel később elmondta, hogy minden, amit mondtam, igaz volt, és hogy teljesen le volt nyűgözve. Nagyon izgatott lettem, amiért az ismeret beszédét használhattam arra, hogy megmutassam, hogy Jézus valóságos és hogy gondot visel rá, valamint a munkájára is. Az ismeret beszéde megmutatja az embereknek, hogy Isten valóságos, és segíti a hitben való növekedést és, hogy Isten megérinthessen.

Egy ember, aki eljött egy Istentiszteletre, ahol prófétáltam, szinte sokkot kapott, amikor megkérdeztem, mi a felesége neve, majd így folytattam: „Nagyon-nagyon szeret téged!”

Azt azonban nem tudtam, hogy épp volt egy veszekedésük a feleségével, és amikor a férfi a házukból kilépett, ezt kérdezte az asszonytól: „Még mindig szeretsz engem?!” Isten tudatta vele, hogy a felesége még mindig nagyon szerette őt, annak ellenére is, hogy veszekedtek.

Rendszeresen használom az ismeret beszédét az erőevangelizálások során. Ahelyett, hogy egy beszélgetést kezdeményeznék Jézusról, megkérdezem az embereket, hogy elmondhatom-e, mit látok bennük. Ha igent mondanak, kérek Istentől ismeret beszédét, és nekikezdek. Néha lehet, hogy olyasmit mondok, ami nem teljesen igaz, de az emberek gyakran így reagálnak: „Ezt honnan tudtad?”

Ez ajtókat nyit arra, hogy beszélhessek olyan embereknek Jézusról, akik egyébként egyáltalán nem akarnának róla beszélgetni. Az ismeret beszéde vagy a gyógyítás fantasztikus lehetőségek arra, hogy megmutassuk: Jézus valóságos.

Jézus utasításai a tanítványainak, és beszélgetései Nátánaellel, Péterrel és az asszonnyal a kútnál, példák arra, hogy Jézus használta az ismeret beszédét. Vessünk egy pillantást arra, Jézus hogyan tette mindezt.

Jézus utasításai a tanítványainak [54]

„Menjetek be ebbe a faluba! Találtok ott egy kikötött szamarat a csikójával együtt. Oldjátok el mindkettőt és vezessétek hozzám! Ha valaki szólna ezért, mondjátok meg neki, hogy az Úrnak szüksége van rájuk. Akkor azonnal elengedi őket." *(Máté 21:2-3)*

Jézus útmutatást adott a tanítványainak arról, hogy hová menjenek és kivel beszéljenek, azért, hogy elrendezzen dolgokat. Egyszer még azt is mondta Péternek, hogy menjen halászni, és egy ezüstpénzt húzzon ki az első kifogott halból. (Máté 17:27) Jézus a mai napig el tudja nekünk mondani az ismeret beszédén keresztül, hogy hová menjünk és kivel beszéljünk azért, hogy megosszuk másokkal az ő szeretetét és hatalmát. [55] Egy csapat bibliaiskolással elmentünk egy amersfoort-i bevásárlóközpontba. Az úton arra kértük Istent, hogy adjunk nekünk ismeret beszédét. Három szót kaptunk: pékség, Mary, és hátfájás.

10 perc sétálgatás után két izgatott tanuló odajött hozzám, és ezt mondta: „Odamentünk a pékséghez és Mary kint állt, és fájt a háta. Imádkoztunk érte, és a fájdalom eltűnt."

Az ismeret beszédét használni arra, hogy beszélhessünk Jézus szeretetéről és erejéről az emberekkel, értékes és örömteli dolog.

Jézus beszélgetése Nátánaellel

Amikor Fülöp azt mondta Nátánáelnek, hogy látogassák meg Jézust, Nátánáel reakciója cinikus és hitetlen volt: *„Ugyan mi jó jöhet Názáretből?"* *(János 1:46)*

A Nátánáelnek hitet adó ismeret beszéde először egy jellemzés volt az őszinteségéről és a feddhetetlenségéről, majd arról szólt, hogy a fügefa alatt ült a Fülöp hívását megelőző napon. (lásd: János 1:47-48) Egy ilyen egyszerű szó a fügefáról Nátánáelt cinizmusából és hitetlenségéből teljesen nyitottá változtatta.

Az egyik prófétai estén egy ember elpanaszolta nekem, hogy szomorú, mert az összes ismeret beszéde, amit neki mondtak, általános és bizonytalan volt. Azt akarta, hogy olyat mondjuk neki, amit senki nem tud.

Én utálom, ha sarokba vagyok szorítva, de az egyik barátom ezt mondta: „Rendben, akkor csináljuk."

Elkezdtünk imádkozni érte, majd mondtam neki pár dolgot a gyerekkorából. Amikor végeztünk, ezt mondta: „Oké, most mindketten csupa olyan dolgot mondtatok, amit nem tudhattatok."

Bár ez talán nem mindig működik így, hálás voltam Istennek, amiért abban a pillanatban adott nekünk pár információt az életéről, melyek megmutatták neki, hogy érdekli Istent.

Egy prófétai esten Hollandiában, Utrecht mellett prófétáltam egy nőnek. A mondandóm első felét tökéletesen meg is értette, de a második részéből egy szót sem értett. Arról szólt, hogy egy viharos időszak várható az életében, de meglátja majd Jézust a küzdelem végén.

Négy hónappal később a csoport vezetője elmondta, hogy a nőt a ráknak egy agresszív típusával diagnosztizálták, és egy rövid időn belül elhunyt. Számára ezek a szavak: „Meglátod majd Jézust", nagy vigasztalást jelentettek betegsége és a halála előtti időszakban. Akkor még fogalmam sem volt, hogy ez a beszéd mit jelentett, és hogy mennyire meg fogják majd erősíteni őt élete utolsó napjaiban.

Jézus beszélgetése a kútnál a szamáriai asszonnyal

Jézus találkozott egy szamáriai asszonnyal egy kútnál, ami ahhoz vezetett, hogy az asszony falujából egy teljes falu hinni kezdett Jézusban. A beszélgetésük során Jézus felfedte, hogy az asszonynak öt férje volt, jelenleg pedig egy házasságtörő kapcsolatban él. Azonban Jézus nem azért használta ezeket az információkat, hogy letörje az asszonyt. Éppen ellenkezőleg: Jézus megmutatta neki az igaz imádóvá válás lehetőségét. Az asszony visszafutott a falujába, a szívében már krisztusi hitével, és ezt mondta a barátainak: *„Gyertek, nézzétek meg azt a férfit, aki mindent elmondott nekem, amit tettem. Lehet, hogy ő a Messiás?"* (János ev.: 4:29)

Az ismeret beszéde életeket változtathat meg!

2014-ben és 2015-ben is meghívtak, hogy tanítsam egy bibliaiskola diákjait a prófétai szolgálatra azért, hogy később majd prófétai szolgálati csapatként részt vehessenek egy széleskörű ifjúsági alkalmon Pennsylvaniában.

2015-ben hallhattam az összes bizonyságot a 2014-es évből. Egy pásztor ezt mondta nekem: „Teljesen szürreális volt. Besétáltál a terembe, odajöttél hozzám, és elmondtál mindent, amit Isten mondott nekem az utóbbi hat hónapban. Aztán visszamentél és hozzátettél még pár dolgot a mondanivalódhoz arról, hogy miben is állított minket Isten kihívás elé. Elképesztő volt."

Amikor imádó légkört tartunk fenn, és egy olyan kultúrát, ahol a természetfeletti dolgok természetesként jelennek meg, bámulatos dolgok alakulnak ki. A legnagyobb örömöm nem abban van, ahogy Isten engem használ, hanem, ahogyan azokat használja, akiket ki kell képeznem.

Egy nő, aki friss hívő volt, felállt az emelvényre, hogy ismeret beszédét szólja, és ez emberek gyógyulásához vezetett. Amikor a fiatalok megtapasztalják Isten valóságos erejét, az örömteli, és életeket változtat meg.

Hogyan lehet ismeret beszédét kapni? [56]

Sokféleképpen lehet ismeret beszédét kapni. Négy lehetséges mód: látni, hallani, kimondani vagy érezni. Nézzük meg őket egyesével is!

Az ismeret beszédének látása:

2009-ben egy imatalálkozón voltam Londonban, amikor egy nő odajött hozzám, és így szólt: „a fejeden a csüggedés szavát látom, és Isten eltörölte azt." A szavai pontosak voltak. Nemrég volt előtte egy kedvetlen időszakom, de már beleléptem egy új életszakaszba, melyben felbátorodtam.

Isten mutathat nekünk képeket, melyek lehetnek szó szerint értendők, vagy akár szimbolikusak is. Ez azt jelenti, hogy sokszor értelmeznünk kell őket. Azonban nem fogjuk megtudni, hogy szó szerintiek vagy szimbolikusak, amíg el nem mondjuk őket. Ezeket a képeket, szavakat „lelki szemeinkkel" láthatjuk, és öszszeköthetjük őket emberekkel vagy dolgokkal.

Időnként láthatjuk és megtapasztalhatjuk Isten jelenlétét, angyalokat, vagy démonokat is. Ez is egy része a szellemek megítélése ajándékának.

A bátyám gyakran az elméjében lát képeket különböző testrészekről, melyeket Isten a dicsőítés alatt meg akar gyógyítani. Szolgálata közben elmondja mit látott, és sok ember gyógyul meg az ismeret beszédén keresztül.

Az édesanyámnak egyszer volt egy látomása miközben imádkozott, hogy annak a háznak a tulajdonosa, ahol a szüleim éltek, megkérte őket, hogy költözzenek el. Az azt következő héten minden, ami a látomásában történt, a valóságban is lejátszódott pontosan ugyanúgy, ahogyan azt látta. Isten információt adhat nappali látomásokban és éjszaka az álmainkon keresztül is.

Az ismeret beszédének érzékelése:

Ha olyan fájdalmat vagy érzelmet kezdesz el érezni, mely nem a tiéd, az valószínűleg ismeret beszéde. Egyszer éppen Kelet-Európában jártam, amikor egy nő a csapatomból ezt mondta nekem: „Nagyon elkezdtem félni, szó szerint remegek a félelemtől."

Erre ezt válaszoltam: „Nyugodj meg. Ez ismeret beszéde. A félelem, amit érzel, egy erős szellemiség ezen a vidéken."

Egy szolgáló a prófétai csoportunkból éppen egy találkozónkon volt, amikor kétségek és cinizmus kezdte gyötörni. Ezek voltak a gondolatai: „Ez az egész prófécia dolog kamu. Semmi sem igaz az egészből."

Felismerte, hogy ezek nem a saját gondolatai voltak. Maga mellé nézett, és körülbelül hat ember állt mellette keresztbe tett karokkal, akik semmit nem voltak hajlandóak megcsinálni. Ő erre odament, és prófétálni kezdett nekik, mire ők elkezdtek felengedni. Rájött, hogy igazából csak magán hordta a többiek gondolatait, és nem pedig a sajátjai voltak.

A gyógyító szolgálattal kapcsolatban: ha hirtelen fájdalmat érzel valahol, az lehet ismeret beszéde hozzád arról, hogy Isten abból az állapotból szeretne meggyógyítani valakit. Nyugodtan kérdezd meg: van valakinek itt fájdalma? Ha igen, imádkozz érte, és ne lepődj meg, amikor meggyógyul.

Az ismeret beszédének hallása:

Egy vasárnap egy névvel a gondolataimban ébredtem fel. A gyülekezetben, ahová azon a vasárnapon mentem, senkinek nem ez volt a neve. Később azon héten Angliában prófétáltam egy pásztornak arról, hogy Isten nagyon szeretné őt Olaszországban használni. Ekkor tudtam meg, hogy épp nemrég volt Olaszországban, ahol egy olyan pásztor felé szolgált, aki egy olyan városban lakott, aminek a neve az egy héttel azelőtti gondolatom volt.

Még sohasem hallottam Isten hallható hangját a testi füleimmel, de már hallottam Őt hangosan beszélni hozzám a szívemben. Van, amikor olyan helyek neveit adja nekem, ahova el kellene utaznom és szolgálnom. Általában ezeket az információkat megtartom magamnak, és várom, hogy beteljesülnek-e, mikor, és hogyan.

Hallhatsz egy szójátékot vagy rejtvényt is. Egy napon a következő nevet hallottam: „DES-I-DER-IUS" valamint ezt: „DE-CID-UOUS". Utánanéztem az előbbinek, és rábukkantam a híres holland reformátor, Desiderius Erasmus nevére. Úgy éreztem, mintha Isten a vágyát mondaná el nekem ezzel, hogy használni szeretne engem, mint holland vezetőt, aki segít változást hozni.

A szó: „deciduous" (jelentése: múlékony ill. lombhullató) a lombhullató fákhoz vezetett, amelyek egész évben zöldek. Elkezdtem imádkozni a zsoltárok könyvének első fejezetének harmadik verséből, arról, hogy én is legyek olyan, mint egy folyó mellé ültetett fa, mely időben megtermi a gyümölcsét.

Mielőtt belekezdtem volna a prostituáltak felé való szolgálatomba, épp imádkoztam, amikor a következő szavakat hallottam hangosan a lelkemben: „Szabadítsd ki az én népemet!" Úgy éreztem, Isten szólt hozzám, és alátámasztotta, hogy az Ő akarata az, hogy segítsünk az embereknek megtalálni az igazi szabadságot.

Az ismeret beszéde szavak formájában:

Az édesanyám egyszer kapott a szomszédainktól egy tortát Chilében. Amikor vágni kezdte, hirtelen a következő mondat futott ki a száján: „Üveg van a torta belsejében!"

Felvágta a tortát, és bizony üvegszilánkokat talált a benne. A szomszédok véletlenül törtek el egy tejesüveget, az üvegdarabkák pedig a tortavajba hullottak. A hirtelen elszólás, mely csak véletlen jött ki a száján, lehet, hogy megmentette valaki életét.

De ez a próféciai áradat kibontakoztatásának is egy részét képezi. Néha prófétálás közben olyan dolgokat mondok, mint például: „3 fontos dolog van az életedben jelenleg."

Aztán pedig így imádkozom: „Isten, mi az a három dolog?"

Ahogy tovább beszélek, az a három dolog, melyekről nem is tudok, kijön a számon.

Hogyan add át az ismeret beszédét? [57]

Az ismeret beszéde lehet gondolatok vagy érzések gyors, egyszerű felvillanása, amit könnyű félremagyarázni olyasmiként, ami a saját fejünkből jön. Bárkinek adathat ismeret beszéde, éppen ezért fontos, hogy az ember megtanulja tudatosítani, hogy amit tapasztal, az „lehet" ismeret beszéde is.

Az ismeret beszédét kínáld fel az embereknek, és ne pedig a nyakukba varrd. Volt egyszer, hogy arról meséltek nekem, hogy többen odasétáltak egy várandós hölgyhöz, és ezt mondták neki: „Fiú lesz a gyermek, és Jeremiásnak kell elnevezned."

Az ember, aki ezt mondta, átlépte a nő határvonalait. Senki sem kényszeríthet valakit arra az ismeret beszédén keresztül, hogy olyasmit tegyen, amit nem akar. Az illető akár adhatott volna neki egy ilyen javaslatot is helyette: Szia! Ha fiad lesz, gondolkodj el a Jeremiás néven.

Ne feledkezz meg arról, hogy az, ahogyan átadod a szavakat, éppen olyan fontos, mint maguk a szavak.

Tudd, hogy talán nem lesz igazad, de ha tévedsz, se keseredj el! Közvetítsd a szavakat jó szívvel és alázatosan. Sokszor fordul elő, hogy átadok egy ismeret beszédét, és senki sem válaszol egészen az alkalom végéig, vagy még napokig, amikor aztán már jelzik, hogy ők voltak a szóban forgó személyek.

Időnként használhatsz ugródeszkát is, mint például: Az emberek azt mondták neked, hogy ...... Azt mondtad, hogy......Amikor....idős voltál,... Ez egy hitbeli lépés: csak kimondod, ami kijön a szádon, miután használtad az ugródeszkát.

Kérlek, hogy tarts igényt visszajelzésre! Ha igazad volt, akkor tudhatod, hogy az a Szent Szellemtől való volt. Ha tévedtél, akkor pedig tudod, hogy félreértetted. Ha tanulsz a hibáidból az hozzásegít ahhoz, hogy jobb prófétai szolgálóvá válj.

Egy Amsterdamban tartott prófétai képzés alatt az egyik vezető a gyülekezetemből különböző embereknek prófétált, bíztatva, erősítve és vigasztalva őket. Én azonban tudtam, hogy ha vállalna egy kis kockázatot, akkor sokkal több kijelentést is kaphatna az emberek múltjáról, jelenéről és jövőjéről. Ekkor ezt mondtam neki: „Menj, és mondd el az embereknek, amit mondtak, amik történnek, vagy megtörténtek az életükben."

Megpróbálkozott vele. Rám nézett, és ezt mondta: „Látlak a repülőn Ukrajnából jövet, és egy piros nadrágos, ősz hajú nő ül melletted." Aztán rám nézett és ezt mondta: „Ugye elmondod majd, ha ez tényleg megtörténik?"

Amikor visszafele repültem Ukrajnából, átnéztem a folyosó túloldalán lévő ülőhelyekre, és valóban ült ott egy piros nadrágos, ősz hajú nő. Az ismeret beszéde telibe talált!

Ismeret beszéde egy teljes csoporttól

Az apostolok cselekedeteinek 13. fejezetében Antiókhia városának gyülekezete tele volt prófétákkal és tanítókkal, akik Istent kérték, hogy adjon nekik útmutatást a következő lépésről. Böjtöltek, imádkoztak, a Szent Szellem pedig egyértelműen beszélt hozzájuk. Ezt olvashatjuk:

„Egy alkalommal, amikor ezek a férfiak együtt imádták az Urat és böjtöltek, így szólt hozzájuk a Szent Szellem: Válasszátok külön a számomra Barnabást és Sault arra a feladatra, amelyre elhívtam őket!

Ezért miután böjtöltek és imádkoztak, Barnabásra és Saulra tették a kezüket, és kiküldték őket. ” (Apcsel 13:2-3)

1967-ben az apám az Oral Roberts Egyetem hallgatója volt. Az iskola kiválasztott három diákot, akiket Chilébe vittek rendkívüli összejövetelekre, és az apám elmesélte, hogyan született meg a döntés arról, hogy ki mehet a diákok közül.

„Reuben Sequeira, az egyik szaktársam éppen a Timko-Barton épület előtermén ment át, amikor véletlenül észrevette, hogy a szeminárium oktatói a teremben beszélgetnek. Pont azt vitatták meg, miként válasszák ki a tanulókat a szemináriumról erre a kezdeti felkészítő útra.

A beszélgetés valahogy így hangzott: „Mégis hogyan fogunk kiválasztani csak három embert a szemináriumról a chilei útra? Mind a hatvanat szeretnénk elküldeni!”

Reuben nem tudta megállni, amikor ezt hallotta, és közbeszólt: „Ti mind be vagytok töltekezve Isten Szent Szellemével. Mindannyiótok ledoktorált már teológiából, nemde? Miért nem kérdezitek meg egyszerűen Istent, hogy kit akar elküldeni.”

A szavai célba értek. A tanárok bementek egy közeli üres terembe, letérdeltek, és kérték Istent, hogy fedje fel nekik, melyik három tanuló menjen a szemináriumról, hogy képviselje azt. Ezután mindannyian leírtak három-három nevet, amelyek felmerültek bennük. Összehasonlították, és látták, hogy mindegyik ugyanaz volt. Isten megválaszolta az imáikat!

Az a három ember, akiket egyénileg írtak le mindannyian, lehettek azok, akik elmentek végül! És ez a története annak, ahogy ki lettem választva, hogy Chilébe utazzak 1967 áprilisában. Sosem sejtettem volna, hogy végül a családommal együtt 15 évet töltünk ott, és az ország pünkösdi gyülekezeteivel fogunk együtt dolgozni.” [58]

A professzorok imái egy olyan döntéshez vezettek, amely megváltoztatta az apám életét, és az enyémet is. Elvárhatjuk, hogy Isten beszéljen hozzánk, hiszen örömét leli abban, ha felfedhet nekünk dolgokat. (lásd: efézusi levél 1:9) Az ismeret beszédében, sőt a Szent Szellem összes ajándékában úgy tudunk növekedni, hogy alázatos és bizakodó szívvel kérjük azokat Istentől. Törekednünk kell arra, hogy fejlődjünk bennük!

Az ismeret beszédének használatára való törekvés

Amikor utcai evangelizációra indulok, gyakran kérek már előre pár információt Istentől. Néha semmi sem történik meg abból, amit leírok, máskor azonban igen.

Amikor egy csapatot vittünk az utcára Fresno-ban, azt láttuk, hogy a leírtak fele történt meg. Nem keseregtünk a miatt, ami nem történt meg, hanem örültünk annak, ami megtörtént. Az ismeret beszédében való növekedéshez hozzátartozik, hogy kockáztatunk, ami lehet, hogy nem térül meg azonnal, sőt talán soha.

2016 novemberében Kijevben több ízben adtam át ismeret beszédét egy gyülekezetben, melyekre senki sem reagált. Megkérdeztem, hogy van-e bárki, akinek 2013-ban autóbalesete volt, és hátfájdalmakra panaszkodik. Senki nem jelentkezett egy olyan gyülekezetben, ahol több mint ezer ember volt jelen.

2017 májusában visszatértem Kijevbe, hogy az ismeret beszédéről tanítsak egy ifjúsági táborban. A szolgáló-csapatom egyik tagja látott pár véletlenszerű számot, amelyekről nem tudta, mit jelentenek. A számok megegyeztek egy ember autója rendszámtáblájának a számaival, aki 2013-ban autóbalesetet szenvedett. A háta korábban aznap délelőtt egy gyógyítói alkalmon meggyógyult.

Egyszer egy ifjúsági csoportnak prédikáltam, amikor megfájdult a csuklóm. Ez ismeret beszédét jelentette. Egy nő előrejött, fájt a csuklója, és meggyógyult, miután imádkoztam érte. Azután hirtelen fájdalmat kezdtem érezni a hátamban, pontosan a két lapockám között. Megkérdeztem, hogy fáj-e ott valakinek, de senki sem válaszolt.

Azt azonban nem tudtam, hogy ugyanannak a nőnek volt egy sógornője, akinek voltak ilyen panaszai pontosan azon a helyen. Ám a hölgy nem mert kijönni, hogy a sógornőjének, aki nem volt jelen, imát kérjen. Másnap elmondta a sógornőjének az ismeret beszédét, aki pedig abban a pillanatban meggyógyult.

Azt gondolták, hogy imádkoztam érte, vagy csináltam valami különöset. Valójában csak annyit mondtam: „Van valaki, akinek ezen a helyen fájdalom van a hátában?"

Ez az ismeret beszéde meghozta a hitét a gyógyulásra. A pontos ismeret beszéde felébreszti a hitet az emberek szívében, és megmutatja nekik, hogy Isten valóságos és szereti őket.

Olyan kihívások elé is állíthatja az embert, amelyre sosem gondoltak volna.

1909 tavaszán egy pásztor és néhai misszionárius, A. G Garr egy nevet kapott Istentől imádkozás közben: J. H. King. Később kapcsolatba lépett Kinggel, aki ekkor az általános felügyelője volt a Tűzben Keresztelt Szentség Gyülekezetnek. Elmondta neki, hogy Isten azt kéri tőle, hogy utazzon és hirdesse az evangéliumot. King ezzel nem értett egyet, és megmaradt az otthoni felelősségeinek. De a szavak nem hagyták el a gondolatait.

1910 Szeptember 20-án J. H. King elindult egy kétéves evangelizáló világkörüli útra. A távolléte alatt a gyülekezete integrálódott az Észak-Karolinai Szentség Gyülekezettel és Nemzetközi Pünkösdi gyülekezetként váltak ismertté. Egy ismeret beszéde játszott abban fontos szerepet, hogy elindítsa őt és a gyülekezetét, melyet nemzetközi szolgálatba vezetett. [59] Az ismeret beszéde olyan cselekedetekre vezethet bennünket, melyeket egyébként sosem vennénk fontolóra. Nagy megtiszteltetésnek tartom, hogy ennek a gyülekezetnek a tagja lehetek, folytathatom a munkát: próféciákat, ismeret beszédét és gyógyítást alkalmazva hirdethetem az evangéliumot a világ körül.

9. fejezet
A jövő megteremtése

„Előre megmondtam a jövendőt, és régen a még meg nem történteket."
Ézsaiás 46:10
„Amikor azonban eljön ő, az igazság Lelke, elvezet titeket a teljes igazságra;
mert nem önmagától szól, hanem azokat mondja, amiket hall, és az eljövendő
dolgokat is kijelenti nektek." János 16:13

2013-ban egy spanyol gyülekezetben prédikáltam Oklahomában, amikor a következő szavak jöttek ki a számból: „Ti két év múlva nem itt lesztek, hanem egy másik, nagyobb épületben." Engem is megdöbbentett, amikor ezeket kimondtam, úgyhogy hozzátettem (a biztonság kedvéért): „És két év múlva meglátjuk, hogy Isten szólt-e, vagy pedig csak én."

Két évvel később az a gyülekezet egy sokkal nagyobb épületbe költözött.

2016 márciusában Broken Arrow-ban (Oklahomában) odamentem egy emberhez, akit nem ismertem, és azt prófétáltam, hogy Isten ad majd neki egy saját vállalkozást. Ő azt gondolta: „Ez lehetetlen, hogy megtörténjen."

Októberben elmesélte nekem, hogy ez valóra vált. A főnöke hirtelen úgy döntött, hogy eladja neki a vállalkozását.

Annyira felemelő érzés, amikor ilyen történik, és én készséges vagyok megosztani a jövő meglátásának titkát. Ennek valójában semmi köze a jövő ismeretéhez, ez csak arról szól, hogy ismerni kell azt, aki ismeri a jövőt: Istent.

Láthatjuk a **Zsoltárok 105:15, 18-19**-ben, hogy ez hogyan működött József életében. *"Ne nyúljatok fölkentjeimhez, prófétáimat se bántsátok! De elküldött előttük egy embert, a rabszolgának eladott Józsefet. Lábát bilincsbe szorították, őt magát vasra verték, míg jóslata be nem teljesedett, és az Úr szava igazolta őt."*

József azért tudta megprófétálni a jövőt, mert egyszerűen csak közvetítette azt, amit hallott Istentől.

Jézus azt mondta, önmagától nem képes tenni semmit. Egyedül azt mondta, amit hallott, hogy az Atya mondott neki, és azt tette, amit látott, hogy az Atya tett. (lásd János 5:19, 12:49-50).

A próféták sokszor keveset tudnak egy emberről vagy egy helyzetről, és amit megtudnak Istentől, az is csak egy része a teljes képnek (lásd 1 Korinthus 13:9). Ők egyedül azt tudhatják, amit Isten felfed előttük. Azonban Isten azt mondja magáról, hogy nem tesz semmit anélkül, hogy megmutatná terveit vagy titkait a szolgáinak, a prófétáknak (lásd Ámósz 3:7). Isten szereti megmutatni a titkait a barátainak, és ezt sokszor úgy teszi, hogy megsúgja nekik, amikor megtanulnak csendben lenni (lásd 1 Királyok 19:12).

Az egyik legfontosabb ige, amit még mindig tanulok alkalmazni az életemben, a **Zsoltárok 46:10**, mely azt mondja: *„Csendesedjetek el, és tudjátok meg, hogy én vagyok az Isten!"*

Istenem, kérlek, add el a házat!

Emlékszem, egy nap súlyos gonddal találtam szemben magamat, mivel a gazdasági válság következtében a régi házunkat nem tudtuk eladni, és két ház jelzálogát kellett fizetnem egyszerre. Újra és újra imádkoztam: "Istenem, mondd meg, mit tegyek!"

„Bízz bennem," - válaszolt Ő.

„Nem, Istenem, tényleg el kell mondanod nekem, hogy mit tegyek! Csak mondd el, hogy mit tegyek most!" - válaszoltam ismételten.

„Bízz bennem!" - ez volt minden, amit Ő újra és újra válaszolt nekem. Úgy határoztam, hogy bízom Benne.

Felhívtam egy barátomat és kértem, imádkozzon értem a válság közben. Miután imádkozott, azt mondta: „Isten azt mondja, hogy a második vevő meg fogja venni a házadat."

Nem örültem. Nem akartam egy második vevőt. Én egy vevőt akartam és azt, hogy minél hamarabb eladjam a házat!

Aznap amikor beköltöztünk az új házunkba, az első vevőnk elállt a szerződéstől és elmondta, hogy mégsem szeretné megvenni a házat.

Pánikba estem. Elmentem és eltöltöttem két órát a(z új) tetőteremen, ahol imádságban és könnyekkel kiáltottam Istenhez: „ISTENEM, KÉRLEK, ADD EL A HÁZAT!"

Négy nappal később, reggel 10-kor, a régi házat eladtuk a második vevőnek.

Ez egy óriási lecke volt számomra, ami az imaéletemet lényegesen megnövelte. Rádöbbentem, hogy egy krízisre volt szükségem ahhoz, hogy jelentős időt töltsek imával, mert szükségem volt valamire Istentől. Akkor döntöttem el, hogy legalább napi egy órát fogok imádkozni. A válság közben jobban meg tudtam ismerni Istent. Sajnálatos, hogy néha erre van szükség ahhoz, hogy keressük Istent.

Egy másik módja, ahogy Isten lehetővé teszi számunka a jövő megismerését, az, hogy egyszerűen vágyakat ad a szívünkbe.

Helló, üdv a Git-n-Go-ban!

Napi többszázszor ismételtem ezt a vevőknek, akik bejöttek a benzinkútra, ahol két nyarat dolgoztam diákként. Emlékszem, hogy a második nyáron égő vágy volt bennem, hogy bibliatanító lehessek egy nyári gyerektáborban. Miközben arról álmodoztam, hogy a Bibliáról tanítom a gyerekeket, folytattam az üdítők, cigaretták és a sörök feltöltését és újra köszöntöttem a betérő vásárlókat: „Helló, üdv a Git-n-Go-ban!"

Kilenc hónappal később találkoztam egy nyári gyerektábor főszervezőjével, és ő felvett engem bibliatanítónak. Az a tábor 15 percre volt az én házamtól. Azon a nyáron több mint 300 gyerek mondta el az imát, amivel befogadták a szívükbe Krisztust egy kis erdei imaházban! Ez az élmény fontos leckét tanított meg nekem arról, hogyan tudja Isten megmutatni nekünk a jövőt.

Volt bennem egy vágy, hogy a Bibliáról tanítsam a gyerekeket, de akkor még nem jött el az ideje. Ez azt jelentette, hogy egyszerűen hűségesnek kellett lennem a benzinkúton, keményen kellett dolgoznom és ki kellett szolgálnom az embereket. Mivel kicsin hűséges voltam, ezért Isten sokkal többet bízott rám. (lásd Lukács 16:10)

Néha találkozom olyanokkal, akik azt szeretnék, hogy Isten hatalmas módon használja őket, de emellett ők nem hűségesek a jelentéktelennek tűnő dolgokban, amiket senki sem lát. A helyi gyülekezet egy nagyszerű hely arra, hogy Isten kiformálja a személyiségünket. Ez lehet valami olyan egyszerű is, mint pl. vigyázol a gyerekekre vagy segítesz elrendezni a székeket. Annak ellenére, hogy ez nem tűnik izgalmasnak vagy dicsőségesnek, a jellemünk formálódik, amikor senki nem lát bennünket. Sokkal fontosabb, hogy mit teszel akkor, amikor nem lát senki, mint amikor mindenki lát.

Hetedikben elkezdtem kosarazni anélkül, hogy fogalmam lett volna arról, hogy hogyan kell dobni a labdát. A TV-ben láttam, hogyan szerzett pontot Michael Jordan minden alkalommal, amikor eldobta a labdát, és úgy gondoltam, hogy én is így fogok tenni. Az első játékom nagyon kiábrándító volt, mivel egyetlen kosarat sem dobtam. A kosaras karrierem egyáltalán nem volt biztató.

Az év hátralevő részében azzal töltöttem minden nap az időmet iskola után, hogy kosárra dobáltam. Ez jó edzésnek bizonyult, és a nyolcadik év végére már kosarat is tudtam dobni (egyszer-egyszer). A növekedésem titka az volt, hogy gyakoroltam, amikor nem látott senki. Ez ugyanígy működik Isten királyságában: ha hűségesek vagyunk a titkos helyen, akkor Ő meg tud bennünket jutalmazni nyilvánosan. A titkos imáink, Biblia-tanulmányozás, böjtölés és adakozás az, ami lehetővé teszi számunkra, hogy jó gyümölcsök teremjenek a nyilvános életünkben.

Istent sokkal jobban érdekli, hogy kik vagyunk, mint hogy mit teszünk Érte. Mert az, hogy mit teszünk, attól függ, hogy kik vagyunk. A társadalmunk arra fókuszál, hogy mit teszünk, Isten pedig arra, hogy kik vagyunk.

Isten neve sem „teszem, amit teszek," hanem „Vagyok, aki vagyok" (**2 Mózes 3:14**). Ezért olyan fontos megtanulnunk leülni és csöndben lenni, hogy hallhassuk a hangját. Fontos, hogy megtanuljunk csak úgy „lenni", és nem mindig „tenni". Amikor először megtanulunk Istenhez kapcsolódni a titkos helyünkön, utána tudjuk megtanulni, hogy bárhol vagyunk és bármit is csinálunk, mindig vele legyünk kapcsolatban. (lásd 1 Thesszalonika 5:16-18).

A jellemünk és képességünk az által alakul ki, amit teszünk, amikor senki nem lát bennünket. Ez a sportolásra, zenélésre és a prófétikus szolgálatra is vonatkozik. Ha Isten vágyakat helyez a szívünkbe, akkor Ő be is teljesíti azokat az Ő időzítésének megfelelően.

Ne a sikert keresd, kapcsolódj Istenhez és az Ő királyságához és Ő gondoskodik a többiről (lásd Máté 6:33).

El fogsz jutni New York-ba

2000 júliusában egyszer dicsőítés közben úgy éreztem, hogy Isten azt mondja nekem, hogy New York-ba fogok menni, és megtanulok vasárnapi iskolai szolgálatot **végezni**. Nem mondtam el senkinek, és megkértem Istent, hogy erősítse meg, ha ez az Ő akarata. Hat hónappal később egy New York-i szolgálat vezetői személyre szóló meghívót küldtek nekem, hogy legyek részese a gyakornoki programjuknak. Hatalmas békesség volt bennem ezzel a döntéssel kapcsolatban és a szüleim is áldásukat adták rá. Ez pedig az életem egyik legfontosabb döntéséhez vezetett: összeházasodni Femkével, aminek nyomán pedig Hollandiába költöztem.

Isten világossá fogja tenni az életünkre vonatkozó **kívánságát**, **és mi bízhatunk** Benne minden döntésünknél. Amikor arra kerül a sor, hogy fontos döntéseket hozzunk, bízhatunk Benne, hogy újra megerősíti az Ő akaratát több különböző módon. Teljesen nyugodtak lehetünk a fontos lépések előtt. Nem kell nyomást helyeznünk magunkra, hogy valóra váltsuk Isten terveit a mi időzítésünk szerint. *„Bízzál az Úrban teljes szívből, és ne a magad eszére támaszkodj! Minden utadon gondolj rá, és ő egyengetni fogja ösvényeidet."* (**Példabeszédek 3:5-6**) - ez száz százalékban igaz.

Az élet nem a célállomásról szól, hanem arról, hogy élvezzük az oda vezető utat. Isten többet tud tenni, mint amit kérünk, vagy amit el tudnánk képzelni az életünkben, mégis az egész a kis dolgokkal kezdődik, amiket teszünk. Hogyha igent mondunk Istennek az apró dolgokban, akkor igent tudunk mondani a fontosabbakban, nagyobbakban is. Ha megtanuljuk hallani Őt napi szinten a Biblia tanulmányozásán és az imádkozáson keresztül, akkor egyszerűbb lesz meghallani a hangját a nagy döntéseknél, például, hogy kivel házasodjunk össze.

Feleségül vegyem Femkét?

New Yorkban megismerkedtem egy gyönyörű lánnyal Hollandiából. Lenyűgöző volt, és én megkedveltem. Jó döntés lenne felé közelednem? A gyülekezetünkben imádkoztam, kérdeztem Istent, hogy randizzak-e ezzel a holland szépséggel, mikor egyszer csak hozzám lépett egy ember, akit nem ismertem és sosem láttam korábban, és azt mondta: "A szíved Európában van. Isten Európa felé nyit ajtókat most neked. A szíved Európában van."

Felálltam és azt gondoltam: "A szívem Európában van és Femkének hívják." Ma már értem, hogy Isten a jövőbeni szolgálatomról is beszélt akkor. Ez csak egy volt a megerősítések közül azzal kapcsolatban, hogy udvaroljak neki és megkérjem, hogy jöjjön hozzám. Nem csupán vonzódom hozzá, hanem mindent, amit csak egy feleségben, partnerben, a gyerekeim anyjában szerettem volna, azt megtaláltam benne.

Életünk minden döntését Istenre bízhatjuk és tudhatjuk, hogy szívünk vágyai gyakran Tőle jönnek.

"Gyönyörködj az Úrban, és megadja szíved kéréseit!" (**Zsoltárok 37:4**)

A jövő megteremtése minden vezető feladata

1984-ben Henry Blackaby tiszteletes gyülekezeteinek a szövetsége eldöntötte Vancouver-ben, hogy egy jelentős evangélizációt fognak szervezni a World's Fair Expo '86 látogatói felé. Összesen 2000 tagja volt a gyülekezeteknek, és az évi bevétel hozzávetőleg 9000 dollár (kb. 2,3 millió Ft) volt abban az évben. Úgy látták, hogy 202 000 dollárra (kb. 53 millió Ft) lenne szükségük, hogy megtehessék, amit Isten szeretne. Az évnek a végére a gyülekezetek 264 000 dollár (kb. 69 millió Ft) adományt kaptak evangélizációs célokra. [60] Ők teremtették meg a jövőt azon a látáson keresztül, amit Istentől kaptak az evangélizálásról.

Az a felelőssége minden vezetőnek, hogy tervezzen, költségvetést vezessen, és valódi értelemben teremtsen jövőt.

A Zsidók 6:5-ben az áll, hogy a hívők „megízlelték... az eljövendő idők erejét". Arról beszél, hogy már most bepillanthatunk a jövőbe. Lehozzuk a Mennyet a Földre az életeinken és az imáinkon keresztül. Ez a lényege a közbenjárásnak, amikor úgy imádkozunk, ahogy Jézus tanította nekünk: *„Jöjjön el a te országod, legyen meg a te akaratod, amint a mennyben, úgy a földön is."* (**Máté 6:10**).

Az imáink lehozzák a Mennyet a Földre. Ahogy Isten mondta: „Legyen világosság," és lett világosság, úgy a saját szavaink is tudnak világosságot hozni az emberek sötétségébe (1 Mózes 1:3, Példabeszédek 18:21).

Évekkel ezelőtt egy vezető, akit ismerek, érzelmileg kiégett és nagyon nehezen tudott szolgálni. A férje elkezdte mondogatni neki: „Jobban leszel és újra tanár leszel. Gyülekezetekben is fogsz tanítani az evangélizációról, bibliatanulmányozásról és azokról a dolgokról, amik iránt szenvedélyes vagy."

Ő ma már egészséges és tanárként dolgozik egy általános iskolában. Rendszeresen tagja a prófétai csapatomnak, és segít a prófétai iskolákban és gyülekezetekben is tanítani. Férje szavai reményt, szeretetet és életet adtak neki. Ő teremtette meg a jövőt a szavaival. Amikor a szívünk egy hullámhosszon van Istenével, akkor mi is teremthetünk reményt, szeretetet és életet mások számára. A szavaink tudnak segíteni a jövő megteremtésében.

Az írások tele vannak történetekkel a prófétákról, akik előre láttak dolgokat, azért, hogy fel tudjanak készülni a jövőre. Agabus és József mindketten éhínségről beszéltek, ami eljönni, és az embereknek fel kellett készülni ezekre (lásd Apcsel 11:28, 1 Mózes 41:54). Az Ószövetségben próféciák százai írták le, hogy hol fog Jézus megszületni és hogyan fog meghalni, évszázadokkal a születése előtt (lásd Mikeás 5:2, Ézsaiás 53). Ez a jövendölő eleme a próféciáknak igen jelentős, mert erre épül a tervezés, tartalékolás és Isten embereinek vezetése. Mindazonáltal ez nem csupán a prófétáknak és a pásztoroknak szól, hanem minden vezetőnek.

Én mindig az édesanyámmal vagy a feleségemmel éltem. Ez azt jelenti, hogy mindig volt valakim, aki megoldotta a bevásárlást és főzést helyettem. A házasságunk első hónapjában azt mondta nekem a feleségem mikor elment este munkába, hogy nincsen semmilyen étel a házban. Én nem igazán hittem neki, amíg éhes nem lettem és nem találtam semmit, amit ehetnék. Ez egy csodálatos lecke volt számomra arról, hogy a jövőbe kell látnom, ami a felkészülést jelenti. Mivel nem készültem fel, éhes maradtam.

Ámósz próféta szellemi éhínségről beszél, amikor azt mondja: *„Jön majd olyan idő – így szól az én Uram, az Úr –, amikor éhínséget bocsátok a földre. Nem kenyérre fognak éhezni, és nem vízre fognak szomjazni, hanem az Úr igéjének hallgatására. Támolyognak majd tengertől tengerig és északtól keletig. Bolyonganak, és keresik az Úr igéjét, de nem találják. „* (Ámósz **8:11-12**).

Hollandiában megfigyelhető volt egy érdekes jelenség a magas végzettségű sikeres fiatalok között, akik érzelmileg kiégtek. [61] A mi nyugat-európai kultúránk úgy döntött, nincs szükségünk többé Istenre, és emiatt éheznek szellemi, testi és érzelmi szinten. Sokak ezek közül a fiatal felnőttek közül a jógában, a tudatos létben, meditációban és keleti vallásokban keresnek választ. Ez egy lehetőség az egyház számára, hogy betöltse azt a szellemi megvalósulást, amire az emberiségnek szüksége van. Ez pedig abban található, ha valaki ismeri Istent Jézus Krisztuson Keresztül.

Jézus azt mondta: *"Nem csak kenyérrel él az ember, hanem minden igével, amely Isten szájából származik."* (**Máté 4:4**)

Egy gyerek az anyja méhében a köldökzsinóron keresztül kapja a táplálékot az édesanyjától, amire szüksége van. Ismerni Istent olyan, mintha megtanulnánk rácsatlakozni Isten, az Atya szívére, ami olyan, mint egy köldökzsinór. Imán, csöndességen, Biblia-tanulmányozáson és a keresztény közösségen keresztül ismerhetjük meg Őt.

Minden hívőnek szüksége van egy saját szellemi köldökzsinórra, amin keresztül megkapják a tápanyagot közvetlenül Istentől. A prófétálás egyszerűen Isten szívének és gondolatainak megosztását jelenti, hogy az emberek életet adó szavakat kaphassanak a Mennyből.

Volt egy kisfiú, akinek csupán pár hala és kenyere volt az uzsonnás dobozában. Jézusnak adta, és több mint 5000 ember lakott jól a kicsinyke ebédjéből (lásd János 6:1-14).

Egy özvegynek egy korsó olaja volt összesen, és Elizeus segített ezt megsokszorozni. Az Istennel együtt való tervezés váratlan eredményeket hozhat. Ha Istenhez emeljük a szavunkat és neki adjuk, amink van, Ő képes többet kihozni azokból, mint amire mi lennénk képesek.

Évekkel ezelőtt a testvérem megkért egy vezetőt, hogy legyen úttörője egy új gyülekezet plántálásának, és az az ember egymaga képes volt tönkretenni a születő gyülekezetet kevesebb, mint két hét alatt. Megkérdeztem a testvéremtől: „Aaron, mért tetted ezt? Miért engedted, hogy ez megtörténjen? „

Így válaszolt: „Matt, a szerint kell cselekednünk, ahogy érezzük, hogy Isten szeretné és a végeredményt a kezeire bízni. „

Az azonnal látható eredmény nem attól függ, hogy engedelmesek voltunk-e Istennek. Máriának egy istállóban kellett megszülnie a gyerekét, mivel nem volt számára hely egy fogadóban sem. (Lásd Lukács 2:6-7) Ábrahámnak száz éves koráig kellett várnia, mire Izsák megszületett. (Lásd 1 Mózes 21:5)

A megrémült tanítványok azt gondolták, mindennek vége, mikor látták Jézust a keresztre feszítve. (Lásd János 20:19)

Még az után, hogy Jézus feltámadt, sem értették meg, hogy Isten királysága, amiről beszélt, nem elsősorban a zsidó politikai birodalomra vonatkozott, hanem egy szellemi királyságra, amely minden nemzet számára elérhető. (Lásd Apostolok Cselekedetei 1:6)

Isten váratlan módokon cselekszik, de mikor mi a partnereivé válunk és az Ő gondolatait és szavait sajátítjuk el, azzal megteremthetjük a jövőt.

Istenem, SOHASEM akarok Amszterdamba menni

Tizenhárom éves koromban egy prédikátor jött az oklahomai gyülekezetünkbe, és az amszterdami Piroslámpás Negyedről beszélt nekünk, mint valami sötét és bűnös helyről.

Elmesélte, hogyan állnak a hiányosan öltözött nők az ablakok mögött, és csakis egy érett és szellemileg erős embernek szabad ilyen helyen szolgálnia. A történetei megijesztették a tizenhárom éves képzeletemet, és azon gondolkodtam: "Istenem, megyek majd Afrikába, Dél-Amerikába, bárhova… de Istenem, sohasem akarok Amszterdamba menni."

2005 óta élek Amszterdamban és 2016 óta minden héten órákat töltök azzal, hogy az Amszterdami Piroslámpás negyedet látogatom. Isten már akkor a mostani szolgálatomra készített fel. Sokszor Ő olyan korán kezd kiképezni minket valamire, mikor még a közelében sem vagyunk annak. Mózes a fáraó mellett nevelkedett, hogy később kiszabadíthassa a zsidókat Egyiptomból (Lásd 2 Mózes 2). Szent Patrik az írek szeretett apostolává vált, akik korábban fogságban tartották. Isten tizenhárom éves koromban az amszterdami Piroslámpás Negyedben levő feladatomra készített fel.

*(Ma már megtiszteltetés számomra, hogy hetente prostituáltakon segíthetek
az amszterdami Piroslámpás Negyedben.)*

Isten olyan módon képes felkészíteni minket a jövőbeni feladatunkra, ahogyan
emberileg nem is gondolnánk. Úgy tűnik, elég bölcs humora van.

József fogsága és nehézségei - amelyek hatalmas ördögöknek tűntek – mind Is-
ten kikövezett útja volt arra, hogy megőrizze népét egy hatalmas éhínség idején,
és végül az egész családja meghajolt előtte, ahogy ő azt még gyerekként látta.
(Lásd 1 Mózes 50:20)

Nem rendelkezünk mindig teljes, részletes leírással, de Isten képes és fog is adni
bepillantást a jövőnkbe, mikor mi kilépünk, hogy használjuk a prófétai ajándé-
kunkat.

Pál azért írta a Római levelet, hogy anyagi segítséget kérjen a spanyolországi
útjához. (Lásd Róma 14:23-24) Nem tudjuk biztosan, hogy eljutott-e egyáltalán
Pál Spanyolországba. Mindenesetre mi most rettentő hálásak lehetünk neki,
hogy megírta.

A Prédikátor 10:14b mondja: *"Nem tudja senki, hogy mi fog történni. Ki is tud-
ná megmondani, hogy mit hoz a jövő?"*

Nem jósolhatjuk meg a jövőt saját képességeinkből, de Istennel együtt részesei
lehetünk a megalkotásának. Ha imádkozunk és engedelmeskedünk, elvárhatjuk
Istentől, hogy megtegye a váratlant.

Mostanában kaptam a következő bizonyságot Budapestről:

"Szia Matt! Lenne egy bizonyságom számodra. Imádkoztál értem és prófétáltál
nekem egy évvel ezelőtt egy prófétai konferencián. Elmondtad, hogy könyveket

fogok írni. Ez a vágy már régóta égett a szívemben, de a próféciád után kezdtem egyre komolyabban venni. Idén egy másik prófétai konferencián Jolande – a csapatod tagja – szintén azt prófétálta nekem, hogy gyerekkönyveket fogok írni. Szeretnélek megerősíteni abban, hogy ez Istentől jött, és folyamatosan látom megtörténni. Egy kiadó nemrég szerződést ajánlott, és az egyik mesémet kiadja egy könyvben a következő hónapban. Más könyveim is tervben vannak a jövőre nézve. Köszönöm a szolgálatodat, és bátran oszd meg ezt a bizonyságot másokkal is, ha szeretnéd!"

A prófétai szolgálat sosem csupán a jövő elmondásáról szól, hanem arról, hogy kapcsolatba kerüljünk azzal, aki a kezében tartja a jövőt. Ahogy megfogjuk az Ő kezeit, lehetővé válik, hogy Vele együtt teremtsük meg a jövőnket.

10. fejezet

Hogy tegyük Isten szeretetét kézzelfoghatóvá

„1973-ban meghaltam. Megállt a szívem.
Jézus elé vittek, és Ő csak egy dolgot kérdezett tőlem:
Megtanultál szeretni, Bob? [62]
– Bob Jones próféta

1958. június 7-én az Air National Guard pilótái az Ohio-i Dayton felett repültek, és virágokat meg egyéb formációkat festettek az égre a kibocsátott füsttel. John Ferrier százados elvesztette az irányítást a gépe felett. A gépe veszélyesen közel repült Fairborn városához. Ferrier nem válaszolt a kollégai rádióüzeneteire, ehelyett kis füstpamacsokat engedett ki, mielőtt a gépe lezuhant.

Ferrier a gépében maradt, és sikerült elérnie, hogy a gépe négy ház között egy kertben zuhanjon le. A szemtanúk megtudták, hogy senki sem veszett oda Ferrieren kívül, mert az életét adta azért, hogy megmentsen másokat. Néhány nappal később a felesége, Tulle kivett egy papírt a férje pénztárcájából, amin ez állt: „Én a harmadik vagyok. Isten az első. A többi ember a második helyen áll, és én vagyok a harmadik." Ferrier nem csak beszélt a hitéről, hanem megélte a hitét még azzal is, ahogyan feláldozta a saját életét másokért. [63] Az Isten királysága erőben is megmutatkozik, nem csak szavakban (1 Kor. 4:20). Ebben a fejezetben arra törekszem, hogy megmutassak olyan értékeket vagy kulcsokat, amivel Isten szeretetét és erejét még kézzelfoghatóbbá tehetjük az emberek számára. Ne feledjük, a szellemi ajándékok lényege nem az, hogy fitogtassuk őket, vagy hogy a saját kizárólagos hasznunkra fordítsuk őket; hanem az, hogy kinyúljunk velük az elveszett és haldokló világ felé Jézus Krisztus szeretetével. Ahogy minden prófétai üzenet arra való, hogy felemeljen, bátorítson és Jézusra mutasson, az elveszetteket is azzal érjük el, ha Isten szeretetét valódivá és kézzelfoghatóvá tesszük a szenvedő emberek számára.

Az evangelizáció és prófétálás elsősorban nem olyasvalami, amit *teszünk*, hanem abból fakad, akik *vagyunk*. Ha az evangélium az identitásom lényege, akkor egyszerű megosztanom a hitemet másokkal. Ha Isten a legjobb barátom, akkor könnyű és normális dolog a prófétálás. Akkor könnyű megmondani másoknak, hogy mit üzen számukra Isten.

A The Tangible Kingdom (Kézzelfogható Királyság) c. könyvükben Hugh Halter és Matt Smay a szellemi élet három dimenziójáról beszélnek, melyek segíthetnek megtapasztalni Istent. Ezek az Istennel való közösség, a más hívőkkel való közösség, és a világmisszió. Én szeretek úgy gondolni ezekre, mint a hitünk megélésének felfelé, befelé és kifelé irányuló dimenziói. Ha bármelyik dimenziót kihagyjuk, az kiegyensúlyozatlan növekedést eredményez. Egy testépítőhöz hasonlóan, aki csak a felsőtestén dolgozik, az alsó testén pedig nem, a szellemi életünk is torzult és kiegyensúlyozatlan lesz, ha bármelyik dimenziót elhanyagoljuk. Következzen egy leírása ezeknek a dimenzióknak, melyek a teljes körű szellemi élethez szükségesek.

Felfelé, befelé, és kifelé

A felfelé irányuló dimenzió egy ember Istennel való kapcsolatából áll. A befelé irányuló dimenzió azt a tanítványi kapcsolatot jelenti, ami az egyik személy és más hívők között van. A kifelé irányuló dimenzió pedig olyan kapcsolatokat jelent, melyeket egy hívő a (még) nem hívő emberekkel ápol. Halter és Smay más hívőkkel együttműködve megalkották a következő diagramot, mely azt ábrázolja, amikor Isten ereje kézzelfoghatóvá válik.

Az volt a céljuk, hogy megvizsgálják, hogyan lehetne létrehozni a hívőknek olyan közösségét, ahol az Isten Királysága megtestesül. Arra a következtetésre jutottak, hogy ahol mind a három terület együtt van (fent, bent és kívül), ott lesz kézzelfogható Isten szeretete.

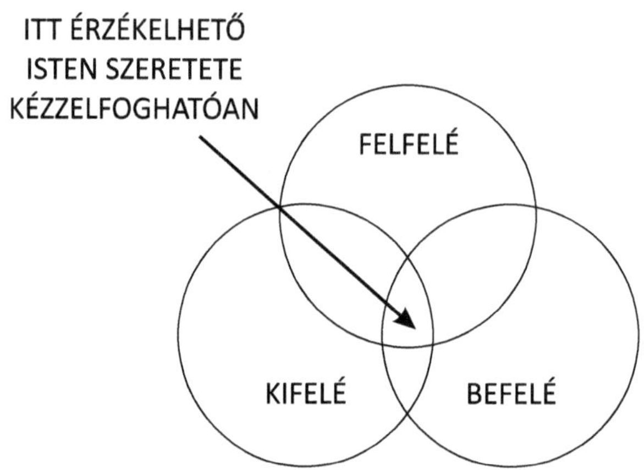

A felfelé irányuló kapcsolat Istennel
„Én vagyok a szőlőtő, ti a szőlővesszők: aki énbennem marad, és én őbenne, az terem sok gyümölcsöt, mert nélkülem semmit sem tudtok cselekedni." – Jézus (János evangéliuma 15:5)

Ez a gyülekezeti élet legfontosabb dimenziója. Valójában ez egy felfelé és lefelé irányuló kapcsolat, ahogy mi beszélünk Istennel, ő pedig hozzánk beszél. Ahogy beszélünk Hozzá, és ápoljuk a benne elrejtett életünket, Ő válaszol nekünk. Segít nekünk az életünk egyéb területén és dimenziójában.

A több hívővel való befelé irányuló kapcsolat
„Az időnknek, erőfeszítéseinknek, energiánknak és fókuszunknak azon kell lennie, hogy miként terjesszük az evangéliumot és hogyan válnak tanítvánnyá az emberek. Sokkal egyszerűbb épületeket emelnünk, megtölteni őket, és különleges alkalmakat szerveznünk, mint az emberek életébe befektetni, és olyan tanítványokat képezni, akik maguk is tanítványokat fognak képezni. De ez az egyetlen dolog, ami tényleg működni fog." – Bob Roberts Jr. [64]

Azok a tanítványok, akikre időt szánunk, és mentoráljuk őket. Az is fontos, hogy keressünk olyan embereket, akik minket mentorálnak, akármiben is akarunk növekedni. A gyülekezet nem csak az istentiszteleti alkalomból áll, hanem egy család is, amihez tartozunk. Nagyon fontos, hogy tudjunk sebezhetőek, őszinték és nyitottak legyünk egymás felé.

A vezetés lényege az, hogy segítsünk az embereknek kihozni magukból a legtöbbet. Jézus azt tanította, hogy a vezetés során a vezetők szolgálják a követőket, nem pedig fordítva. Nagyon sok hívő életében nincs senki, aki mentorálná őket, és ők sem mentorálnak senkit. A tanítványság fontos, és akkor működik igazán, amikor a másik két dimenzióval kombináljuk.

Neil Cole „Life Transformation Group" (Életátváltoztató csoport) elgondolása a kedvenc tanítványozási módszerem. Azonos nemű kis csoportok jönnek össze tanítványozás céljából, ahol számon kérik egymást, a Bibliáról beszélgetnek, és imádkoznak az elveszettekért. Ez a három tevékenység megfelel a tanítványság felfelé, befelé és kifelé irányuló dimenzióinak. [65] Ő a három dimenziót D.N.A.-nek nevezi (magyarul I.K.A., - a fordító).

Az „I" az „Isteni igazság", melyhez minden ember a bibliaolvasás által jut. A „K" a „Kapcsolatok ápolása", ami annak felel meg, hogy sebezhetőek, őszinték és hitelesek vagyunk, amikor kérdéseket teszünk fel egymásnak az életeinkre vonatkozóan. Az „A" pedig az „Apostoli küldetés", aminek az a lényege, hogy imádkozzunk azokért, akik még nem hisznek Krisztusban. [66] Cole a szellemi élet három dimenzióját más szavakkal írja le, de ezek gyakorlatilag ugyanazt takarják.

A világgal való kifelé irányuló kapcsolat

„Jézust nem egy katedrálisban feszítették meg két gyertya közt, hanem a kereszten, két lator közt – a város tetején, az útelágazásnál – annyira kozmopolita környezetben, hogy a titulusát héberül, latinul és görögül is ki kellett írni. Az Isten Fiát olyan helyen feszítették meg, ahol a cinikusok gúnyolódnak, a tolvajok káromkodnak, a katonák pedig szerencsejátékoznak. Mivel itt halt meg, és mivel ezekért halt meg, a keresztény ember is itt tudja megosztani az Ő szeretetének az üzenetét, mert a valódi kereszténység erről szól." – George Macleod [67]

Sok gyülekezet jó egy vagy két dimenziót illetően, de ez a harmadik, az evangelizáció gyakran hiányzik. Ez lenne az, amikor azok felé fordulunk, akik még nem hisznek. Jézus azért jött, hogy *„megkeresse és megmentse az elveszetteket"* (Lukács 19:10).

Látom, ahogy ez a három dimenzió összetalálkozik olyan helyeken, mint az spirituális rendezvények, vagy mint a vöröslámpás negyed. Ezek nem olyan helyek, ahol a keresztények sűrűn megfordulnak, mégis látom, ahogy Isten szeretete és ereje nagyon is valóságos ezeken a helyeken. Nem lenne szabad félnünk a világtól, hanem ugyanúgy kellene szeretnünk azt, ahogy Krisztus szeret minket. Én akkor szeretek a leginkább a vöröslámpás negyedbe menni, amikor sötét van, mert Isten fénye ilyenkor világít bennem a legjobban. A fény erősebb a sötétségnél, és az Ő szeretete nagyobb a félelemnél. Ahogy C.T. Studd mondta egyszer:

„Vannak, akik a harangzúgás közelében akarnak élni. Én ellenben mentőakciót akarok szervezni a pokoltól pár lépésnyire." [68]

Nézzünk meg néhány kulcsot ehhez a kifelé irányuló dimenzióhoz a Lukács evangéliumának hetedik fejezetéből.

1. kulcs: Alakítsd ki a tisztelet kultúráját

„Miután befejezte minden beszédét, amelyet a nép füle hallatára mondott, bement Kapernaumba." (Lukács 7:1)

Egy másik vezető, aki jó példát szolgáltat arra, hogy miként lehet Isten szeretetét és erejét kézzelfoghatóvá tenni, egy római katonai vezető a bibliában, akinek az életében néhány kulcsfontosságú értéket figyelhetünk meg (Lukács 7:1-10). Ahogyan ő képes volt megfogni Jézus szeretetét és erejét, úgy mi is képesek vagyunk erre ma is.

A Kapernaum szó azt jelenti, hogy Náhum falva, vagy a vigasztalás falva. Ézsaiás próféta prófétált erről a régióról a könyve kilencedik fejezetében. Arról beszélt, hogy nagy világosság ragyog majd a sötétben, és a szégyent a tisztelet váltja majd fel (Ézsaiás 9:1-2.). Isten kijelenti magát a sötét helyeken. Ahol megsokasodott a bűn, ott a kegyelme még inkább kiárad (Róma 5:20). Simon Péter, András, Jakab, János és Máté mind Kapernaumból származtak. Ez öt embert jelent Jézus tizenkét tanítványából. Szintén ebben a városban történt az is, hogy Jézus sok csodát tett, és a természetfeletti dolgok természetessé váltak.

A szolgálat célja az, hogy olyan szellemi fiakat és lányokat neveljünk fel, akik aztán új közösségeket hoznak majd létre – olyan helyeket, ahol az Isten szeretete és ereje mindennapos, normális dolog, és természetes. Ez leginkább olyan közegben jöhet létre, ahol az emberek szeretetteljesek, és törődnek egymással. Az ilyen helyek ideálisak arra, hogy segítsenek az embereknek megtanulni, hogy hogyan váljanak olyanná, mint Jézus.

Amikor nyolcadikos voltam, volt egy kosárlabda edzőm, akit Chris Buschnak hívtak. Nem csak azt tanította meg, hogy hogyan lőjek kosarat, hanem hitt is bennem, mint egyénben. A mai napig „Edzőnek" hívom, és valahányszor Tulsa-ban járok, reggelizek vele. Olyan mentor ő, aki megmutatta, hogy a legfontosabb dolog, amit tehetünk, az, ha értékeljük az embereket. Ő tisztelt engem, mint embert, és nem csak a kosárlabda tudásomért.

Az előző fejezetben említettem, hogy a név, amivel Isten önmagát illette, a „Vagyok, aki vagyok", nem pedig „Teszem, amit teszek" (II Mózes 3:14). Az értékünket nem abban kell megtalálnunk, amit teszünk, hanem abban, akik vagyunk – és ez mindenki számára igaz. Mindannyian Isten képmására teremttettünk, és minden emberben hatalmas érték lakozik (I Mózes 1:26-28). Nem számít, hogy egy ember mit hisz vagy tesz, akkor is értékes.

Jézus nem csak olyan embereket hív magához, akiknek teljesen rendben van az életük. Ő azt mondja, *„Jöjjetek énhozzám mindnyájan, akik megfáradtatok, és meg vagytok terhelve, és én megnyugvást adok nektek."* (Máté 11:28).

Hollandiában nem szokás megdicsérni másokat. Az egyik holland élelmiszer bolt-ban volt egy tábla, amin ez állt, „Mi szeretünk bókolni." Ezt arra használták, hogy el tudják kérni a fiatalok személyi igazolványát, amikor cigarettát vagy alkoholt akartak venni, hogy lássák, hány évesek. Én mindig kaptam az alkalmon, és kértem egy bó-kot. Bár soha nem kaptam egyet sem, azért mindig megragadtam az alkalmat, hogy én kérjek egyet Istentől a pénztárosok számára. A szavainknak mindig tisztelnie kell az embereket, és hozzá kell adni az emberek életéhez, nem pedig elvenni belőle.

2. kulcs: legyen elsődleges fontosságú az, hogy a szegényekről és elesettekről gondoskodj

„Egy századosnak volt egy szolgája, akit nagyon kedvelt, s aki most beteg volt, és haldoklott." (Lukács 7:2)

„Nem bírom ezt tovább. Várj itt, majd visszajövök." Ezek voltak az utolsó szavak, amiket a tizenkét éves Bill az anyjától hallott, mielőtt az otthagyta volna őt egy park padján. Három nappal később a fiú még mindig ott ült a padon, és nem tudta mihez kezdjen.

Dave, aki egy keresztény autószerelő volt, látta, amint ott ült, és eldöntötte, hogy segít neki. Segített neki találni egy szálláshelyet, és kifizetett neki egy utat egy keresztény táborba. Miután a kisfiú felnőtt, egy nemzetközi gyerekszolgála-tot hozott létre, ami ma több ezer utcagyereknek segít. Bill Wilson a szegények és a városi, rossz körülmények között élő gyerekek szószólója lett. [69]

Bill Wilson kézzelfoghatóvá teszi Isten szeretetét és erejét.

Miután lediplomáztam a főiskolán, szerettem volna olyan helyre menni, ahol az emberek nem csak beszélnek Istenről, hanem meg is teszik, amit Ő mondott nekünk. Az, hogy New York belvárosában élhettem és dolgozhattam, megváltoz-tatta az életemet. Lehetőségem volt arra, hogy a belvárosi szegény gyerekeket nem csak szavakkal, hanem tettekkel is szeressem.

Nagyon klassz dolog volt a bronxi lakótelepeken élő gyerekeket látogatni, és Isten igéjére tanítani őket. Soha nem akarok olyan ember lenni, aki csak hallgatja Isten Igéjét, de nem cselekszi meg azt. Soha nem leszek egy kényelmes karosz-székben ücsörgő teológus, aki szépeket tud mondani, de nem éli meg azt, amit hisz, és úgy hiszem, mindannyiunk számára elsődlegesnek kell lennie, hogy gya-korlati módon alkalmazzuk Isten utasításait az életünkre.

A gyülekezet egyik fontos feladata az, hogy törődjön a betegekkel és a szegé-nyekkel. Amikor gondot viselünk az éhezőkről, a mezítelenekről, a betegekről, a börtönben lévőkről, a jövevényekről, akkor Jézusra viselünk gondot (Máté 25). A szegények iránti nagylelkűség legalább olyan fontos, mint maga az imádság (Apcsel 10:1-5). Ezért is indítottam el egy alapítványt, aminek az a célja, hogy küzdjön a szegénység ellen a harmadik világban lévő országokban (www.feed-people.eu). Fontos, hogy gondoskodjunk a szegényekről a saját környékünkön és városunkban is, és a világ más tájain úgyszintén. A gyógyító szolgálat és a szegé-nyekről való gondoskodás ugyanolyan fontos ma is, mint két ezer évvel ezelőtt!

3. kulcs: legyen normális dolog a testi és lelki gyógyulásért való ima

„Amint [a százados] *hallott Jézusról, elküldte hozzá a zsidók véneit, és kérte: jöjjön el, és mentse meg a szolgáját."* (Lukács 7:3)

A legszeretetteljesebb dolog, amit tehetünk az emberekért, az, ha imádságban odavisszük őket Jézushoz. Csak azokért a dolgokért imádkozunk, ami igazán fontos nekünk. Az emberekért való imádság a szeretet és törődés egy magas foka. Ne aggódj amiatt, hogy amikor imádkozol, meggyógyulnak-e az emberek. Imádkozz értük teljes hittel, hogy akár meggyógyulnak, akár nem, meglássák, hogy te és Isten szeretitek őket.

A testi és érzelmi gyógyulásért való ima egyaránt fontos. Légy őszinte és hiteles, hogy az emberek gyógyulást találhassanak a megtörtségükre. Voltak emberek, akik olyan titkokat osztottak meg velem, amit nem mertek elmondani másoknak. Ez segített nekik gyógyulást találni és lezárni olyan dolgokat, amikkel egyedül nem tudtak megbirkózni.

Egy vezető azt mondta nekem egyszer, hogy soha ne beszéljek a gyengeségeimről a gyülekezetemben lévő embereknek. Nem értek egyet ezzel. Legyen szokásunk az, hogy nem csak a sikertörténeteinket mondjuk el másoknak, hanem a hibáinkat és baklövéseinket is. Ez hitelesebbé tesz minket a hallgatóink előtt, és minket is alázatban tart. Jó tudni azt, hogy mind emberek vagyunk.

4. kulcs: Légy érzékeny és kegyelemmel teli a más kultúrából és hitből való emberek felé

„Amikor odaértek Jézushoz, sürgetve kérték: „Méltó arra, hogy megtedd ezt neki, mert szereti népünket, ő építtette a zsinagógát is nekünk." Jézus erre elindult velük. Amikor pedig már nem volt messze a háztól, a százados eléje küldte barátait, és ezt üzente neki: „Uram, ne fáradj, mert nem vagyok méltó arra, hogy a hajlékomba jöjj. De magamat sem tartottam méltónak arra, hogy elmenjek hozzád." (Lukács 7:4-7a)

A római százados a saját pénzéből építtetett zsinagógát a zsidók számára. Ez mai pénzre átszámítva több százezer dollár értékű beruházás lenne. Én mindig igyekszem, hogy tiszteljem a más hithez tartozó vagy hitetlen embereket, amikor a pulpitus mögül beszélek. Megpróbálok időt tölteni nem keresztény emberekkel azért, hogy kimutassam a megbecsülésemet, és hogy megtudjam, hogyan gondolkoznak. Ha más gondolkodású emberekkel vagyok, az segít nekem, hogy ne szigeteljem el magamat egy keresztény buborékban.

A ramadán alatt, ami az iszlám vallás szerinti böjti időszak, együtt szoktunk enni a muszlim szomszédinkkal, amikor megtörik a böjtjüket. Nemcsak az ételeket élvezzük, hanem időt is töltünk olyanokkal, akik gyakran másként látják Istent és az életet, mint mi. Lehet, hogy nem értünk egyet mindenben, de tisztelhetjük és értékelhetjük egymást. Ez segít növekedni és tanulni másoktól. Ez azt is lehetővé teszi, hogy a szívünk számára fontos értékeket hatékonyabban közöljük velük. Nagyon fontos, hogy tiszteljük és értékeljük a más háttérből való embereket. Nagyszerű módja a növekedésnek és tanulásnak, ha odafordulunk a tőlünk különböző emberekhez.

A római százados érzékeny volt Jézus zsidó mivoltára, amikor azt kérte tőle, hogy ne jöjjön az otthonába. A zsidók nem mehettek a pogányok otthonaiba. A százados nem akarta, hogy Jézus megszegje a saját vallási törvényeit. Minden tőle telhetőt megtett, hogy kulturálisan érzékeny viselkedést tanúsítson Jézus iránt. Ez annak felelne meg, hogy kóser vagy halal ételt főzünk, ha zsidó vagy muszlim barát jön hozzánk. A tisztelet és a kulturális érzékenység nagy hasznunkra lehet abban, hogy megosszuk Isten szeretetét másokkal.

Frank Laubach misszionáriusnak egy olyan élménye volt 1929-ben Mindanao-ban, a Fülöp szigeteken, ami megváltoztatta az életét. Egy kísérletet végzett Istennel, hogy meglássa, vajon egyfolytában kapcsolatban tudna-e maradni Vele. Egy ponton úgy kezdett el beszélni, mintha Isten szólt volna rajta keresztül. Ezek a szavak jöttek ki a száján:

„Gyermekem, elbuktál, mert nem szereted a Moros embereket igazán. Mivel fehér vagy, magasabb rendűnek tartod magadat. Ha elfelejted, hogy amerikai vagy, és csak arra gondolsz, hogy én szeretem őket, akkor reagálni fognak." Laubach azt mesélte, hogy „Az után az este után a Signal hegyen, amikor Isten megölte a faji előítéleteimet, és színvakká tett, úgy tűnt, mintha Isten mindenhol csodákat cselekedne, akárhová néztem." [70]

Lauback képessé vált, hogy elérje annak a szigetnek az embereit. Emellett létrehozott egy olyan tanulási módszert is, ami több mint 60 millió embernek segített megtanulni írni és olvasni. Isten csodákat tud tenni, amikor a tőlünk különböző emberek felé fordulunk. Ez igaz volt Laubach és a római százados életében is.

5. kulcs: Számíts arra, hogy Jézus szavai megváltoztatják az emberek életét

„Hanem csak szólj, és meggyógyul a szolgám." (Lukács 7:7b)

A százados nem tudta, hogy magához az Isten Igéjéhez beszélt.

Jézus kezdetben megteremtette a mennyet és a földet (János 1:1-3). *„Akkor ezt mondta Isten: Legyen világosság! És lett világosság"* (1 Mózes 1:3). Az az erő, ami a szavával létezésre hívott dolgokat, ma is elérhető a számunkra. Ugyanaz az erő ez, ami Jézust is feltámasztotta a halálból (Efézus 1:19-20).

Isten a szavával teremtette meg a világot. Jézus vízen járt, borrá változtatta a vizet, feltámasztotta a halottakat, és csodákat tett. Ha akkor megtette mindezt, akkor ma is számíthatunk arra, hogy csodákat tesz.

A prófétai szolgálat tulajdonképpen az Isten kimondott igéjének teremtő erejét használja. Az Ő szavai erőteljesek, és tele vannak élettel. Isten szavai olyanok, mint a szövőszék. Fogja az emberek életének szakadozott szövetét, és újra éppé teszi őket. Ő képes minden dolgot - még a rosszakat is - jóra fordítani (Róma 8:28 és 1 Mózes 50:20).

Phil Strout, a Vineyard Association országos vezetője azt mondta: „Isten jelenléte nélkül nincs erőnk; a szavainak kihirdetése nélkül nem hozunk létre változást, és gyakorlati dolgok nélkül nem tudunk semmit megmozdítani." [71] Számíts arra, hogy Isten kimondott szava változást hoz az emberek életébe gyakorlati és kézzelfogható módokon, amik új életet hoznak.

6. kulcs: Értsd meg, hogy hogyan működik a szellemi tekintély és erő

„Mert én is hatalom alá rendelt ember vagyok, és nekem is vannak alárendelt katonáim. Ha szólok ennek: Menj el, elmegy; és a másiknak: Jöjj ide, idejön; és ha azt mondom a szolgámnak: Tedd meg ezt, megteszi. Amikor Jézus ezt meghallotta, elcsodálkozott rajta, és hátrafordulva így szólt az őt követő sokasághoz: Mondom nektek, Izraelben sem találtam ekkora hitet." (Lukács 7:8-9)

Ahhoz, hogy jó vezetők legyünk, jó követőkké kell válnunk. Ha valaki nem képes követni, az nem lesz képes vezetni másokat. A százados tudta, hogy a saját hatáskörében megmondhatja az alatta lévő embereknek, hogy mit tegyenek. Azt is felismerte, hogy Jézus egy a sajátjánál nagyobb hatáskörben mozgott. A százados bölcs módon alárendelte magát és a szolgáját Jézus tekintélyének. Ez lehetővé tette, hogy Jézus megadja a gyógyulást a százados szolgájának.

A személyes szabadság a legnagyobb érték Hollandiában. Sokszor hallom azt emberektől, hogy „hiszek Istenben, de a magam módján."

Amit ez alatt értenek, az az, hogy „én irányítom a magam életét, és azt teszek és gondolok, amit akarok. Senki nem mondhatja meg, hogy mit tegyek és gondoljak."

Ez igaz ugyan, de mégis hiábavaló az Isten királyságában. Isten királyságának egyik paradoxona, hogy az a valódi szabadság, ha Jézus Krisztus tekintélye alatt élünk. Jézus azt mondta: *„Mert aki meg akarja menteni az életét, elveszti azt, aki pedig elveszti az életét énértem, megtalálja azt"* (Máté 16:25). Az az igazi szabadság, amikor tudom, hogy az életem nem az enyém, hanem Jézus tulajdona. (lásd Gal. 2:20). Azzal nyerünk hatalmat Jézustól ahhoz, hogy mások életére kijelentéseket szóljunk, ha az Ő tekintélye alatt maradunk. Az Ő vezetése az életünkben szabadsághoz vezet, és nem kötelékekhez.

Az erő adja meg a képességet, hogy egy adott feladatot elvégezzünk. A tekintély adja meg a jogot ahhoz, hogy használhassuk Isten erejét. [72] A tekintély olyan, mint egy rendőr, aki a karja mozdulatával vagy a villogó bekapcsolásával megállít egy kocsit. Jézus Krisztusnak minden tekintélye megvan a mennyen és a földön, és azt akarja, hogy mi használjuk azt. (lásd Máté 28:18-20; Lukács 10:19-20).

Csak akkor használhatjuk az ő tekintélyét, ha az ő vezetése alatt vagyunk. Az a szabadság, ha az életünk minden területe (kapcsolatok, pénzügyek, szexualitás, stb.) Jézus Krisztus tekintélye alatt van. Amikor odaadjuk neki a szívünk kulcsait, Ő életet és rendet hoz az életünk minden területére.

A gyógyulás azért jöhetett el a százados otthonába, mert bízott Jézusban, és alárendelte magát neki. Az a legjobb módja a szabadság és gyógyulás megtalálásának, ha alárendeljük az életünket Krisztusnak.

7. kulcs: Jegyezd fel, ünnepeld és tedd közzé az Isten által végzett csodákat.

„Mire a küldöttek visszatértek a házba, a szolgát egészségesen találták." (Lukács 7:10)

2010-ben egy Oklahoma Cityben lévő gyülekezetben egy fiatalember nagynénje megkérdezte tőlem, hogy imádkozhatnánk-e az unokaöccséért úgy, hogy a fiú nincs jelen. Imádkoztam érte úgy, hogy rátettem a kezemet a nagynénjére, aztán prédikálni mentem. Öt perccel később a pásztor félbeszakította a prédikációmat, mert kapott egy sms-t a fiú anyjától. Azt írta az anya, hogy öt perccel korábban a fia süket fülei megnyíltak. A teremben lévő emberek hite hirtelen megnövekedett, és Isten nagyon különleges módon mutatta meg magát nekünk aznap este!

Ahányszor csak lehet, igazoltasd a gyógyulásokat orvosok által. Nagyon fontos, hogy bizonyságot tegyünk amellett, amit Isten tesz, de az is, hogy ne beszéljünk olyasmiről, ami valójában meg sem történt. Ez erőfeszítést igényel és odafigyelést, de a gyógyulásról és életek megváltozásáról szóló bizonyságok értékesek. Segítenek erősebbé tenni a hitet, és segítenek nekünk dicsérni Istent mindazért, amit tett, és amit tenni fog.

A II. Mózes 16:34-ben Mózes azt mondja az izraelitáknak, hogy tartsanak meg egy csupor mannát a jövendő nemzedéknek, hogy lássák, Isten hogyan táplálta őket. Amikor átkeltek a Jordán folyón, Józsué emlékköveket állíttatott, hogy ezzel emlékezzenek arra, ahogy Isten megnyitotta a folyót (lásd Józsué 4). Jegyezd fel a csodákat, mert könnyen elfelejtjük, hogy Isten mit tett és még mit akar tenni az életünkben. Nagyon szeretek egyháztörténetről olvasni, és látni, hogy Isten miket tett a múltban. Ez hitet ad nekem, hogy Istent arra kérjem, az én életemben is tegyen hasonló dolgokat.

8. kulcs: A természetfeletti szolgálatot tedd <u>mindenki számára</u> természetessé és normálissá.

Ahogy Jézus elérhető volt a százados számára, úgy elérhető mindenki számára ma is. Ő az, aki beszélni akar hozzánk, és a barátunk akar lenni (lásd Jel. 3:30). Időnként gyerekeket és tizenéveseket viszek magammal, hogy a szolgálócsapatom részei legyenek, amikor gyülekezetekben beszélek. Soha nem fogom elfelejteni, amikor egy 9 éves lány egy nőért imádkozott, aki nem érezte a nagylábujját. Odasétált hozzá, és azt mondta, „Jézus, kérlek légy a lábujjával." Az egyszerű imát követően a nő újra érezte a lábujját.

Egy béna meggyógyítása után Péter azt mondta: *„Izraelita férfiak, miért csodálkoztok ezen? Miért néztek úgy ránk, mintha saját erőnkkel vagy kegyességünkkel értük volna el, hogy ő járjon?"* (Apcsel 3:12).

Nem a kegyességünk az, ami lehetővé teszi, hogy kézzelfoghatóvá tegyük isten szeretetét és erejét az emberek számára. Jézus által mindenki számára elérhető ez.

Egy prédikátor egyszer megkérdezte a híres gyógyító evangélistát, T. L. Osborne-t: „Van valami ár, amit meg kell fizetni azért, hogy Isten a gyógyító szolgálatban használjon valakit?" A válasza ez volt, „Igen! Nagyon nagy árat kell ezért fizetni." De rögtön ezzel folytatta: „azonban Jézus kifizette ezt a kereszten!" [73]

Az a képesség, hogy Isten szeretetét és erejét kézzelfoghatóvá tegyük, mindenki számára elérhető.

9. kulcs: Az emberek emlékeznek rá, hogy mit mondasz és teszel

„Engedjék a nőket, gyerekeket, és az üdvösség nélkül valókat a mentőcsónakokba." John Harper, 1912. április 14., a Titanicon. [74]

John Harper prédikálni ment Skóciából Chicagóba, amikor a Titanic süllyedni kezdett. Beültette a kislányát egy mentőcsónakba, majd azt kezdte mondogatni: „Engedjék a nőket, gyerekeket, és az üdvösség nélkül valókat a mentőcsónakokba."

John Harper odaadta a mentőmellényét valaki másnak, tudva azt, hogy valószínűleg meg fog halni. A túlélők azt mesélik, hogy amikor a hideg vízben volt, odaúszott az emberekhez, és azt mondta nekik: „Higgy Jézus Krisztusban, és megmenekülsz."

Egy skót fiatalember visszaidézte, hogy odajött hozzá megkérdezni, hogy van-e üdvössége. „Nem" - válaszolta.

Harper elsodródott a fiatalembertől, de a sodrás végül újra egymás mellé sodorta őket, még Harper utolsó lélegzetvétele előtt.

Harper újra megkérdezte a fiatalembert, hogy nem akar-e üdvösséget nyerni. Aztán egy utolsó levegőt vett, és teli torokból azt kiáltotta, „Higgy az Úr Jézusban, és megmenekülsz."

A fiatalember úgy döntött, hogy hinni fog Krisztusban, miután látta Harpert eltűnni és elsüllyedni az Atlanti-óceánban.

Harper hite valódi volt. Nem csak beszélt Isten szeretetéről és erejéről, hanem meg is élte azt. Ahhoz, hogy Isten szeretetét és erejét kézzelfoghatóvá tegyük, nem elég, ha csak beszélünk róla, meg is kell élnünk azt.

Összefoglalva

Amikor Hollandiába költöztem, szerettem volna gyakorlati módját találni annak, hogy Isten szeretetét tapinthatóvá tegyem. Sőt, a gyülekezetnek, amit Amszterdamban plántáltunk, a küldetése: „Tapinthatóvá tenni Isten szeretetét." [75] Úgy éreztük, ezt azzal érhetjük el, ha az embereket gyakorlati módon szolgáljuk, és ha használjuk a Szent Szellem ajándékait.

Van, hogy istentisztelet helyett keresünk valami gyakorlati módot arra, hogy szolgáljunk a környéken élők felé. Ez lehet egyszerűen csak annyi, hogy feltakarítunk az utcán, vagy cserepes virágokat osztogatunk a szomszédoknak, amiket aztán elültethetnek.

Arra is szakítunk időt, hogy tudatosan használjuk a Szent Szellem ajándékait, mint például spirituális rendezvényeken, gyógyító alkalmakon, prófétikus estéken, vagy nagy nemzeti ünnepek során, mint például a holland király születésnapján. Olyan klassz, és gyakran egyszerűbb is Jézus üzenetét az után elmondani, hogy valaki meggyógyult, vagy épp tökéletes jellemzést adtunk valakinek az életéről anélkül, hogy ismernénk őt. Ez megmutatja nekik, hogy Isten nemcsak hogy létezik, de törődik is velük, és ismeri az életük minden területét.

Sajnos egy olyan kultúra megteremtése, ahol Isten szeretete és ereje tapinthatóvá válik, nem történik meg csak úgy magától. Erőfeszítést kell tennünk, hogy megtervezzük és létrehozzuk azokat a pillanatokat, amikor az emberek megtapasztalhatják Istent. Ennek elérésére alkalmazzuk a Felfelé, Befelé és Kifelé elgondolást, hogy segítsen nekünk frissen tartani az Istennel való függőleges kapcsolatot, hogy tanítványozzunk másokat a saját hatáskörünkön belül, és hogy Jézus szeretetével nyúljunk ki az elveszettek iránt.

Ha a Szellem ajándékaiban működünk, mint pl. a prófétálásban, ismeret beszédében és gyógyulásban, az sokszor megnyitja az emberek életét arra, hogy fogadni tudjanak dolgokat Istentől. Nem azért gyógyítunk meg valakit, vagy mondunk neki dolgokat az életéről, hogy előadjunk egy bűvésztrükköt; azért tesszük mindezt, mert Isten gyakran az erejét használja arra, hogy lebontsa a falakat, amiket sokan a szíveik köré építettek. Amikor egy kis rést üt a falon, az emberek gyakran sokkal fogadóképesebbek az Isten szeretetére. Amikor az emberek tapinthatóan megtapasztalják Isten szeretetét a természetfeletti ajándékokon keresztül, ez segíthet nekik Jézus Krisztushoz jönni.

Jolande Bijl, aki az spirituális rendezvényeken való szolgálatban mentorált engem, egyszer elmondott egy történetet, ami jól ábrázolja ezt.

Egy spirituális rendezvényen, „a szeretet természetfeletti ereje" c. nyilvános bemutatón Bijl megkérdezett egy hölgyet, hogy átadhatna-e neki egy személyes üzenetet Jézustól. Ahogy elkezdett prófétálni neki, a nő azt mondta, hogy semmi sem volt igaz abból, amit mondott. Bijl egyszerűen csak azt felelte, „Hát, én ezt hallottam Jézustól. Ha szeretnél később beszélni velem az asztalomnál, akkor elérhető leszek."

A bemutató után a nő megjelent az asztalánál. A következő történetet mondta el Bijlnek: „A bemutatód előtt egy médium elmondott nekem mindenféle részletet az életemről, nyilvánosan kigúnyolt, és ettől borzasztóan éreztem magamat. Amikor elkezdtél az életemről beszélni, attól féltem, hogy te is ugyanezt fogod tenni. De e helyett a szívem legnagyobb vágyáról beszéltél, és tisztelettel bántál velem. Mit kéne tennem?"

Bijl imádságban vezette ezt a nőt, hogy hívja be Jézust az életébe, és azóta ez a hölgy tagja egy helyi gyülekezetnek. Aznap kézzelfoghatóan találkozott Jézus szeretetével, ami örökre megváltoztatta az életét. Azért történhetett ez, mert egy hívő elég bátor volt Isten szeretetét és erejét tapinthatóvá tenni egy olyan helyen, ami a boszorkányságról, tarot kártyákról, mágiáról és médiumokról ismeretes.

Jézus azért jött, hogy megkeresse azt, ami elveszett (Lukács 19:10). Miközben ezt tette, bensőséges kapcsolatot ápolt az Atyjával és a tanítványaival (lásd János 14:10-14). Minket is arra hívott Isten, hogy használjuk Isten erejét, és minden körülöttünk lévő ember számára tegyük kézzelfoghatóvá Isten szeretetét.

11. fejezet

Hogyan gyógyítsuk a betegeket

„Gyógyítsátok meg a betegeket, támasszátok fel a halottakat, tisztítsátok meg a leprásokat és űzzétek ki a gonosz szellemeket! Ingyen kaptátok ezt a hatalmat, ezért ti is ingyen végezzétek ezt a munkát!" (Máté 10:7-8)

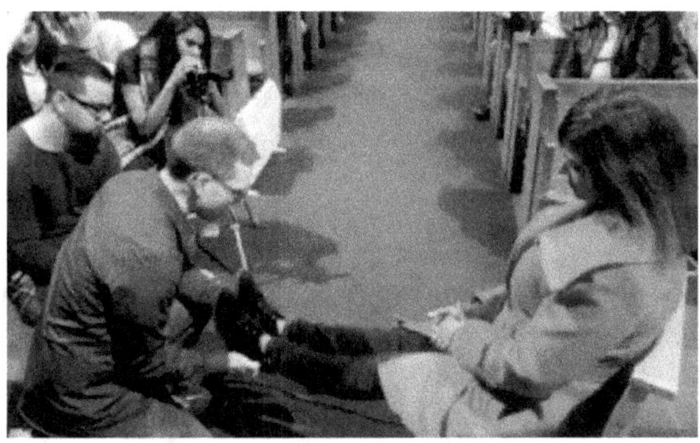

(Figyeltem, ahogy apám százak hátát látta meggyógyulni, amikor parancsolt a lábuknak, hogy nőjön, és azok egyenlő hosszúak lettek a másik lábukkal).

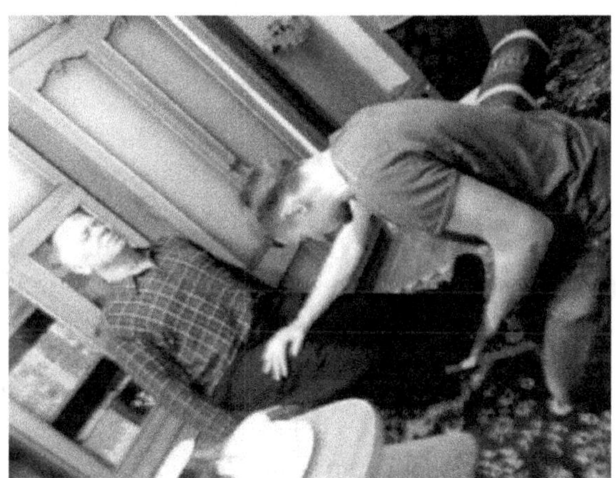

(Most másokat tanítok a betegekért való imádkozásról, ahogy apám tanított engem)

Minden évben a születésnapom környékén édesanyám elmeséli születésem drámai és csodálatos történetét. Concepcionban születtem, Chilében. Az orvosok azt mondták, hogy haldoklom, és hogy azonnal világra kell jönnöm. Bejuttattak az egyetlen olyan kórházba, ahol inkubátorok voltak, mert nem tudták, hogy túl fogom-e élni inkubátorok nélkül.

Ahogy a kórházba értünk, egy orvos érzéstelenítőt adott édesanyámnak, hogy ne érezzen semmit a műtétből. Sajnos azonan túl sokat adtak neki. Miután kihúztak engem édesanyám hasából, megállt a légzése. Az orvosok újra beindították a légzését, de ahelyett, hogy figyeltek volna rá, magára hagyták őt a folyosón!

Édesanyám nővér, ezért pontosan tudta, hogy valószínűleg újra le fog állni a légzése.Az egyetlen nővér, aki arra járt azt mondta neki, hogy a kisfia meg fog halni. Ahogy édesanyám ott feküdt, az egyetlen dolog, amit tehetett az az volt, hogy elkezdte imádkozni a 23. Zsoltárt, ami így szól: Még ha a halál árnyékában, sötét és mély völgyeken kell is átmennem, akkor sem félek a gonosztól, mert te, Örökkévaló, ott is velem vagy.

Emlékszik, hogy egy fekete felhő szállt le rá, mint a félelem és a halál. A saját életéért küzdött, és a kisbabája életéért – azaz értem! Ahogy imádkozott, kérte Istent, hogy mások is imádkozzanak érte abban a pillanatban. Úgy érezte, hogy nem fogja túlélni.

Hat hónappal később, édesanyám egyik alaszkai barátja megkérdezte tőle, hogy mi történt január 12-én. Ez a barát azt mondta, hogy aznap arra az érzésre ébredt, hogy sürgősen imádkoznia kell értünk. Fogalma sem volt, hogy mi történik velünk, de valahogy mégis megtudta, hogy imára volt szükségünk. Isten ezt a nőt használta Alaszkában, hogy megmentse az életünket!

A történetnek itt nincs vége. A szüleim egy nagyon beteg gyermeket vittek haza. Az orvosok később agyi bénulást diagnosztizáltak nálam, és elmondták a szüleimnek, hogy sosem fogok tudni beszélni vagy járni. Az agyi bánulás gyógyíthatatlan. Az orvosok felkészítették a szüleimet arra, hogy milyen lesz az életük így, hogy gondoskodniuk kell egy agyi bénulásos gyerekről. A szüleim minden nap gyakorlatokat csináltak a kicsi végtagjaimmal.

Szerettek engem, és tudták, hogy gondoskodni fognak rólam, bármi történjen. Hittek abban, hogy Isten ma is tesz csodákat.

Többen imádkoztak értem, köztük Candy nénikém, Kaliforniában. Minden héten, csütürtökön tartott egy női imádkozó alkalmat. Azt tették, amit Pál apostol tett az Apostolok cselekedetei 19:11-12-ben, és elpostáztak egy felkent imakendőt édesanyámnak, Chilébe. Édesanyám belevarrta ezt a kendőt a pizsamámba. Egy hónappal később az agyi bénulás minden hatása eltűnt a kicsi testemből!

Hat hónappal később visszatértünk az Egyesült Államokba, és az orvosok nem tudták megmondani, hogy én valaha is beteg lettem volna. Egy csoda volt, vagyis ahogy ki merem mondani: egy két lábon járó csoda vagyok! Kétség nélkül tudom, hogy a gyógyulás ma is megtapasztaható, mert személyesen átéltem.

Jézus ma is gyógyít

(Iskanderrel Isten szeretetét és erejét megosztva Amsterdam belvárosában.)

2015-ben egy Iskander nevű húszéves Holland fiút vittem Amsterdam utcáira, hogy imádkozzon betegekért, életében először. Azon az első napon három ember gyógyult meg teljesen, vagy részben, miután ő imádkozott értük. Olyan izgatott let, hogy egy másik barátjához csatlakozott, és elkezdtek naponta látni gyógyulásokat Amszterdamban. Végül hetente mentünk ki az utcára idegenekért imádkozni.

Az egyik héten azt mondta nekem: "Matt, imádkozni fogok a mankóval járó emberekért, és hiszem, hogy meg fognak gyógyulni!"

A következő héten elmondta, hogy látta az első mankós gyógyulást. Ugyanezen a napon láttunk egy fiatal spanyol fiút meggyógyulni, aki ezután már mankó nélkül tudott járni.

Ekkor ezt mondta nekem: "Matt, most a kerekesszékes emberekért fogok imádkozni!"

A következő héten elmondta, hogy látta az első kerekesszékes gyógyulást: egy ember felállt a kerekesszékből és járt. Fantasztikus volt!

Ezután elment egy nagy holland keresztény konferenciára, hogy csatlakozzon egy imacsapathoz, akik a betegekért imádkoztak (Opwekking 2016). A mozgássérült-szekcióban állt, és csak imádkozott és imádkozott a kerekesszékben ülőkért. Három kerekesszékes gyógyult meg azon a hétvégén! Egyikőjüket Marije de Vriesnek hívják.

Marije műtétre várt, mert egy csont nőtt ki a lába oldalából. A lába deformáltsága miatt fájt a háta és a csípője egész életében. Mikor elég idős lett a műtéthez, eldöntötte, hogy megcsináltatja.

Az orvosok kivágtak és beillesztettek különböző csontokat és inakat a lábába, hogy normálisan tudjon járni. A gyógyulási időnek legalább három hónapnak kellett volna lennie, és még minimum egy évig fájdalmai lettek volna.

Mikor elment a konferenciára, egy hónap telt el a műtét óta, és Marije Istentől kérte a gyógyulást. Iskander, a többiekkel együtt többször imádkozott érte pénteken, szombaton és vasárnap. Azonban a fájdalom ahelyett, hogy csökkent volna, nőni kezdett. Még rosszabb lett, mikor megcsúszott és ráesett. Marije viszont elszántan imádkozott továbbra is a teljes felépüléséért.

Hétfőn nem volt hajlandó hazamenni, amíg nem imádkoztak érte újra. Megtalálta Iskandert és egy másik fiatal férfit, és megkérte őket, hogy mégegyszer imádkozzanak érte. Ők ketten imádkoztak érte többször, amíg a gyógyulása elkezdett végbemenni. [76] Marije a súlyos, állandó fájdalmak után eljutott oda, hogy képes lett a kerekesszékét maga előtt tolva futni, minden fájdalom nélkül!

Sajnos Marijenek még két hetet várnia kellett, mielőtt a gipszét levették. Azonban amikor az orvosok levették a gipszet, teljesen megdöbbentek. A lába teljesen meg volt gyógyulva, és szabadon csinálhatott vele azt, amit akart!

Marije gyógyulása szemlélteti, mennyire fontos, hogy ne adjuk fel, amikor emberek gyógyulásáért imákozuk. Ha Marije feladta volna azután, hogy pénteken, szombaton és vasárnap imádkoztak érte, akkor talán nem gyógyult volna meg hétfőn. Az imádkozásban való kitartás szükséges mindenkinek, aki látni akar embereket imádkozás által meggyógyulni.

Kitartás a gyógyulásért való imádkozásban

John Wimber [77] úgy érezte, hogy Isten azt mondja neki, hogy imádkozzon a betegekért a gyülekezetében, Anaheeimben, Kaliforniában. A következő tíz hónapban senki sem gyógyult meg, akiért imádkoztak. Sőt, az emberek, akik imádkoztak a többiekért, elkeztek maguk is megbetegedni. Wimber abba akarta hagyni, de Isten nem hagyta neki. Tíz hónapnyi odaadó imádkozás után meglátta az első gyógyulást. Ez volt a kezdete a gyógyító szolgálatnak, ami segített elindítani a gyülekezetek Vineyard mozgalmát. Az ő szolgálata hatással volt sok más mozgalomra is szerte a világon.

Miután Todd White [78] drámaian megszabadult a bűnös életből és a drogfüggőségből, felfedezte az isteni gyógyulást. Három és fél hónapig napi tíz emberért imádkozott. Bárhol, ahol volt (szupermarketek, benzinkutak, munkahely, stb) imádkozott emberek gyógyulásáért. Miután több mint kilencszáz emberért imádkozott, végre meglátta az első gyógyulást. Most White minden nap lát gyógyulásokat, és Isten ismeret beszédét ad neki, bárhová megy.

Jordan Seng a Miracle Work című könyvében írja le a gyógyító szolgálattal való küzdelmét.

> Ha hiszed, hogy Isten képessé tesz természetfeletti tettek véghezvitelére, néha borzalmasan fogod érezni magad, mikor elbuksz. A gyülekezetünk gyógyító szolgálatában, a szolgálatra érkezőknek nagyjából a fele legalább részleges fizikai gyógyulást kap a szolgálat során. Sokan tapasztalják a fokozatos gyógyulást, és körülbelül 15 százalék kap teljes és azonnali gyógyulást a szolgálat során. 10 százalékos sikerességet regisztrálunk

még látszólag gyógyíthatatlan betegségek esetén is. Úgy tűnik, hogy szinte tökéletes a sikerességi arány bizonyos betegségeknél, és a szabadulási szolgálat áttörési aránya is nagyon magas. Mi meg sem közelítjük Jézus hatalmi és hatékonysági szintjét, de azt hiszem, azt mondhatjuk, hogy van ok a bátorításra. Mégis, ha nem sikerül meggyógyítani egy gyönyörű leukémiás kislányt, vagy egy agydaganattal rendelkező fiatal anyát, érezzük a csalódottságot, és szinte mindig arra gondolunk, hogy jobban kellett volna csinálnunk. [79]

Úgy nőttem fel, hogy láttam édesapámat, Deant emberek ezreiért imádkozni, akik sokféle betegségből gyógyultak meg. Írt nekem a betegekért való imádkozás örömeiről, de a csalódásairól is. Itt van néhány tapasztalat, amit megosztott velem:

Egy szolgálat sorén Toméban (Chile) öt egymást követő éjszaka imádkoztam egy 15 évesért, akinek nem volt medencecsonti ízületi *árkája*, és emiatt nagyon sántított. Ahogy elsántikált az imáért sorban állók sorától, úgy éreztem magam, mintha egy lyukba csúsznék bele. Olyan jól és erősen imédkoztam érte, amennyire csak tudtam, de semmi sem történt.

Úgy döntöttem, hogy elrejtem a csalódottságomat, és folytatom a betegekért való imádkozást, de a többieket már nem teszteltem, hogy valóban meggyógyultak-e. Egy nő kihozta a 18 hónapos kisfiát, hogy imádkozzam érte. Megkérdeztem, hogy mi a fiú baja, és azt válaszolta, hogy ugyanaz a probléma, mint ami a 15 éves gyerek betegsége volt: születése óta nem volt medencecsonti ízületi *árkája*. (Ekkorra már nagyon kevéssé hittem ebben a gyógyulásban).

Pár perccel később a gyülekezet éljenzésben tört ki. Megtudtam, hogy a kisfiúnak medencecsonti ízületi *árkája* lett mikor imádkoztam érte, és éppen a folyosón sétált, a mankója nélkül! Sok rokona hitre jutott emiatt a gyógyulás miatt.

Ennek ellenére zavart voltam. Miért gyógyította meg Isten őt, és a 15 évest nem?

Végül elegem lett! Azt mondtam az Úrnak, hogy befejezem a betegekért való imádkozást. Hirdetni fogom az evangéliumot, hogy az emberek megtérjenek, de már nem bírom a sok kínos bukást, amikor imádkozom értük! Még a találkozók előtti imádkozást és a böjtölést is abba fogom hagyni!

A következő reggelen mikor prédikáltam, többen előre jöttek megtérni Istenhez, én önelégülten leültem, azt gondolva, hogy végeztem. A pásztor azonban felkelt, és bejelentette a gyülekezetnek: "Dean testvér most imádkozni fog a betegekért!" Ember, baromi mérges lettem! Azt mondtam Istennek: "Nem. Nem teheted ezt velem! Nem bírom ki, hogy megint csalódnom kell amiatt, hogy imádkozom az emberekért, de nem látom őket meggyógyulni! " A pásztort azonban nem akartam kínos helyzetbe hozni, úgyhogy felálltam, és elkezdtem egyesével rátenni a kezem az emberekre. Elkezdtek csodálatos gyógyulások történni. Egy lány, aki nem tudta a feje fölé emelni a karját. Egy másik, aki vak volt, az egyik szemére hirtelen tökéletesen tudott látni. Több gyógyulás is végbement, pedig nem is imádkoztam vagy böjtöltem a szolgálat előtt. A szolgálat után megvallottam a bűnömet az Úrnak. Elmondtam neki, hogy nem számít, mennyire kínos helyzetbe kerülök, továbbra is imádkozni fogok a betegekért. Alá fogom vetni magam a parancsainak és betegeket fogok gyógyítani, bármennyire gyenge is lesz a hitem, vagy bármennyire csalódott is leszek. Sosem bántam meg ezt a döntést!

A betegek gyógyítása "normális" része Jézus követésének

Vettem részt olyan szolgálatokban, ahol úgy tűnt, hogy szinte mindenki meggyógyult, akiért imádkoztam. Olyan szolgálatokon is voltam, ahol senki sem gyógyult meg az imám után. Mostmár mindenki meggyógyul, akiért imádkozunk, de senki sem fog meggyógyulni, ha nem imádkozunk. Ugyanez az elv igaz a hitünk megosztására vonatkozóan is. Nem mindenki válik kereszténnyé, akivel megosztom a hitemet, de nem hagyhatom, hogy ez bármikor is megakadályozzon az evangélizálásban. A hitem megosztása és a gyógyulásért való imádkozás a szeretet megnyilvánulásai.

A célom az, hogy bármi történjen, vagy ne történjen, az emberek tudják, hogy én (és Isten) szeretjük őket. Istennek semmi sem lehetetlen, amikor megosztjuk a hitünket és imádkozunk. 2010-ben számos siket ember füle nyílt meg és hallottak újra.

Később ebben az évben, találkoztam egy siket emberrel egy amszterdami parkban. Imádkoztam érte, de nem gyógyult meg. Azonban amikor befejeztem az imát, egy könnycsepp volt a szemében és megköszönte, hogy érdekelt engem annyira, hogy imádkozzam érte, és kérjem Istentől a gyógyulását.

Az a feladatunk, hogy szeretetben imádkozzunk a gyógyulásért, és Istenre hagyjuk a megvalósulását. Isten gyógyítja meg az embereket, nem mi. Nyugodj meg, és olyan szellemben imádkozz az emberekért, hogy megtisztelve és szeretve fogják érezni magukat, bármi történjen. Minél többet imádkozol a betegekért, annál többen fognak meggyógyulni. Ne hagyd abba a betegekért való imádkozást. Jézus valóban megért minket arra, hogy gyógyítsuk meg a betegeket (lásd: Máté 10:8). Ahogy a szegényeknek kell adakoznunk, áldani az ellenségeinket és megbocsátani az embereknek, úgy kell a betegekért is imádkoznunk. Jézus és Pál a hitünk megosztásának fontos részeként ír a gyógyulásokról, jelekről és csodákról (Márk 16:17-18 és Róma 15:17-20). A betegek meggyógyítása normális része Jézus követésének.

Hogyan imádkozzunk a betegekért: Egy öt lépéses modell

Áron testvéremet egyszer megkérték, hogy álljon elő egy betegekért való imádkozási módszerrel, a brazil tinédzserek tanítására. Egy öt lépéses módszert talált ki erre. Többezer gyógyulás történt ezeknek a lépéseknek a használatával. Itt van öt pont, amiket követhetsz a betegekért való imádkozás során:

Első lépés: Ha alkalmas a helyzet, helyezd a kezed a beteg terület(ek)re
"Betegekre teszik rá a kezüket, és azok meggyógyulnak." (Márk 16:18)
A betegekért való imádkozás során mindig kérj engedélyt, mielőtt a kezed egy emberre teszed. Ha nem alkalmas a beteg testrész a kézrátételre, helyezd a kezed a vállukra vagy a fejükre. Sose helyezd a súlyod egy másik emberre, és ne nyomd le őket. Ha nem tudod rájuk tenni a kezed, de megengedik, hogy imádkozz értük, tedd meg. Ez nem arról szól, hogy kövess egy módszert, hanem hogy helyet adj Istenek egy csoda megtételére.

Második lépés: Parancsolj a testrésznek, hogy gyógyuljon meg
"Akkor Jézus kinyújtotta a kezét, megérintette őt, és így szólt: „Akarom. Gyógyulj meg!" Ő pedig azonnal meggyógyult a leprából."(Máté 8:3)
Jézus sosem kérte az Atyát, hogy gyógyítsa meg a betegeket. Mindig a betegeknek parancsolt, hogy gyógyujanak meg. Jézusnak minden hatalom megadatott, és ezt a hatalmat démonok kiűzésére, és betegek meggyógyítására adta (lásd: Máté 28:18; 10:1). Azt a példát állította, hogy a gyógyulásért való imádkozás nem egy kérés, hanem egy parancs, ami a Jézus által adott saját szellemi hatalmon alapul.

Harmadik lépés: Parancsolj a betegség bármilyen szellemének, hogy tűnjön el
Néhány betegséget (nem az összeset) démonok okoznak. A Lukács 13:10-13-ban egy nőről olvasunk, aki egy démon tett nyomorékká tizennyolc évre, mielőtt Jézus meggyógyította. Hasznos, ha így imádkozunk: "Ha van bármilyen betegség démona jelen, parancsolok, hogy tűnj el!"
Egy lehetséges jele a démoni aktivitásnak az, hogy a fájdalom a testükben kezd el egyik helyről a másikra menni, amikor parancsolunk neki, hogy tűnjön el. Ha felismered, hogy szellemi aktivitás történik, ne hagyd abba az imádkozást, amíg úgy nem érzed, hogy a munka be van fejezve, és ne legyél megfélemlítve.

Negyedik lépés: Kérd meg őket, hogy csináljanak olyat, amit eddig nem tudtak
„ Egy másik szombaton Jézus a zsinagógába ment, és ott tanított. Volt ott egy ember, akinek a jobb keze béna volt… Végignézett mindannyiukon, majd ezt mondta a béna kezű férfinek: „Nyújtsd ki a kezed!"Az ember kinyújtotta a kezét, és az meggyógyult. (Lukács 6:6,10)
Előfordul, hogy egy ember nem tudja, hogy meggyógyult, amíg nem teszteli magát. Ez azt jelenti, hogy ha az embernek a nyaka vagy a háta fáj, akkor megkérem őket, hogy hajoljanak le, vagy nézzenek balra és jobbra. Kerüljük el, hogy bántsák magukat, de sokszor ez a hitbeli cselekedet szabadítja fel a gyógyulást.
Apám egyszer imádkozott egy emberért, akinek a lába teljesen balra dőlt. Azt mondta neki, hogy csináljon egy rúgást, és mikor harmadszorra rúgott, a lába kiegyenesedett!

Marleen Kleppees agyi bénulásban szenvedett (ugyanaz a betegség, amivel én születtem). Egyik nap imádkozás közben látomást látott, amiben Jézus azt mondta neki, hogy meg fog gyógyulni. Felhívta a környékbeli gyülekezetet, és megkérte őket, hogy imádkozzanak érte. A pásztor imádkozott érte, és utána azt kérte tőle, hogy hitben álljon fel a tolószékből, és kezdjen el járni. A nő felállt, és elkezdett futni a gyülekezetben. Teljesen meggyógyult! A hit lépése volt a tolószékből való felállás, és ez része volt Isten gyógyítási folyamatának. [80]

Fontos, hogy az emberek megnézessék magukat az orvossal. Ha gyógyszereket szednek, nem kell egyből abbahagyniuk a szedésüket. Ha meggyógyultak, az orvos képes lesz ezt igazolni. Ahogy Jézis a leprásokat a templomba küldte, hogy megnézzék, hogy meggyógyultak-e, úgy kell nekünk is megvizsgálódnunk, hogy megerősítsük a gyógyulásokat.

A gyógyulások igazolása és dokumentálása (ha lehetséges) egy orvossal egy nagyon jó módja annak, hogy bizonyítsuk azt, hogy Jézus ma is gyógyít.

Ötödik lépés: Ellenőrizd az eredményeket, és ha szükséges, ismételd meg a lépéseket az elsőtől a negyedikig

Jézusnak egy vak férfiért kétszer kellett imádkoznia, hogy teljesen meggyógyuljon (lásd: Márk 8:23-25). Ha Jézusnak kétszer kellett egy gyógyulásért imádkoznia, akkor nekünk lehet, hogy hússzor kell majd. A gyógyulás gyakran egy folyamat, és nem egy pillanat alatt történik meg. Ha egy ember nem gyógyul meg teljesen egy imádkozás után, akkor folytasd tovább. Amíg ő engedi, és helyénvalónak tartod, addig imádkozz.

Egy nő, aki a gyülekezetünkbe járt, meggyógyult a fibromyalgiából, miután három évig imádkoztak érte. Minden alkalommal, amikor imádkoztunk érte, egy kicsit jobban lett. Mindazonáltal, egy nap megbocsátott valakinek, és aznap, miután imádkoztunk érte, teljesen meggyógyult. A gyógyulás gyakran egy folyamat, úgyhogy ne add fel egy imádkozás után.

Legyen bátorságod megkérdezni azt, akiért imádkoztál: "Most hogy érzed magad?" Egy 1-10-es skálán mérd a fájdalmat (10 azt jelenti, hogy sok a fájdalom, az 1 pedig azt, hogy teljesen eltűnt). Ünnepelj minden alkalommal, amikor a fájdalom lejjebb megy a skálán, és imádkozz tovább, legyen hited a nullára!

Nem kell hosszan imádkoznod, túl sok szót haszálva. Amikor idegenekért imádkozom az utcán, röviden szoktam csinálni, így kétszer, vagy háromszor is tudok imádkozni, ha van rá lehetőség. Nem az imád hossza miatt fog csoda történni.

Bunschotenben, Hollandiában megosztottam a gyógyulásért való imádkozás öt lépését egy vasárnap reggeli alkalmon. Egy férfiért nyolcszor imádkoztak egymás után, mielőtt a krónikus gyomorfájdalma eltűnt. Azóta nem szenved fájdalomban. Egy jó barátja volt az, aki nem hagyta abba az imádkozást a hetedik alkalom után

Kell, hogy az emberek hívők legyenek ahhoz, hogy meggyógyuljanak?

A rövid válasz: nem. Európában relatíve kevés ember hisz Istenben, és mégis meglehetősen sok gyógyulást látok, amikor hitetlenekért imádkozom. A feladatunk az, hogy egyszerűen imádkozzunk az emberekért, higgyünk és bízzunk Istenben, bármi történik. Sosem szabad hibáztatni az embereket, és azt mondani, hogy nem volt elég hitük a gyógyuláshoz. Ez egyáltalán nem segít. Ehelyett inkább az legyen a cél, hogy akár meggyógyulnak, akár nem, hálásak legyenek azért, hogy ők érdekeltek téged annyira, hogy imádkoztál értük.

Kell, hogy a hitem nagy legyen ahhoz, hogy meggyógyítsam a betegeket?

A rövid válasz szintén nem. John Wimber mesélte ezt a történetet, amelyik illusztrálja azt az elvet, hogy az emberek gyógyulása nem azon múlik, hogy mi jó időben vagyunk jó helyen, jó hozzáállással.

"Emlékszem, hogy a Phoenix-i reptéren álltam egy piszoárnál. Egy férfi áthajolt hozzám, az arcom elé tette az arcát, és azt mondta: 'Te ő vagy, ugye?'. Kezet szeretett volna rázni velem.

Azt mondtam: 'Kicsit elfoglalt vagyok éppen' Azt felelte: 'Imádkoznál értem?' Azt mondtam: 'Az előtt, vagy az után, hogy megmostam a kezem?' Ez tényleg megtörtént! Alig tudtam elhinni!"

"Úgyhogy megmostam a kezem és imádkoztam érte. Egy barátjától hallottam, hogy meggyógyult. Abban a pillanatban, amikor imádkoztam érte, csak dühöt éreztem. Életemben nem bosszantott fel senki ennyire. Biztosan nem az én hitem volt, de azt tettem, amire Jézus fehatalmazott engem. Csak gépiesen végigcsináltam az egészet." [81]

Mi van akkor, ha az emberek nem gyógyulnak meg?

John Wimber sok rákos ember gyógyulását látta a szolgálata során, és ő mégis rákban halt meg. Billy Joe Daugherty, a Victory Christians Center alapító pásztora Tulsában (Oklahoma), számos gyógyulást látott. Ő is rákban halt meg. Meg tudom magyarázni, hogy egyesek miért gyógyulnak meg, és mások nem? Nem, nem tudom megmagyarázni.

Szerencsére nem is kell. Nem Isten vagyok, és nem tudok senkit sem meggyógyítani a saját erőmből. Isten gyógyít, én nem. Én relaxálhatok, és úgy imádkozhatok gyógyulásért, hogy nem számít mi fog történni, az emberek megtapasztalták Isten szeretetét rajtam keresztül. Sok gyógyulást láthatok, amikor Istennel együttműködöm, és együtt gyógyítjuk a betegeket.

Évekig edzettem a fiam és a lányom focicsapatát. Az egyik instrukcióm az volt, hogy ha közel vannak az ellenfél kapujához, akkor rúgniuk kellett. Nem szereztek mindig gólt, amikor kapura rúgtak, de sosem rúgtak volna gólt, ha nem rúgtak volna kapura. Ugyanez vonatkozik a betegekért való imádkozásra, prófétálásra, bizonyságtétere a hitetleneknek: ha nem csináljuk, az emberek sosem fogják megkapni.

Minél többet teszünk bizonyságot az embereknek, annál többen hihetnek Jézusban. Minél több hívő imádkozik a betegekért, annál többen gyógyulnak meg. Minél többet prófétálunk, annál többet tud Isten szólni az emberekhez rajtunk keresztül.

Imádkozzatok továbbra is a betegekért, prófetáljatok, és tegyetek bizonyságot a hitetekről. Számítsatok arra, hogy gyógyulások, szabadulások, és csodák fognak történni.

Akár meggyógyulnak, megtérnek, Isten szavát hallják az emberek, akár nem, had érezzék, hogy őszintén törődtök velük. A betegekért való imádkozás, a prófétálás, és az örömhír megosztása a legszeretetteljesebb dolgok, amiket tehetünk.

Mert hogyan hallanának minket, ha nem beszélünk? Hogyan gyógyulnak meg, ha nem imádkozunk értük? "Hogyan hívják segítségül azt, akiben nem hisznek? Hogyan is higgyenek abban, akit nem hallottak? Hogyan hallják meg igehirdető nélkül? És hogyan hirdessék, ha nem küldettek el?" Így van megírva: „Milyen kedves azoknak a jövetele, akik az evangéliumot hirdetik!"

A betegek meggyógyítása és Isten Igéjének hirdetése része annak, hogy "szép lábunk" van, és annak, hogy jó hírt adunk át az embereknek.

12. fejezet

Hogyan növekedjünk az erő-evangélizációban

(Gyógyulást, ismeret beszédét és sok mást kínálunk Amszterdam utcáin)

"Hiszen még említeni sem mernék olyan dolgokat, amelyeket a magam erejéből tettem. Csakis olyanokról beszélek, amelyeket Krisztus vitt véghez általam - akár a beszédem, akár a tetteim által -, hogy az Izraelen kívüli népek eljussanak az Isten iránti engedelmességre. Jelek és csodák által, a Szent Szellem erejével végeztem mindezt. Jeruzsálem környékétől kezdve egészen Illíriáig mindenhol hirdettem a Krisztusról szóló örömüzenetet. Így a munkámnak ezt a részét befejeztem." — Pál apostol, Római levél 15:18-19

„Beszédemet és tanításomat nem a bölcs szavak tették meggyőzővé, hanem a Szent Szellem ereje - ez volt a bizonyítéka annak, hogy igazat mondok!" (1Korinthus 2:4)

Mi az erő-evangélizáció?

Az erővel való evangélizáció abból áll, hogy használjuk a prófétálást, a gyógyítást, a szabadítást és Isten jelenlétét annak érdekében, hogy megosszuk az emberekkel az evangéliumot. [82] Ezt a kifejezést a híres John Wimber tette népszerűvé abban a könyvében, amelynek ugyanez a címe. [83]

Egy olyan kultúrában, ami az Isten elleni racionális érvekre fókuszál, rendkívül hasznos, ha meg tudjuk kerülni az emberek elméjét, és meg tudjuk érinteni a szívüket Isten erejével a gyógyításon vagy az ismeret beszédén keresztül. Ha megtapasztalják az emberek Isten erejét, akkor sokkal nyitottabbak lesznek az iránt, hogy Jézusról többet halljanak. Ha a hívők megtapasztalják Isten erejét, akkor kevésbé valószínű, hogy otthagyják a gyülekezetet.

Rendszeresen látok embereket, akik hallani sem akarnak Jézusról, aztán hirtelen nyitottá válnak arra, hogy meghallgassanak engem, miután meggyógyultak, vagy ismeret beszédét kaptak. Isten ereje csodákban, jelekben nyilvánul meg, és ez a kulcsa az erő-evangélizációnak. Ezt a modellt mutatja nekünk Jézus és az apostolok szolgálata.

Jézus azt mondta nekünk: *Amit én meg tudok tenni, azt ti jobban is meg tudjátok tenni (János 14:12)*. Pál apostol komolyan vette a szavait. Az elsődleges evangélizációs stratégiája az volt, hogy elment egy helyre, és hagyta, hogy a Szent Szellem megváltoztassa emberek életét. Pál meggyógyította a betegeket, feltámasztotta a halottakat, prófétált, és ismeret beszédét szólt az emberek számára missziós utazása minden állomásán. (Minden ebben a könyvben az ő szolgálatának mintájára készült.) Ezt Jeruzsálemtől Illíriáig csinálta, és úgy gondolom, a mai modern légiközlekedéssel az egész világban hirdethetjük az evangéliumot Pál szolgálati módszertanát követve.

Pál módszertana (jelek, csodák) valójában Jézus módszertana volt, és ennek használata megnyitja Isten Királyságát. Ugyanaz a Szent Szellem, aki feltámasztotta Jézust a halálból, él ma bennünk. Azt várja el tőlünk, hogy prófétáljunk, gyógyítsuk meg a betegeket, támasszuk fel a halottakat, tisztítsuk meg a leprásokat, és ingyen adjuk mindazt, amit mi is ingyen kaptunk (lásd: Máté 10:7-8). Jelek és csodák fogják követni az evangélizációt, így az emberek tudni fogják, hogy Ő valóságos! Az erőevangélista legjobb példája Jézus Krisztus.

Hogyan növekedjünk az erő-evangélizációban? (EE)

Két remek példát említettem az előző fejezetben a modern erőteljes evangélistákra: Todd White-ot, és John Wimbert. Én magam is átéltem olyan időszakokat az életemben, amikor emberek százait láttam meggyógyulni nem csak gyülekezetekben, hanem az utcán, repülőgépeken, spirituális rendezvényeken és irodákban. Az erő-evangélizációban való növekedés sok örömmel jár, azonban nem mindenki fogja megérteni vagy értékelni.

Egy repülőgép-járaton egy hagyományos gyülekezet egyik pásztora mellett ültem, aki elképedt azon, hogy vadidegenek gyógyulásáért imádkozom. Miután meséltem neki az erő-evangélizációról, szó szerint megkérdezte tőlem: "Miért teszel ilyet?"

Ez kívül esett az ő módszerein és tapasztalatain.

A visszaúton egy nő, aki mellettem ült, teljesen megdöbbent, mikor elmondtam neki, hogy egy prédikátor vagyok. Számára sem volt ennek értelme. Amit viszont értett, az az volt, hogy amikor imádkoztam az ő gyógyulásáért Jézus nevében, akkor a hátából eltűnt az összes fájdalom! Annyira boldog volt, hogy amikor a szülővárosában található gyülekezetben prédikáltam, elhozta a legjobb barátját is, hogy halljon engem. Isten megérintette az ő életét, és a testi gyógyulása nyitotta meg a szívét Isten szavai iránt.

Mindenki Jézust keresi, de nem tudják, hogy Jézus az, akit keresnek. Amikor bemutatót tartok egy spirituális rendezvényen, nem használok keresztény szaknyelvet, mert sokan ellenségesen állnak az egyházhoz és a kereszténységhez.

Ezért csak azt a címet adom az előadásaimnak: " A szeretet természetfeletti erejének demonstrálása".

Aztán olyan bizonyságokat mondok, amikben az emberek az én "forrásom" által gyógyultak meg. Aztán elmondom mindenkinek, hogy a forrásom meg fog gyógyítani embereket. Ahogyan az emberek elkezdenek meggyógyulni, felajánlom, hogy felfedem a gyógyító erőm forrását. Aztán elmondom, hogy Jézus Krisztus az, aki meggyógyít embereket általam. Ezen a ponton mindent el tudok mondani Jézus Krisztusról és az ő üzenetéről, mert az emberek látták az Ő gyógyító erejének a bizonyítékát.

Miután megosztottam velük az evangéliumot, megkérdezem, hogy ki szeretne egy személyes üzenetet hallani Jézus Krisztustól. Ezt rendszerint *minden* jelenlévő szeretné. Az emberek néha ámulnak és zavartak, mert nem tudták, hogy a gyülekezetnek és Jézus Krisztusnak hatalma és szellemi ereje van. Ez egy gyakorlati példa az örömhír megosztásáról csodák, jelek és a Szent Szellem ereje által. [44]

Az első prostituált esetén, akivel imádkoztam azért, hogy befogadja Jézust a szívébe, sokhónapnyi látogatás után volt ez lehetséges. Azért volt ennyire nyitott, mert az egyik kollégám imádkozott érte, és a krónikus hátfájdalma teljesen eltűnt.

A szolgálat és a Szent Szellem hatalmában való járás hihetetlenül erőteljes, amikor Jézus Krisztus szeretetét és üzenetét osztjuk meg az emberekkel. Egy olyan világban, ami nagyon gyakran bezár a mi szavainkra, Isten életet adó ereje megnyitja az emberek szívét, és megváltoztatja az életüket.

A *Miracle Work*-ben Jordan Seng elmondja az ő módszerét az erőben való növekedésre az evangélizáció érdekében. Seng leírja, hogy amikor a hatalom, ajándék, hit és a megszentelt élet egyesül, akkor az erőt eredményez. Nézzük most ezeket az elemeket egyesével.

Felhatalmazás

Minden felhatalmazás a kapcsolatból származik. A szellemi hatalom abból ered, hogy közel vagyunk Jézushoz. Jézus azt mondja nekünk, hogy maradjunk meg Őbenne, és hogy *"ha énbennem maradtok, és az én beszédeim bennetek maradnak, kérjetek, amit csak akartok, és megadatik nektek."* (János 15:7)

Ahogy Jézusnál is volt, a mi felhatalmazásunk is abból ered, hogy azt tesszük, amit az Atya tesz, és azt mondjuk, amit az Atya mond. (lásd János 5:19). Az én lányom nem mondhatja meg nekem azt, hogy mit tegyek, amíg az anyjától nem kap utasítást. Amikor végrehajtja az anyja utasítását, akkor az apját is ugráltathatja, mert az anyja nevében beszél.

Shawn Bolz azt mondja, hogy csak akkor van hatalmad (*felhatalmazásod – a ford.*) más emberek felett, ha tényleg szereted őket és törődsz velük. Ahogy Pál apostol tette, nekünk is arra kellene törekednünk, hogy a hatalmunkkal építsünk másokat, és úgy szeressük őket, ahogy Krisztus szeret minket. Kiemelten fontos, hogy a hatalmunk *kapcsolatból* eredjen. A leggyengébb hatalom a pozícióból eredő hatalom, amikor a rangunk vagy pozíciónk miatt mondjuk meg másoknak, hogy mit tegyenek. Az a tekintély, ami a saját példánkból ered, sokkal jobb ennél.

Ebben az esetben mondhatjuk azt, hogy *"tedd azt, amit én teszek", vagy ahogy Pál mondta: „kövessetek abban, ahogy követem Jézust"* (1Korinthus 1:11).

Ajándékok

Pál arra bíztat minket, hogy buzgón kívánjuk a szellemi ajándékokat, különösen a prófétálást (lásd: 1Korinthus 14:1). Én úgy növekedtem a gyógyítás és a prófétálás ajándékában, hogy tanulmányoztam őket, és keretem olyan embereket, akiknek erőteljes szellemi ajándékai vannak. Istentől kérem ezeket az ajándékokat, és látom, ahogy teljesíti a kérésemet. Miután olvastam John Wimber és Gary Best könyveit, elkezdtem ismeret beszédét kapni rendszeresen, ami aztán gyógyulásokhoz vezetett. Hiszem, hogy ezek az ajándékok elérhetők minden hívő számára.

Rendszeresen szolgálok olyan emberek csoportjával, akiknek olyan szellemi ajándékai vannak, amiknek én (még) nem vagyok birtokában. Mikor együtt dolgozunk, mindenki növekszik, és a csapatban történő szolgálat sokkal dinamikusabb tud lenni, mint az egyéni. Ha növekedni szeretnél a szellemi ajándékok használatában, kérd ezeket Istentől, és legyél olyan emberekkel, akik előrébb járnak nálad. Keresem azokat, akik tapasztaltabbak nálam, és azokat is, akik tanulni szeretnének tőlem. Az ajándékozás kétirányú. Azonban mindig olyanokat keress, akik az ajándékaikat szeretetben és kapcsolatokban használják.

Hit

Nagyon ijesztő vadidegenekhez odamenni, és felajánlani, hogy imádkozunk a gyógyulásukért, vagy hogy egy bátorító szót mondunk nekik. Mit fognak mondani? Azt fogják gondolni, hogy megőrültem? Talán igen, talán nem. Talán meg fogják tapasztalni Isten erejét.

Nemrég Amszterdam belvárosába mentem, hogy Isten szeretetét és erejét megosszam az emberekkel az utcán. Az első harminc percben senki sem fogadta el az ajánlatomat, hogy imádkozom értük. Ez mindaddig így ment, amíg meg nem láttunk egy csapat gimnazista gyereket, akik szórakoztak egymással. Amikor az első gyerek térde meggyógyult, a többiek is elkezdtek imát kérni tőlünk, vagy ismeret beszédét. Öt perc leforgása alatt öt gyógyulás történt. Tudtunk beszélgetni az egész csoporttal, és imádkozni értük, akik azt gondolták, hogy csak egy városnézésre jöttek.

Az egyik édesapa utána odajött hozzánk, és azt mondta, hogy a fia meggyógyult, és nekünk tényleg csodás ajándékaink vannak. Így még többet tudtunk Jézusról mondani, és tudtunk imádkozni érte és más diákokért is, mielőtt felszálltak a buszra és elmentek.

A hit cselekedeteket követel, mert a hit cselekedetek nélkül halott. Nem csak beszélni szeretnék a gyógyításról és a prófétálásról, hanem csinálni is akarom. Ez kockázatokkal jár. Ahogy Wimber mindig mondta: " A hit lebetűzve K-O-C-K-Á-Z-A-T".

Megszentelődés

A szellemi gyakorlatok, mint például a böjtölés, imádkozás vagy az áldozattal járó adakozás remek katalizátora az erő-evangélizációban való növekedésnek. Isten jelenléte erőt hoz magával.

Azok a napok, amikor az egész napomat imádkozással és böjtöléssel töltöm, amikor órákon keresztül prófétálok az embereknek, biztosan felpörgetik a szellemi ajándékok fejlődését és pontosságát. Ha nem látod, hogy a gyógyulások egyből végbemennek, csak imádkozz tovább, és higgy benne, hogy az áttörés el fog jönni. A szellemi hatalmat nem *kiérdemeljük*, hanem úgy pozícionáljuk magunkat, hogy megkapjuk Istentől.

Az erő-evangélizációban való növekedés folyamata

Itt egy hasznos táblázat arról, hogy hogyan nézhet ki az EE-ben való növekedés folyamata. [85]

Erő-evangélizáció növekedési folyamat	
Az evangéliumban leírt identitás	- Az erő-evangélizáció gyakorlásának alapköve
	- Mindenből visszajelzést kapsz arról, hogy ki vagy te Krisztusban
Szellemi ajándékok aktiválása	-Alap imádkozási képzés vagy prófétálás iskolája (első szint)
Gyakorlás szervezett helyzetekben	-Kiscsoport
	-„Szent Szellem-esték"
Gyakorlat szervezett helyzeteken kívül	- Prófétálás bárkinek bármikor
	- Olyanok meggyógyítása, akik nem kértek imát
A gyülekezeten kívül is nyitott szemmel járni	- Olyan betegségeket gyógyíts meg, amik láthatóak
	- Vállalj nagyobb kockázatokat a betegségekkel
	- Kérj visszajelzést, és derítsd ki, hogy meggyógyultak- e.

Erő-evangélizáció növekedési
folyamat

Tégy hozzá valamilyen kapott kinyilatkoztatást	- Kezdd a gyógyulásra vonatkozó ismeret beszédével
	- Prófétálj is az embereknek
Támaszkodj az evangélizációra	-Az erő jön először, aztán az evangélizáció
Növeld tovább a kockázatot	- Emberek csoportjai
	- Merészebb kijelentések arról, hogy Jézus mit fog tenni
Készíts fel másokat	- Mutasd be másoknak is ezt a folyamatot, és kísérd őket végig rajta

Jó, ha egy kicsi, privát csoportban kezdjük, ahelyett, hogy egyből egy nagy, nyilvános szolgálat során próbáljuk ki. Néhány ember részletes naplót vezet arról, hogy mit próbáltak ki, és hogy mi működött, illetve nem működött. Hány próféciát mondtam? Ebből hány volt találó? Hány ember gyógyulásáért imádkoztam? Hányan gyógyultak meg? Mennyi ismeret beszédét mertem mondani? Mennyi volt igaz ezek közül?

A nyilvános helyen gyakorolt EE előnyei

Jézus szó szerint azt mondta, hogy menjünk ki az utcára és juttassuk az embereket az Ő ismeretére (Lukács 14:26). Egy evangelizáció szempontjából fontos találkozás akkor történt Jézussal, amikor szomjasan és fáradtan ült egy szamáriai falu kútjánál (János 4.). Ez a találkozás oda vezetett, hogy az egész falu hitre jutott őbenne. Lehet, hogy egy isteni találkozás vár ránk egy étteremben, vagy akár egy élelmiszerboltban.

Bár nagyon ijesztő, de ha idegenek felé gyakoroljuk az EE-t, az nagyon jó dolog. Azért jó, mert idegenek, akikről semmit sem tudunk, és talán soha nem is látjuk őket újra. Nagyszerű módja ez annak, hogy új embereket ismerjünk meg, és megtanuljuk megosztani velük Isten szeretetét és erejét egy olyan módon, amit az emberek megértenek. Minél többet csinálod ezt, annál többet tanulsz.

Hollandiában megtanultam, hogy vannak bizonyos embercsoportok, akik gyakran nyitottabbak a szellemi természetű beszélgetésekre, mint mások. Ha egy ember tempósan sétál egy bevásárló központban, akkor valószínűleg nem akar majd megállni beszélgetni. Azonban ha egy parkban vagy egy nyilvános helyen üldögél, és közben semmit sem csinál, akkor lehet, hogy ő nagyszerű jelölt lesz.

144

Azt is tapasztaltam, hogy az idősebb emberek gyakran előítéletekkel vannak az egyház és Jézus Krisztus felé, ezért gyakran nem olyan nyitottak a beszélgetésre. Én általában fiatal felnőtteket keresek a beszélgetésekhez. Ne szólíts meg mindenkit, akit látsz, ehelyett kérd meg Istent, hogy vezessen a megfelelő egyénekhez. Lesznek napok, amikor sok beszélgetésben lesz részed, és lesz olyan, amikor kevésben. Olyan ez, mint a horgászat, egyik nap jobban harapnak a halak, másnap meg nem annyira.

Nem számít, hogy hogyan reagálnak az emberek, de ne add fel. A következő történet jól illusztrálja annak a fontosságát, hogy ne adjuk fel. [86]

„Egy erőevangelizációról szóló gyorskurzus után, amit Matt Belgiumban tartott, tűz gyúlt bennem, hogy folytassam ezt. Mivel megértettem, hogy hogyan tud Isten használni engem abban, hogy prófétáljak és gyógyítsam a betegeket, szerettem volna mindenki felé terjeszteni ennek az elképesztő szeretetnek az erejét.

Egy hét múlva visszatértem Angliába Belgiumból, és teljesen lelkes voltam, hogy tovább folytassam, amit Isten elkezdett bennem. Eldöntöttem, hogy elmegyek sétálni a városban, találkozom emberekkel, meggyógyítom a betegeket, és prófétálok. Körülbelül egy órát voltam kint, de senki sem akart velem beszélni. Visszautasítva éreztem magamat. Belegabalyodtam a saját szavaimba. Végül már féltem attól, hogy bárkivel is beszéljek. A következő évben kétszer volt elég bátorságom ahhoz, hogy prófétai üzenetet adjak át valakinek. Teljes csődnek éreztem magamat.

A következő évben elmentem egy Cwmbran nevű városba Walesbe. Ott megtapasztaltam, hogy Isten nagyon erőteljes módon működött. Más hívőkkel együtt kimentem egy gördeszkás parkba, ahol körülbelül 30 fiatal volt. Megpróbáltam azzal beszélgetést kezdeményezni, hogy megkértem az egyiküket, hadd próbáljam ki a rollerét. Nem volt még tapasztalatom rollerekkel, de szerencsére nem estem el. Elkezdtem nekik beszélni Jézusról, és megosztani velük az evangéliumot. Sokan figyeltek, de nem sokáig. Egyik fülükkel hallgatták, amit mondok, de tovább folytatták a gördeszkázást. Miután befejeztem a mondandómat, mondtam nekik, hogy Jézus ma is él, és szereti megmutatni az embereknek, hogy mennyire szereti őket. Ennek egyik módja a gyógyulás. Aztán megkérdeztem, „Van bármelyikőtöknek valamilyen fájdalma?"

Gondolom egy gördeszkás parkban mindannyiuknak lett volna oka feltenni a kezüket. Az egyikőjük bokájának gyógyulást parancsoltam Jézus nevében, és a fiatal srác azonnal meggyógyult. Ő és a barátai nagyon meglepődtek ezen. (Egy kicsit én is meglepődtem.)

Aztán a barátai is mind azt akarták, hogy Jézus meggyógyítsa őket, és Ő meg is tette! Körülbelül 10 fiatal srác gyógyult meg – az összes, akikért imádkoztam. Mindannyian megtapasztalták Isten erejét. A végén megkérdeztem őket, hogy szeretnék-e elfogadni Jézust Uruknak és Megváltójuknak, és közülük nyolcan imádkoztak és elfogadták Jézust.

Az elmúlt három évben Isten szélesítette a határaimat, és növekedtem az EE-ban. Minden egyes alkalommal elképedek, amikor Jézus meggyógyít valakit, vagy szól valakihez *rajtam keresztül.*

Az evangelizáció a prófétáláshoz hasonlóan egyszerű. Nem az a dolgunk, hogy vitatkozzunk az emberekkel, hanem az, hogy megmutassuk nekik Isten szeretetét és erejét annak érdekében, hogy megoszthassuk velük az igazságot. Minél többet teszed ezt, annál jobbá válsz benne. Ugyanakkor nagyon fontos, hogy a megfelelő hozzáállással tegyük ezt. Nem akarunk úgy tűnni, mint valami porszívó ügynök, amikor bemutatjuk másoknak Jézust, hanem épp úgy akarunk viselkedni és beszélni, ahogy Ő teszi. Az erőevangelizáció mögötti motiváció legalább annyira fontos (vagy még fontosabb), mint maga az erőevangelizáció. A következő értékek Jézust tükrözik vissza. Íme az erő-evangelizáció alapvető értékrendje:

Alapvető értékek
Az EE alapvető értékei: szeretet, alázat, békesség, tisztelet, erő, öröm és „Nike" [87]

Szeretet

Jézus azt mondta, hogy lesznek emberek, akik prófétáltak, betegeket gyógyítottak, és démonokat űztek ki… de akik nem ismerik Őt (Máté 7:20-23). Az EE során Isten természetfeletti erejének használatával az a fő célunk, hogy úgy szeressük az embereket, ahogyan Isten szeret minket.

Pál azt mondta, hogy kövessük a szeretet útját, és buzgón vágyakozzunk a szellemi ajándékokra (1 Kor. 14:1). Nem véletlen, hogy az 1 Korinthus 13. fejezet, a szeretetről szóló rész a 12. fejezet és a 14. fejezet közé ékelődik be, melyek a szellemi ajándékokról szólnak. Ha nem szeretünk, akkor nem tükrözzük vissza Istent, mivel Ő a szeretet.

Alázat

Az én meghatározásom az alázatra a következő: erő, mely a szeretet irányítása alatt van. Többször hibázok, amikor bizonytalanság és büszkeség vezérel a cselekedeteimben. Jézus és Mózes elképesztően alázatos emberek voltak, és hiszem, hogy a prófétikus embereknek követniük kell a példáikat.

Valahányszor egy másik gyülekezetben szolgálok, mindig alárendelem magamat az adott hely vezetőjének. Azért jövök, hogy szolgáljak, és építsem a gyülekezetet, és az alázat egy nagyon fontos elem ahhoz, hogy ez megvalósulhasson. Ne arra törekedj, hogy vitákat nyerj, hanem arra, hogy szíveket. Ez azt jelenti, hogy nem a miénknek kell lennie az utolsó szónak, és nem kell vitáznunk, hanem békességben kell lennünk. Isten ereje akkor nyilvánul meg legjobban, ha békességben vagyunk.

Békesség

Isten ereje akkor működik legjobban, amikor békességben és nyugalomban vagyunk. Akkor működöm a legjobban, amikor nem próbálok valamit kierőltetni, hanem megmaradok Isten békességében. Amikor kilépünk valami felé, akkor nagyon hasznos, ha nyugodtak maradtunk. Az embereket nem érdekli, hogy mit tudsz, amíg azt nem érzik, hogy törődsz velük, azért találj módot arra, hogy őszinte és nem nyomuló stílusban kapcsolódj hozzájuk. Törekedj rá, hogy ne érezzék úgy, rájuk akarsz tukmálni valamit. Addig beszélgess velük, amíg látod, hogy érdekli őket a beszélgetés. Az erő akkor működik leginkább, amikor békességben vagyunk.

Tisztelet

„A prófétai szolgálat arról szól, hogy aranyat keresünk az emberek életében lévő kosz alatt." [88] Valahányszor Isten nevében szólunk, az a vágyunk, hogy megmutassuk az embereknek, mennyire értékesek, és Isten mennyire szereti őket. A célunk az, hogy tiszteljük és szeressük az embereket azzal a szeretettel és tisztelettel, amit Isten ad nekünk. Az emberek értékéhez hozzá kell tennünk, nem pedig elvenni belőle.

Erő Isten jelenléte által

Minden természetfeletti erőnk az Isten jelenléte miatt van velünk. Ahol Isten ott van, onnan a sötétség, félelem, depresszió és betegség elmenekül. Az Isten királysága nem csak szavakban áll, hanem erőben is (1 Kor. 4:20). A legfőbb dolgunk az, hogy az embereket hozzákapcsoljuk Isten jelenlétéhez. Amikor az emberek megtapasztalják Istent, minden megváltozik. Ezért van az, hogy ha úgy éljük az életünket, hogy folyamatosan kapcsolatban vagyunk Istennel, az oda vezet, hogy természetfeletti dolgok történnek az életünkben.

Öröm

Szeretni Istent és az embereket jó szórakozás! Az Ő királysága nem szabályokról szól, hanem a Szent Szellemben való igazságosságról, örömről és békességről (Róma 14:17). Több barátom mondta már, hogy mennyire laza és vidám tud lenni velem az erőevangelizáció. Én nem azért csinálom ezt, hogy vitázzak, vagy rávegyek embereket arra, hogy elhiggyenek valamit. Hanem hogy segítsek embereknek megtapasztalni Jézust. Ez tényleg lehet olyan, amiben nagyon jól érezzük magunkat.

Nike – „Csak csináld!"

Az egyik bibliaiskolában azt mondta nekem egy fiatalember, hogy még soha nem látott senkit meggyógyulni az imája által. Rögtön azt mondtam neki, hogy „hát akkor menjünk és csináljuk!"

Találtunk valakit az épületben, akinek fejfájása volt, és miután a fiatalember imádkozott érte, elmúlt neki. A gyülekezetben gyakran túl sok tanítást kapunk, de nem kapunk elég kihívást. Ne csak olvass az erőevangelizációról – menj és csináld!

Lépj ki tele szeretettel, alázattal és az Isten erejével, és szeresd az embereket azzal, hogy felajánlod nekik a gyógyulásukért való imát. Kérd Istent, hogy adjon neked bölcsesség és ismeret beszédét a körülötted lévőkre vonatkozóan. Aztán pedig számíts rá, hogy előbb-utóbb kijelentéseket kapsz majd, és gyógyulások fognak történni.

Az egyik Kelet-Európában rendezett konferencia során egy vezető azt kérdezte tőlem: „Miért nem történnek gyógyulások az országomban?" Azon a hétvégén négy ember gyógyult meg ennek az embernek az imái által. Ezen túl pedig egy olyan kulcsfontosságú vezető lett ebből az emberből, aki másokat is arra ösztönöz, hogy imádkozzanak a betegekért.

Hála neki és a hozzá hasonló embereknek, a városuk utcáin és más nyilvános helyeken rendszeresen százak gyógyulnak meg, amikor imádkoznak értük. Nem elégedtek meg azzal, hogy egyszerűen csak beszéljenek az erőevangelizációról, hanem eldöntötték, hogy meg is cselekszik azt.

Kész vagy arra, hogy erővel evangelizálj, próféciákat, gyógyítást, szabadítást alkalmazz az Isten jelenlétére támaszkodva azért, hogy megoszd az evangéliumot az emberekkel? Fogd a szeretetet és a hatalmat, amit Jézustól kaptál, a Szent Szellem ajándékait, és Isten erejével vidd az Ő reményről szóló üzenetét a világ végéig.

Ne feledd, ha erőevangelizációt akarsz végezni, akkor nagyon fontos a motivációd, ezért bátorítalak, hogy fejleszd ki a fontos alapvető értékeket az életedben, a szeretetet, alázatot, békességet, tiszteletet, erőt, örömöt, aztán Nike (csak csináld!), és menj, végezd a jó munkát, amit Isten elkészített számodra!

Összegzés:
Prófétálj, gyógyítsd a betegeket, és tedd „a dolgokat"

„Azt mondod, hogy ezért hagytam abba a drogozást?" John Wimber
Akiknél a tövisek közé esett, azok hallották az igét, de mikor elmennek, az élet gondjai, gazdagsága és élvezetei megfojtják azt, és nem érlelnek termést.
(Lukács 8:14)

Mi az álmod? Mi a szenvedélyed? Szeretnél prófétálni, betegeket gyógyítani, ismeret beszédét kapni, és Jézushoz vezetni az embereket? Melyek azok a lépések, amiket annak érdekében teszel, hogy ez valósággá válhasson?

Gyakran túl sok a tanítás és túl kevés a késztetés ahhoz, hogy azt tegyük, amire Isten ihlet bennünket. Felteszed majd a polcra ez a könyvet, és el is felejted rögtön mindazt, amit az imént olvastál, vagy cselekedni fogsz?

Egy batárom, Juriaan Beek sok embert látott meggyógyulni Hollandiában az utcákon. A szolgálati stratégiája nagyon egyszerű volt. Elhatározta, hogy minden héten ki fog menni az utcákra, és imádkozni fog az emberekért, és nem fog a miatt aggódni, hogy meg fognak-e gyógyulni vagy sem. Minél többször ment ki az utcákra, annál több gyógyulás és csoda történt. Teljesen megváltoztatta az életét az az élmény, amit egy spirituális vásáron, szolgálat közben tapasztalt, amikor látott egy lebénult nőt meggyógyulni. [89] Ha megtapasztaljuk Isten erejét, az megváltoztat örökre.

Sokszor gondolják azt, hogy bolond vagyok, amikor kimegyek az utcára betegekért imádkozni, vagy pár szóval bátorítani őket. Én mégis láttam ezek által a radikális hitbeli lépések által emberek életét megváltozni. Ha megbénítana az, amikor emberek NEM-et mondanak, nem tapasztalhatnám meg azokat a gyógyulásokat, jeleket és csodákat, melyek akkor történnek, amikor IGEN-t mondanak. Minden lehetséges akkor, ha az emberek IGEN-t mondanak.

„Nem azért nem merjük, mert nehéz, hanem azért nehéz, mert nem merjük
– Seneca [90]

Tedd a „dolgokat"

John Wimber 1963-ban sörvedelő, drogozó popzenész volt, aki 29 évesen tért meg, miközben végig láncdohányzott egy Kvékerek vezette bibliatanulmányozó programsorozatot. Lenyűgözték a természetfeletti gyógyulások, jelek és csodák, amelyeket Jézus tett.

Miután hetekig járt az unalmasnak érzett istentiszteleti alkalmakra, odament egy gyülekezeti vezetőhöz és megkérdezte, hogy: Mikor fogjuk csinálni „a dolgokat"?

- Milyen „dolgokat"? - válaszolt a gyülekezeti vezető.

- Tudod, ezeket a dolgokat ebben a könyvben. A dolgokat, amiket Jézus is csinált, meggyógyítani a betegeket, feltámasztani a halottakat, meggyógyítani a vakokat,- ezeket a dolgokat.

Azt mondták neki, hogy ilyen dolgok már nem történnek manapság, amire John azt válaszolta: Azt mondod, hogy ezért hagytam abba a drogozást!? [91]

Wimber hitte, hogy amit Jézus tanított és mondott, azt meg lehet tenni. (lásd Lukács 9:1-2, 10:1-3) (Máté 28:18-20) Nem elégedett meg az intellektuális síkon létező hittel, vágyott rá, hogy meg is tapasztalja Istent. Veszélyes függőségben tarthat bibliahívő keresztényeket a kényelem és az embereknek való magfelelés vágya. A kényelem és az emberektől való félelem elfojthatja a hit megmozdulását.

Egy régi példázat beszél egy emberről, akit nevezzük most Harrynek. Harry különleges ajándékot kapott az istenektől. Egy kis dióhéj volt, piros madzag lógott ki belőle, aminek különleges ereje volt. Akármikor Harrynek problémája akadt, nem volt más dolga, mint meghúzni a piros zsinórt, és a baj azon nyomban megszűnt. Például ha pénteken vizsgáznia kellett, csütörtökön meghúzta a zsinórt és hirtelen szombat lett. Átment a vizsgán. Harry nagyon boldog volt a ki dióhéjjal és a piros zsinórral, melyet mindig magával hordott.

Nehéz beszélgetés a főnökkel, a feleségével, vagy a gyerekekkel, rögtön megoldott mindent az, hogy meghúzta, a kis piros zsinórt. Sikereinek és boldogságának titka a kis piros zsinórocska volt. El is érte vele a nyugati típusú „álom-életet": volt egy háza, két autója, két és fél gyereke, és egy kutyája.

Mindennek ellenére azonban Harry sosem láthatta azt, amikor megszülettek a gyerekei, vagy soha nem tűnődött olyanokon, hogy vissza tudja-e fizetni a jelzálogkölcsönt, mert a kis piros zsinór elrendezett minden félelmét és kényelmetlenséget. Otthoni élete egy csodálatos nyaralásra hasonlított, munkahelyén pedig mindenki szerette. Kényelmes életet élt, és mindenki azt hitte, hogy teljes életet is. Szolgájává lett a kényelemnek.

Harry függősége a piros zsinórtól azt az illúziót nyújtotta számára, hogy az életében mindent ő irányíthat. Senki sem ismerte a titkát, és senki nem került hozzá túl közel, hiszen volt minden eshetőségre biztos megoldása. Harry szerette ilyenformán biztonságban érezni magát. Élvezte látni azt, ahogyan felnőttek a gyerekei és sikereket értek el az iskolában. Amikor a gyerekeinek problémái akadtak, vagy amikor szükségük volt arra, hogy velük legyen, csak meghízta a zsinórt és minden megoldódott. Mennyire ideális élet is ez, nem igaz?

Nem hát!

Amikor Harry 90 éves lett és a felesége meghalt, ahogy visszaemlékezett és felismerte, hogy sosem élt igazán. Mindig a „biztonságos" utat választotta, és sosem tapasztalta meg az igazi fájdalmat, nehézségeket, vagy azt a megelégedést, amit egy nagy győzelem után érezhetett volna. Harry „biztonságos üzemmódban" élt, soha nem vállalt kockázatot. Mindig a biztonságot kereste. Ekkor, amikor az élete már majdnem véget ért, tele volt megbánással. Milyen tragédia.

A kockázatvállalás azt jelenti, hogy visszautasítom, hogy a kényelem a szolgájává tegyen. Nem fogom meghúzni a piros zsinórt azért, hogy elkerüljem a problémákat és a nehézségeket. Csak egyszer élhetjük végig az életet. Nincsen hozzá kosztümös főpróba.

Mersz-e eldobni mindenféle piros zsinórt, és mai napon elkezdeni élni az életedet? Mi az, ami megakadályozza azt, hogy kikapcsold a „biztonságos üzemmódot", és cselekedd azt, amire az Úr elhívott téged?

2010-ben volt egy visszatérő látomásom arról, amint odamegyek egy fűzfához, és meghúzom az ágait. Amikor ezt teszem, olaj jelenik meg a kezeimen. Úgy értelmeztem ezt a látomást, hogy ebben egy olyan kenetet vagy ajándékot kértem, ami előttem élő hívők életében működött: Oral Roberts, John Wimber, John Wesley, Pálnak, Péter, Ábrahám, Illés és természetesen Jézus Krisztus életében.

Amikor imádkoztam, elképzeltem egy vödröt a fejem fölött, ami tele van vízzel. Minden alkalommal, amikor imádkoztam, mindig több vizet öntöttem magamra. Ez egy kép volt számomra imában arra a vágyamra nézve, hogy jöjjön el Isten királysága és legyen, meg az ő akarata, ahogy a mennyben, úgy a földön is.

Ahogy telt az idő, újra elképzeltem a fűzfát, de most már úgy, hogy a fában benne ülök. Az a vágyam, hogy inspiráció, tanács, és motiváció lehessek mások számára, hogy megtanulhassák azt, hogyan tehetnek olyan dolgokat, melyeket Jézus tett - és még nagyobbakat.

Pál vágyott rá, hogy találkozzon a hívőkkel Rómában, hogy felgerjeszthesse a szellemi ajándékokat az életükben (lásd. Római levél 1:11) Figyelmeztette Timóteust, hogy ne hanyagolja el a szellemi ajándékokat, amiket próféciák és a vének kézrátétele által kapott. (lásd Timóteus 4:14) Wimber egyszer azt mondta, hogy a gyülekezet általában inspirálja és tanítja az embereket, de nem igazán készíti fel őket. [92] Azért imádkozok, hogy ez a könyv ne csak inspiráljon és tanítson, hanem valóban fel is tudjon készíteni.

2010-ben, miután Bruce Foster prófétával voltam Chicagóban, a prófétikus ajándékok feltörtek az életemben. Megválaszolta a kérdésemet azzal kapcsolatban, hogy hogyan használjak szavakat, amikor prófétálok: „Ugyanaz a Szent Szellem, ami bennem van benned is ő van. Csak tedd meg."

Ugyanebben az évben miután John Wimbertől és Gary Best-től olvastam egy könyvet a Vineyard mozgalomról, hasonló csodák kezdtek történni az én életemben is, mint amikről olvastam. Phil Strout, a mozgalom jelenlegi vezetője, rám tette a kezét és megáldott. Abban az évben a prófétikus és gyógyító szolgálat előtört az életemben. Azért írtam meg ezt a könyvet, hogy talán ami az én életemben történt, megtörténhessen a tiédben is. Hasonlóképpen, mint ebben a Facebook üzenetben, amit valaki küldött nekem.

„Szia Matt! Eszembe jutottál mostanában, és többet gondolok rád, mint az előző években. Te nem tudsz erről, de nagy hatással voltál az életemre. Főleg a prófétai és a gyógyító szolgálattal kapcsolatban. Két vagy három éve történt mindez, amikor találkoztunk. A tanításod és az üzenet, amit rajtad keresztül Isten átadott nekem, sokat segített abban, hogy növekedjek a szellemi ajándékok területén és abban, hogy hogyan érhetem el az elveszetteket. Sok embert láttam, ahogy Isten szeretete megérintette őket gyógyítás vagy ismeret beszéde által.

Minden dicsőség Istené, aki mindezt ingyen adja! Hálás vagyok, hogy találkozhattam veled. Köszönöm a hitedet és Úr iránti engedelmességedet."

Szeretném látni, ahogy valaki megtanulja, amit kell, és elkezd prófétál, ismeret beszédét kap, és gyógyítja az embereket: *téged szeretnélek így látni*, aki ezt a könyvet olvasod.

Szeretnéd ugyanazokat a dolgokat tenni, amiket Jézus is tett? Jézus az Ura és Megváltója életed minden területének? Olyan keresztény életet szeretnél élni, ami nem csak beszédben áll, hanem erőben?

Ha igen, engedd, hogy a hited nagyobb legyen, mint a félelmeid. Engedd meg, hogy Isten szelleme betöltse a szívedet a szeretetével, hogy te is úgy szerethesd az embereket, ahogy Jézus szereti őket. Akkor lépj ki hitben és „Nike-old" a dolgot: – csak csináld!

Csak csináld „a dolgot"!

„Gyógyítsatok meg betegeket, támasszatok fel halottakat, tisztítsatok meg leprásokat, űzzetek ki ördögöket. Ingyen kaptátok, ingyen adjátok." (Máté 10:8)

„ Ugyanaz a Szent Szellem, aki bennem van... benned is ott van! Csak csináld!"

Kérdőív a szolgálat kiértékeléséhez

Ez a kérdőív azoknak szól, akiknek van tapasztalatuk prófétai illetve gyógyító szolgálattal kapcsolatban. A kérdőív kitöltésével segítesz abban, hogy fejlesszük tanításainkat, és az új információk által növekedhessünk prófétai és gyógyító szolgálatunkban. Kérlek, légy teljesen őszinte, *és azt írd, amit érzel, hogy írnod kell.*

Mikor és hol szolgáltál?

Hogyan élted meg a szolgálatodat? Tapasztaltál gyógyulást a saját testedben? Amennyiben igen, kérlek részletezd.

Ha tapasztaltál gyógyulást, van orvosi igazolásod róla?

A szolgálat végzése bátorító, megerősítő és vigasztaló volt számodra?

Úgy érezted, hogy Isten szól hozzád a prófétálás alatt? Ha igen, hogy érzed, az elhangzott szavaknak körülbelül hány százaléka származott Istentől?

Hangzottak el olyan nyomon követhető adatok, információk, amelyek bizonyíthatóan a te életedre vonatkoztak? Ha igen, kérlek, mondd el ezeket.

Van-e bármi egyéb, amit meg szeretnél osztani velünk a szolgálatunkkal kapcsolatban.

Nagyon köszönjük a visszajelzéseidet. Igazán megtisztelő, hogy szolgálhattunk neked. Szívesen vennénk, ha megadnád az email címedet, hogy további információkat kérhessünk tőled a prófétai illetve gyógyulási tapasztalatiddal kapcsolatban.

A Szerzőről

Matthew Helland az Oral Roberts Egyetemen szerezte teológusi mesterfokozatát. Feleségével és négy gyermekükkel több mint egy évtizede szolgál Amszterdamban, Hollandiában. Amszterdamban alapítottak egy gyülekezetet, és manapság leginkább a Vörös Lámpás Negyed prostituáltjait próbálják megszólítani. Matt gyakori utazásai során számos országban tanít gyülekezeteket és egyéneket a prófétálásban való növekedésre és a Szent Szellem ajándékaira. További információt a képzésekről a www.hellands.org weboldalon találsz, vagy írj Mattnek a newlifewest@gmail.com email címen.

Lábjegyzetek

[1] Ez a beszélgetés nem hallható hangon történt, hanem a szíve mélyén..

[2] Foster, Richard. Prayer : Finding the Heart's True Home. London, Hodder and Stoughton, 2008, pg. 259

[3] Foster, ibid, pg. 262.

[4] Putman, Putty. School of Kingdom Ministry Manual. Coaching Saints Publications: USA, 2013. pg 10.

[5] Tucker, Chene. In Search of Purpose...Enroute to Destiny: Your Fourteen Week Appointment with God-Men's Manual. Tulsa: Polished Arrows International, 2004, pg. 47.

[6] Keller, Timothy. Preaching: Communicating Faith in an Age of Skepticism. Penguin Random House: New York, 2015, pg. 1.

[7] https://thequietstreet.wordpress.com/2012/07/22/if-the-spirits-not-moving-ill-move-him/

[8] Hagin, Kenneth E. How You Can Be Led by the Spirit of God. Faith Library Publications, Tulsa, Ok, 2006. pg. 75.

[9] Hagin, Kenneth E. ibid. pg. ix.

[10] Hagin, ibid, 115.

[11] http://www.manta.com/c/mmygxhz/landers-window-exterior-cleaning-inc

[12] www.lomalux.com

[13] http://www.dwillard.org/articles/artview.asp?artID=43

[14] http://www.truenorthquest.com/george-washington-carver/

[15] http://www.bbc.co.uk/religion/religions/christianity/people/williamwilberforce_1.shtml

[16] Benge, Janet and Geoff. Gladys Aylward. YWAM Publishing: Seattle, 1998, pg. 19-30.

[17] Foster, Bruce taught this in May 2016 at our church in Amsterdam.

[18] Putman, Putty. ibid, pg 177.

[19] Henri Nouwen sermon is at https://www.youtube.com/watch?v=v8U4V4a-aNWk

[20] https://meetingintheclouds.wordpress.com/2014/07/11/i-must-lose-in-order-to-gain/

[21] I gave this word of knowledge on the Deborah Sweeton Show. You can see this word of knowledge around minute 26.04 at https://vimeo.com/16952335

[22] Best, Gary, Naturally Supernatural: God may be closer than you think. Vineyard International: Cape Town Publishing, 2008. (Kindle location 805-808)

[23] Keller, Timothy. Humility. Sermon at http://www.gospelinlife.com/humility-6125

[24] St. Ignatius of Loyola. Spiritual Exercises of St. Ignatius of Loyola. translated by Father Elder Mullar, 1914, pg. 23-25. Szintén ajánlom Larry Warner's könyvét: Journey with Jesus (Utazás Jézussal) azoknak, akik Szent Ignác Lelki Gyakorlatait akarják átélni. Intervarsity Press: Downer's Grove, 2010.

[25] Wimber, John. Everyone Gets to Play. Ampelon Publishing: Boise. 2008, pg. 125.

[26] School of the Prophets, Iglesia Crusaders de Chicago, Printed in Colombia, 2004 pg 17.

[27] Robert Morris bizonyságtétele videón: https://www.youtube.com/watch?v=A-Vpjy_R62bU

[28] Bickle, Mike, Growing in the Prophetic. Eastbourne: Kingsway Publications, 1995, pg. 183-191.

[29] McClain, Michelle. The Prophetic Advantage. Charisma House: Lake Mary, 2012, pg. 50, 51.

[30] Valloton, Kris. De Profeten School. Arrowz: Haarlem, 2016, pg. 85.

[31] Hagin, Kenneth, ibid, 120.

[32] Hagin, ibid, pg. 92.

[33] Hagin, ibid, 87-88.

[34] Ez a bizonyság videón is megtekinthető: https://youtu.be/Qx_-j18ha-A

[35] Beacham, Doug. Rediscovering the Role of the Apostles and Prophets. Lifesprings Resources: Franklin Springs, 2004.

[36] Beacham a Szent Szellem ajándékaiban való növekedésről is kiadott egy könyvet: Plugged into God's Power (Isten erejére csatlakozva). Charisma House: Lake Mary, 2002.

[37] School of Prophets, ibid, pg. 26

[38] Cooke, Graham. Developing Your Prophetic Gifting. Kent: Sovereign World Ltd., 1994, pg. 199-201. I discovered this in Harrison, Diane. The Power of Prophetic Teams. Essence Publishing: Ontario, Canada. 2013, Kindle Locations 199-202.

[39] Leo, Eddy. Using the Gift of the Holy Spirit in Small Groups. Sermon given in Fortaleza, Brazil, 20/8/2013.

[40] https://www.facebook.com/caminodevida.bolivia

[41] Boot, Lex. Handboek christelijke meditatie: Vertrekpunten, wegen en vruchten. (Uitgeverij Boekencentrum, Zoetermeer, 2004), 117-123.

[42] Eckhart, John. God Still Speaks. Charisma House: Charisma House, 2009, pg. 10.

[43] Hagin, ibid, 119.

[44] Wimber, John. ibid, pg 7.

[45] John Eckhardt's 2016 book Prophetic Activation has most of these exercises as well as 150 other prophetic exercises with variations.

[46] http://krisvallotton.com/your-prophetic-word-could-change-the-world/

[47] Bolz, Shawn. Translating God. Icreate: Glendale, 2015. pg. 162-169.

[48] Egy video az ismeret beszédének félreértéséről: https://www.youtube.com/watch?v=bNV3ZFN-e0k.

[49] Bolz, Shawn, ibid, 162.

[50] Brito, Abel az amszterdami otthonomban mesélte ez nekem 2017 május 23.-án.

[51] A listát a következő könyvből vettük át: John Eckhardt: God Still Speaks (Isten ma is szól), Charisma House: Lake Mary, 2009, pg. 223-225..

[52] Hagin, ibid, 119.

[53] Randy Clark a There Is More konferencián mondta ezt a történetet a hollandiai Ede-ben, 2016 szeptemberében.

[54] Ez a szakasz David Betts New Wine konferencián (2010 Amszterdam) használt tanítói jegyzeteiből Putty Putman ima-minta kártyáiből való http://schoolofkingdomministry.org.

[55] Kevin Dedmon's book The Ultimate Treasure Hunt. Destiny Image Publishers: Shippensberg, 2007. tells more about doing this kind of evangelism.

[56] Putty Putman's School of Kingdom Ministry Prayer Training Card.

[57] Ez a szakasz majdnem teljes egészében David Betts jegyzeteiből való

[58] Apám, Dean Helland küldte ezt a történetet nekem emailben 2016. április 10-én.

[59] Tunstall, Frank G. The Simultaneous Principle. Lifespring Resources: Franklin Springs, 2005, pg. 9-11.

[60] Blackaby, Henry and Richard. Experiencing God. Nashville: B &H Publishing Group, 1990, pg. 32.

[61]   http://nos.nl/nieuwsuur/artikel/2032376-burn-out-groeiend-probleem-onder-jonge-werknemers.html

[62] Bolz, Shawn, ibid, pg. 47.

[63] Illustrated video about John Ferrier is at https://vimeo.com/2129916

[64] Roberts, Bob jr. The Multiplying Church (Grand Rapids: Zondervan), 2008, pg. 7.

[65] https://www.cmaresources.org/article/ltg

[66] https://www.cmaresources.org/article/dna

[67]   http://www.goodreads.com/quotes/1468095-i-simply-argue-that-the-cross-be-raised-again-at

[68] http://www.wholesomewords.org/missions/biostudd.html

[69] http://www.metroworldchild.org/about-us/bill-wilson

[70] Foster, Richard J. Streams of Living Water. (Harper One, New York, 2000), pg. 42-44.

[71] Phil Strout teaching this statement can be found at: https://vimeo.com/2129916

[72] Wimber, John. Power Evangelism. Harper Row: New York. 1986, pg. 11.

[73]   http://www.charismamag.com/spirit/spiritual-growth/16827-7-lessons-t-l-osborn-taught-evangelist-daniel-king

[74] Adams, Moody. The Titanic's Last Hero: A Startling True Story That Can Change Your Life Forever. (Ambassador International: Greenville, 2012), Chapter 1.

[75] www.newlifewest.nl

[76] Ez a gyógyulás videón megtekinthető itt: https://www.youtube.com/watch?v=-HaDJorFHoDk.

[77] Wimber, John. ibid, pg. 42-44.

[78] Todd White bizonysága: https://www.youtube.com/watch?v=6MEPiT9HbB0.

[79] Seng, Jordan. Miracle Work: A Down-to-Earth Guide to Supernatural Ministries (Kindle Locations 239-245). InterVarsity Press. Kindle Edition.

[80] Marlene Kleppes dramatized testimony https://www.youtube.com/watch?v=z-4TN2uxS7DA.

[81] Wimber, John. ibid, 2008, pg. 173.

[82] Putman, Putty. ibid, 2013, p. 176.

[83] Wimber, John. ibid, 1986.

[85] Putman, ibid, 177.

[86] Testimony from Julien Conor.

[87] Putman, ibid, 180-182. (Ezeket Putman alapvető értékeire építettem, amiket ebben kifejez)

[88] http://krisvallotton.com/your-prophetic-word-could-change-the-world/

[89] See this healing at https://www.youtube.com/watch?v=xDUymhJN44A&t=409s

[90] http://www.goodreads.com/quotes/731385-it-is-not-because-things-are-difficult-that-we-do

[91] Pickerell, Eric, The Secular Mystic: Mysticism and the Future of Faith in the West. (Masters Thesis from Vrije Universiteit in Amsterdam), August 2013, pg. 78.

[92] Wimber, John, ibid, 2008, 172.